微情绪心理学全集

人际交往中的心理策略

WEI QING XU XIN LI XUE

陈璐 编著

中央编译出版社
Central Compilation & Translation Press

图书在版编目（CIP）数据

微情绪心理学全集/陈璐著．——北京：中央编译出版社，2015.6
ISBN 978-7-5117-2655-1

Ⅰ．①微… Ⅱ．①陈… Ⅲ．①情绪－心理学 Ⅳ．①B842.6

中国版本图书馆CIP数据核字(2015)第 105800 号

微情绪心理学全集

出 版 人：	葛海彦
责任编辑：	盛菊艳
特约编辑：	张金蓉
责任印制：	尹 珺
出版发行：	中央编译出版社
地　　址：	北京西城区车公庄大街乙5号鸿儒大厦B座（100044）
电　　话：	(010) 52612345（总编室）　(010) 52612335（编辑室）
	(010) 52612316（发行部）　(010) 52612317（网络销售）
	(010) 52612346（馆配部）　(010) 55626985（读者服务部）
传　　真：	(010) 66515838
经　　销：	全国新华书店
印　　刷：	北京嘉业印刷厂
开　　本：	710毫米×1000毫米　1/16
字　　数：	300千字
印　　张：	22
版　　次：	2015年6月第1版
印　　次：	2018年6月第8次印刷
定　　价：	39.80元
网　　址：	www.cctphome.com　　邮　箱：cctp@cctphome.com
新浪微博：	@中央编译出版社　　微　信：中央编译出版社（ID:cctphome）

本社常年法律顾问：北京市吴栾赵阎律师事务所律师　闫军　梁勤
凡有印刷质量问题，本社负责调换，电话：010-55626985

前言 PREFACE

你对工作尽心尽力,可是上司却总是对你挑三拣四,甚至大发雷霆,你实在不明白上司"无常"的心理变化,只好忍气吞声,背地里却抱怨个不停;你对家庭的付出已经够多了,但你的爱人却经常"找茬儿"与你吵架,你感到愤怒和委屈;你与朋友相处关系一向不错,可他忽然对你很冷淡,你实在不知道是什么时候得罪了他;每次与客户谈判,你都小心翼翼、如履薄冰,客户却总是不满意,你就是看不出端倪;每次约会时,尽管你使出浑身解数,热情万分地想让对方感到愉快,却始终都无法走进TA的心里,永远都不知道TA在想什么……

在生活中,我们时时刻刻都被各种情绪包围着——有自己产生的情绪,也有来自他人的情绪。情绪可以直观地表达出人们内心的真实感受和想法,然而,在人与人的交往中,许多人都是喜怒不形于色,很善于伪装自己的情绪,我们很难摸清他们的"道行"。在与他人打交道时,我们时常难以准确表达自己的情绪,以至于会让场面失控,自己处于被动地位。

如何正确调节和控制自己的情绪,并理解和看透他人的情绪,已经成为人们情商培养最重要的一个方面。一个懂得情绪掌控的高手,能够在人际交往中处于制高点,也能够将人生掌握在自己的手中;而错误地表达自己的情绪,忽视甚至误解他人的情绪,则会让自己举步维艰。

那么,情绪的真相是什么?我们又应该如何理解和表达情绪呢?

人类的心理活动是非常微妙的,但这种微妙的变化常常会通过情绪反应传递出来。情绪的表达渠道有多种,会通过表情、肢体、语言、神态等展现出来。参透这些变化,你就能够做到世事洞明,在人际交往中也就会游刃有余。比如，你去拜访一位朋友。主人一边跟你说话，一边神不守舍地看向别处，并不停地皱着眉头摆弄桌上的物品，两条腿也频繁地变换姿势，这就表明可能是你的来访打断了什么重要的事，虽然他出于礼节在接待你，却是心烦意乱的，对你并不欢迎。这时，如果你能够看透他的情绪变化，就会识趣地告辞：你离开之后，主人一定会对你心存感激和歉疚，你们的关系也会因此得到进一步发展。

一般来说，遇到高兴的事情，人的脸颊肌肉会松驰，嘴角和眼角都会上扬；感到悲伤时，自然会愁眉苦脸，泪流满面。然而，"喜则笑，悲则哭"的情况只适用于不谙世事的小孩子，为了隐藏自己的内心，我们大多数人都是懂得控制自己的情绪表达的。所以，如果单从表面上看，就会让人判断失误。比如，在一次洽谈会上，对方笑嘻嘻地表现出一副十分满意的表情，并点点头说："你们开出的条件我很满意，我一定会慎重考虑的。"你满心欢喜地期待这次交易，可最后的结果却是以失败告终。很显然，对方成功地隐藏了自己的情绪状态，而你完全没有察觉到！

事实上，即使情绪再会隐藏，它也不可能完全不露痕迹。情绪是人遇到有效刺激时的第一神经反应，它先于理智思维产生，是一种生理性的应激反应，不经过大脑，没有任何修饰，是刻意"装"不出来的。就算情绪在要喷薄而出的那一瞬间，人们意识到了，并加以控制，它也还是会露出马脚。不过，这种微妙的情绪反应是非常短暂的，尤其对一些深谙心理伪装术的高手来说，这种反应可能只会出现1/25秒，但这一瞬间，就是你读懂他人情绪变化的关键！只要你迅速抓住对方这一瞬间的情感变化，结合当时的场景、环境来加以分析，或者有针对性地设计刺激源，引发他人真实情绪，就能够撕破他人的伪装，直击他人内心状态，从而掌握主动权。

本书作者历经多年的研究，累积了大量的微妙情绪应激反应的理论及案例，全面分析了人类的多种常见情绪（愉悦、感激、惊讶、恐惧、不安、厌恶、忧郁、愤怒等）所产生时的心理和生理状态以及各种外在表现，帮你理解、掌握自己和他人细微的情绪变化。

只有懂得识别自己内心的情绪变化，才能更好地主宰自己的情绪，让情绪表达得恰到好处，让你的内心更加沉稳、平静，不为外界所控制；也只有懂得识破他人微妙的真实情绪，培养自己的洞察力，才有可能掌握人际交往中的主动权。可以说，本书中的每一个案例，每一个技巧，都能够让你有所收获。掌握了本书中的知识和技巧，就像手握一柄温柔的剑；它可以使我们无形地穿透他人的心理状态和情绪变化，让我们在社会交往中无往不利，活得更好！

目录
CONTENT

第一章　表情是情绪的直接展示，
　　　　透过表情破译情绪密码／1

　　　　人们内心的情绪首先会反应在面部上，五官的变化是感知一个人情绪状态的最直观的依据。同样，如果一个人想要伪装情绪，首先会控制的也是自己的表情，比如假笑、假哭、佯装愠怒，等等，这些都是表情的伪装术。这时候就需要你对一些细微之处格外留意，否则很容易被表象蒙蔽。

揭开表情的伪装，洞悉情绪的真相 ································· 3
捕捉瞬间流露的表情，才能直击人心 ···························· 6
眼波流转时吐露不能说的秘密 ······································ 9
在眼神交汇处读懂对方 ··· 12
小小眉毛也能够泄露玄机 ·· 14
从鼻子上展现出的喜怒哀乐 ······································· 18
即使不说话，嘴巴也能展示各种情绪 ··························· 21
从下巴动作里窥探人心 ··· 25
笑容：不是所有的笑容都是心怀好意的 ························ 29

第二章 动作是情绪的巧妙暗示，
通过举止洞察情绪秘密／33

想不动声色就能窥探到他人的情绪波动吗？在分析他人表情的同时，不妨关注他的动作吧。一个人的内心情绪除了会从面部表情上反映出来，也会从各种动作中透露出来。大部分人都懂得对自己的面部表情加以控制，却很少关注身体的动作。其实很多无意识的动作，同样能透露出人们的真实情绪。

无意识的动作能够体现出复杂的内心……………………………… 35
手势的秘密：从平常的手势里看透情绪……………………………… 38
双手是最精于表达的"演说家"……………………………………… 41
抓挠耳朵，表明其内心焦虑………………………………………… 44
摆动的双脚，快乐抑或惶恐………………………………………… 46
腿也会说话：双腿动作展现出情绪的变化………………………… 49
站姿：千差万别的站姿反映形形色色的性格……………………… 52
走姿：喜怒哀乐的动态映射………………………………………… 55
坐姿：坐着也能出卖自己的内心…………………………………… 57
动作演绎法：从行为细节读懂内心的情绪………………………… 61

第三章 语言是情绪的间接表达，
根据语言揭开情绪伪装／65

语言是人们最直接的交流工具，语言是有情绪的，所有的表达，都是自我心声的流露。即使有时候人们说话言不由衷，我们同样可以通过其说话的语调、韵律、节奏、措辞等察觉到说话人内心的情绪和心理状态，从而掌握交际时的主动权。

言不尽意：听出弦外之音才能清楚对方思想 …………………… 67
"心随音动"：声音的变化可以反映出人的内心变化 …………… 71
语速快慢能够反映对方心里的阴晴状态 ………………………… 73
通过打招呼的方式辨析对方的心理 ……………………………… 76
勿随意指正别人：他说着谦虚的话，但渴望被赞美 …………… 79
嘴巴不是语言的唯一载体，说话动作也体现心理 ……………… 82
从表达方式中看穿情绪：他是否乐意与你交流？ ……………… 85
辨清反话：他所说的未必是他所想的 …………………………… 87

第四章　情绪是隐蔽的告密者，通过情绪识别谎言／91

　　当一个人撒谎的时候，由于担心谎言被揭穿，内心肯定要经历紧张、不安、焦虑、恐惧等情绪变化，这些变化会使人的表情、行为、语言等出现一系列反应。即使是高明的撒谎者，他们往往也无法彻底掩饰这些痕迹，而这些无法掩饰的痕迹正是我们识破谎言的突破口。

撒谎者会心虚，情绪也会产生波动 ………………………………… 93
说谎话，也可以不眨眼 ……………………………………………… 95
不自然地微笑，说明对方不诚恳 …………………………………… 98
不经意间有多余的动作，是缘于恐惧 …………………………… 102
揉擦眼睛是为了隐藏内心的不安 ………………………………… 105
抓脖子、拽衣领：掩饰说谎后的恐慌 …………………………… 107
无意识地摸鼻子，是因为内心惶恐 ……………………………… 110
用手捂住嘴巴，是因为惊慌失措 ………………………………… 112
从谈话方式捕捉情绪，探得真心 ………………………………… 115

第五章 喜怒哀乐有不同的表现，
　　　　分析清楚才能看得透彻 / 121

　　喜悦则笑，忧伤则哭，愤怒则骂……这是不谙世事的小孩才会有的表现。在人际交往中，大多数人会刻意地对自己的情绪表达加以控制。那么，如何才能准确地判断他人的喜怒哀乐呢？只要你掌握了人们在情绪产生波动时自然流露和刻意控制的不同表现，就能够轻松地判断他人内心真实的状态，并有的放矢地调整自己与他人的交往方式。

自然流露的愉悦：毫无掩饰的欣喜之情如何表现 …………… 123
刻意掩藏的愉悦：再含蓄的喜悦，也会显露痕迹 …………… 126
自然流露的惊讶：瞠目结舌，对意外感到不可思议 ………… 128
刻意掩藏的惊讶：教你捕捉对方心中微妙的波动 …………… 131
毫无掩饰的悲恸：泣涕涟涟，一泻千里的悲伤 ……………… 133
主动控制的悲恸：教你看穿对方难以言说的伤痛 …………… 136
胆战心惊：因极度恐惧而失控 ………………………………… 138
惶恐不安：难以掩饰的心魔 …………………………………… 141
歇斯底里的爆发：无法压抑的愤怒表现 ……………………… 144
隐忍的逼视：对方生气了，你能轻易看出来吗？ …………… 146
极度厌恶：对某些人和事物唯恐避之而不及 ………………… 149
轻度厌恶：识破别人对你的看法，别自讨没趣 ……………… 151

第六章 挖掘自己的积极情绪，你比想象中更有力量 / 155

　　你的人生是欣欣向荣，还是衰败凋零？这完全取决于你内心的情绪状态。积极情绪能够扩展我们的思维和视野，吸纳帮助我们走向成功的各项资源。在积极情绪的引导下，我们才能够对事情做出正确的判断，对生活产生由衷的兴趣。可以这样说，积极情绪就是我们的内在源泉。最重要的是，我们都可以通过努力来提高自身的积极情绪，挖掘自己的力量。

爱：所有积极情绪的基础 …………………………… 157
逗趣：用自己的快乐感染身边的人 ………………… 160
感激：当你被爱，被关心…… ……………………… 163
敬佩：被高贵和伟大征服 …………………………… 167
激励：让人有自我超越的冲动 ……………………… 170
宁静：内心深处的淡然和安稳 ……………………… 174
希望：灾难中的动力和源泉 ………………………… 177
喜悦：由内而外的宁静与满足 ……………………… 181
兴趣：对新鲜事物的渴望与追寻 …………………… 185
自豪：令人感觉良好的自我意识 …………………… 188

第七章　撕破消极情绪的面罩，与自己和解／191

我们都知道消极情绪的破坏力，也都希望能够远离它。然而，我们必须承认，每种消极情绪都有它存在的理由——它事实上是我们的一种心理防御反应，是为了让我们免于受伤。每个人的人生都是有阳面和阴面构成的，只有正确看待人生中的阴面，对消极情绪有正确的认知，并加以适当的控制，我们才能拥有完整的人生。

猜疑：一种消极的自我保护 ………………………… 193
妒忌："他／她有什么了不起！" …………………… 197
愤慨：熊熊燃烧的怒火 ……………………………… 201
焦虑：日夜煎熬，忧心忡忡 ………………………… 205
绝望：面对苦难的无力感 …………………………… 209

恐惧：感到前所未有的惊慌 …………………………… 212
偏激：当思维钻入死角 ………………………………… 216
伤痛：应激性精神障碍 ………………………………… 220
消沉：整个世界都是灰色的 …………………………… 224
自卑："我什么都比不过别人" ………………………… 227

第八章 事情的好坏在于认知的不同，情绪逃不出思维的牢笼 / 233

莎士比亚说："世界并无好坏之分，全看我们如何去想。"我们的消极情绪，并非完全来自外界的变化，而是取决于我们的思维方式。事实上，那些令人焦虑、不安、担忧的事情并没有我们想象中那么糟糕，我们之所以感觉很严重，是因为我们让消极想法占了上风。只有懂得换一种思维方式，从正面进行认知，我们才能对自己的情绪加以控制。

非此即彼——钻进了"绝对性思维"的套子里 ………… 235
否认积极面——事情太糟了，看不到一点希望 ………… 238
过分要求——"为什么总做不到我期待的？" …………… 242
乱贴标签——心理暗示带来的思维僵化 ………………… 246
妄下结论——主观臆断，并扭曲事实的真相 …………… 250
心理过滤——不知道的，就是不存在的 ………………… 254
以偏概全——偶尔失败，就等于整个人生的失败 ……… 257
灾难化——"天哪，这简直是最糟糕的事情！" ………… 261
罪责归己——"都是我不好" …………………………… 264

第九章　过度的情绪失控，
　　　　会产生不可思议的疯狂举动／269

"抑郁症"、"恐惧症"、"强迫症"、"恋物癖"……这些看起来很"变态"的举动，其实离我们并不遥远！一旦我们情绪失控达到某种程度，我们就有可能出现这些疯狂的症状。我们只有对这些心理失衡的状态有所了解，客观面对，才能够及时判断自己是否有这些趋势，并尽快对自己失控的情绪加以控制。

工作狂：只有保持忙碌，才能找到自我 …………………… 271
恋物癖：喜爱，并且狂热地迷恋 …………………………… 274
上瘾症：停不下来的眷恋 …………………………………… 278
抑郁症：濒临死亡的痛苦 …………………………………… 282
恐惧症：对特定事物感到莫名的害怕 ……………………… 286
冷暴力：不用拳头，我也能够与你"战斗" ……………… 290
强迫症：一套坚韧而顽固的行为框架 ……………………… 294
自恋症：爱上镜中的自己 …………………………………… 297
歇斯底里症：悲和喜都是极端的 …………………………… 300

第十章　情绪能够产生惊人的力量，
　　　　主宰情绪才能赢得未来／305

成功并非完全取决于外部环境，它更大程度取决于我们内心的情绪状态。一个成功的人，一定是出色的积极情绪驾驭者。当你长期处于消极的心理状态中时，即使生活顺风顺水，你也不会有什么收获；当你充满积极的情绪，并懂得将它转化为自己内心的力量源泉，那么它就会像一颗核弹一样，由内而外爆发出无穷的力量，让你从平庸走向非凡！

生存还是毁灭，由你自己来决定 …………………………… 307
调整心情，重拾内心的宁静 ……………………………… 310
给予自己全新的理念，解放自我心灵 …………………… 314
注重情商培养，积极情绪能够让你拥有更好的未来 …… 317
开朗的人魅力无限，积极情绪能够为你缔造优质人脉圈 …… 320
培养良好的情绪，才能锻造一颗坚韧的心 ……………… 324
许多巨大的成功，都是由内部力量决定 ………………… 328
情绪的"俄罗斯方块效应"：积极与消极的博弈 ………… 331
情绪的"杠杆原理"：积极情绪带来无限潜能 …………… 334

第一章

表情是情绪的直接展示,透过表情破译情绪密码

人们内心的情绪首先会反应在面部上,五官的变化是感知一个人情绪状态的最直观的依据。同样,如果一个人想要伪装情绪,首先会控制的也是自己的表情,比如假笑、假哭、佯装愠怒,等等,这些都是表情的伪装术。这时候就需要你对一些细微之处格外留意,否则很容易被表象蒙蔽。

 第一章 表情是情绪的直接展示，透过表情破译情绪密码

揭开表情的伪装，洞悉情绪的真相

> **微情绪关键点：**表情是内心真相的显示器，人们的情绪状态都会在脸上展现出来。"喜笑颜开"显示一个人快乐的情绪，"愁眉苦脸"说明了一个人悲伤时的状态，"横眉怒目"则很形象地描画了一个人愤怒的样子……只有看清这些表情所代表的含义，我们才能更精确地分析出他人的内心状态。

如果说人的内心是一个功能超级强大的CPU，那人的脸就是这个超级CPU的"显示器"，内心的情绪变化会通过脸部的变化体现出来。人类的面部肌肉十分丰富，由44块肌肉组成，它们能够帮助人类做出足以让人吃惊的5000个表情来，这些表情都是为了表达我们复杂的内心情感和多变的情绪。

我们通过语言和表情动作共同达到表情达意的目的，一颦一笑都是我们情绪的表现。这是一种全球通用的无声语言，不管在世界的任何地方，人们都可以通过表情的变化来传达彼此间的情绪和情感。

当一个人高兴时，他会"面露喜色"，这时候他的嘴角会轻轻翘起，面颊上抬，眼睑收缩，眼睛尾部会形成"鱼尾纹"。当一个人难过时就会"面带忧伤"，眯眼，皱眉，并且嘴角下拉，下巴随之抬起或收紧。当一个人吃惊或害怕时就会"大惊失色"，会将嘴巴和眼睛张开，眉毛上扬，鼻孔张大。当一个人愤怒时，他的眉毛会微微下垂，前额紧皱，眼睑和嘴唇紧张起来。当一个人内心产生厌恶之情时，会做出哧鼻的动作，同时上嘴唇上抬，眉

毛下垂，眯眼。而内心怀着轻蔑情绪的时候，最明显的特征就是嘴角一侧抬起，露出一侧牙齿，作讥笑或得意笑状。在虚拟的网络世界里，我们同样会用各种各样的"表情"来表达各种心情，那些代表我们情绪的"表情符号"，总是能让别人更好地领会我们的意思。一张小小的面孔就可以表达屏幕背后的心情。

表情千变万化，每一种变化背后都包含着不同的心理活动。举一个例子，拿微笑来说，我们所能知道的就有12种，有的微笑是真诚的、发自内心的，有的是带有信任感、敬佩感的信服，有的是亲近和善的，有的是幸福甜蜜的，有的是既妩媚温柔、讨人喜欢又带有挑逗性的，有的是陌生人之间礼节性的微笑。有的笑带着苦涩，有的笑带着失意和无奈，当然，也有一些假意、做作的微笑和心怀不轨的"坏笑"……而这仅仅是面部表情的一个方面。除此之外，眉毛、眼神、鼻子等一系列的变化都能够反映出不同的心灵。可以说，交谈中的每一个侧目、每一次皱眉，或是轻抚鼻头，或是翘起嘴角，都反映了交谈者所经历的情绪变化。

面部表情能够表现内心的情绪、情感，但同时也是可以伪造的。当人们出于某种需要时，就会刻意地制造一些虚假的表情，甚至是和自己的真实情绪相反的表情。因为大家都知道，通过表情，别人会看到自己的内心，所以，当人们不愿意、不能让他人了解自己的真实想法时，就会用截然相反的表情来掩饰内心的情感。

经商多年，小有成就的李姐最近去参加了小学同学聚会，大家都是多年不见，自然有很多说不完的话。李姐当年的同桌兴高采烈地说他对现在的生活非常满意，两个孩子也都找到了不错的工作，他非常高兴。然而李姐注意到，在对方讲这些话的时候，虽然面带笑意，但总有些地方感觉不自然，不是耸鼻子，就是扯嘴角，有时还会无意识地摸摸鼻头。后来，李姐通过别人的谈话了解到，她的同桌过得并不如意，两个孩子也不过是勉强混日子，根本就没有固定的经济来源，而他自己对孩子们的状况其实也很不满意。了解

 第一章　表情是情绪的直接展示，透过表情破译情绪密码

到这些以后，李姐找到这位昔日的好友，和他做了一次长谈，了解到他的两个孩子品格都还不错，也聪明好学，于是就在自己的公司给他们找了合适的职位。那位昔日好友虽然看上去很不好意思，但是脸上却露出了难以掩饰的喜悦。

　　我们从小就被告知要懂得约束自己，这是一种自我保护的手段，可以让我们避免一些社交上的尴尬。交流时，我们希望尽可能多的获取语言和非语言的信息。同时，我们也会刻意地控制自己的表情，其目的是：避免危险、欺骗、窘境或社会地位损失，最大限度地了解对方，掌握所处的境况。

　　然而，也有一些人会利用表情的这种特质，隐藏真实的情感，使我们无法真正地认识对方。还有的人表面温情脉脉，内心如狼似虎，阴险至极，如果我们不能透过表情的伪装，就无法意识和规避危险。所以，尽管面部表情可以提供各种有意义的信息，让我们了解别人的思想和感觉，我们也要谨记，这些信息有可能是虚假的，需要我们认真地辨别。

　　古人云"事之至难，莫如知人。"这句话揭示了看破人心在现实生活中的实际难度，说明了普天之下虽有千难万难的事情，却没有什么事情比了解和认识别人更难。然而，不管是生活还是工作中，我们每天都要和不同的人打交道。良好的人际关系要求人与人之间存在正确的沟通与理解，而在我们与别人之间，又通常不可避免地存在着心墙，要拆除心墙，就必须了解对方。所以，能否解开表情的伪装，细致入微地观察人，在很大意义上决定着个人的生存。

捕捉瞬间流露的表情，才能直击人心

> **微情绪关键点：** 越是微妙的、难以察觉的表情，越是有可能透露着玄机，因为瞬间流露的表情人们往往是难以自行控制的，它最有可能向我们说出真话。因此，在与他人的交往中，务必注意对方最微小、最迅速的表情，由此来判断他情绪的变化。

在人与人交往的过程中，话可以是假的，表情也可以是伪装的，那么，我们就真的没有办法知道别人真实的想法了吗？还好，事实并不是那么糟糕的，想了解到他人内心的真实想法，最有效的方法就是透过人表情的外相，不完全被一个人的面部表情所"蒙蔽"，而是透过不经意流露出的细微表情来分析动机。这就是我们要教给大家的一种"魔法"。之所以叫魔法，是因为这的确是一种超级酷的能力。语言可以掩饰真相，表情可以伪装，但是某些细微的表现和反应却是不能通过大脑来控制的。这些细节的反应属于人类原始的本能，我们将面部表情的瞬间变化，称为"微表情"。学会观察和分析微表情，你就可以自信地说自己能够洞察人心了。

"微表情"是最能够真实地反映一个人的内心的，它指的是人们在一瞬间不小心流露出来的"表情"，其特征是微小隐匿的，瞬间发生和消失，很不容易被发现。微表情通常发生在五分之一秒的时间之内，然而这一瞬间的表情变化却正是内心真实情感的流露。例如，在交谈中，一方说错话时，另一方会碍于面子不方便指出，其实表面上故意装作认可对方，但是会有

 第一章　表情是情绪的直接展示，透过表情破译情绪密码

嘴角轻微上扬而又恢复的反应。而当一个人在撒谎时，摇头否认之前可能会有一瞬间的点头动作。这些都是典型的微表情。或者你也可以简单地认为，当人们没有说真话的时候，由于心虚的缘故，表情在某一瞬间会显得很不自然，如果你能抓住这个瞬间的变化并且读懂其真正的含义，就能知道对方是在撒谎。

一位经验丰富的女面试官正在对一个初来者进行考核，她要求应试者解释一下他放弃之前那份工作的原因。应试者告诉女面试官，他辞职的原因是觉得之前的公司没有能给他提供足够的发展机会。但是，由于公司的老板是个很不错的人，对自己也非常好，而且他和那里的同事都相处得十分融洽，所以之前一直在犹豫，要不要离开以谋求更好的发展空间。直到最近，他才做出这个艰难的决定。

听完他的陈述后，女面试官凭"直觉"认为，这位求职者在说谎。她认为尽管他对自己的前任老板赞美不已，但是事实上，他却并不认可这位上司。这是因为女面试官发现，应试者在陈述的时候，神情有一丝紧张，而且每当提到前任老板，这位求职者的左脸上便会闪现出一种转瞬即逝的嘲笑的表情。事后，女面试官联络了这位面试者原来的公司，结果发现，这位求职者是因为挪用了公司的资金而被公司开除的，开除之前还受到了上司严厉的批评。显然，他相信自己能够用虚假的肢体语言骗过他人的眼睛，但是他自相矛盾的细微肢体信号却让女面试官发现了他的破绽，从而揭穿了他的谎言。

想要真正了解一个人的想法，不能忽视任何一个微小的细节。这就需要我们善于捕捉表情的瞬间变化，根据面部表情细微的变化来分析他的心理活动。当人们试图掩盖内心的真实想法时，虽然基本上能够控制面部表情，但大多数情况下，都会呈现出自相矛盾的信号，但是显现的时间却非常之短暂，稍纵即逝。在《FBI教你识别身体语言》一书中，有这样的例子。

故事发生在美国的一座小城市,在那里发生了一起令人毛骨悚然的谋杀案。在排查的过程中,一个人引起了警官纳瓦罗的注意。当时,这个被问讯的人有案发时自己不在场的证据,而且口供等其他方面也看不出丝毫破绽。但经验丰富的警官依然不停地问他问题。这些问题包括:

"假如是你作的案,你会考虑使用枪吗?"

"假如是你作的案,你会考虑使用刀子吗?"

"假如是你作的案,你会考虑使用碎冰锥吗?"

"假如是你作的案,你会考虑使用锤子吗?"

第三个问题中的碎冰锥是本案中众所周知的作案工具,被问讯的人心里自然也是非常清楚的。可是当警官提到碎冰锥的时候,这个人的眼皮忽然垂了下来,一直到第四个问题的出现,才恢复正常。这个细小的变化被资深警官看在了眼里。随即,他确定这个人为本案的第一嫌疑人。而后随着侦查的步步深入,证明他的这一判断是完全正确的。

在这个案件中,纳瓦罗从那个人表情的一点细微的变化就找到了案件的突破口,这听起来是非常神奇的,但又是能够合理解释的——一个人在犯罪之后,无论如何去掩饰,都会产生紧张的情绪。这就能够很好地说明,从瞬间流露出的表情,能够捕捉一个人真正情绪,也就能够洞察他内心的真实想法。

微表情是最能体现一个人内心真实的情绪,但是它的出现也是非常短暂的,几乎是稍纵即逝。接着就又变成了面具式的表情。但是不管时间有多短暂,那瞬间的真情流露(冷笑、奸笑,或其他不怀好意的笑),也可以为你掀起一个小角,让你透视到对方的内心。

 第一章 表情是情绪的直接展示,透过表情破译情绪密码

眼波流转时吐露不能说的秘密

微情绪关键点: 在五官中,眼睛与我们的大脑连接,眼底透出的秘密无疑是最值得推敲的,它就像一个微型显示器,能够非常精确地反映出我们的内心状态。只要我们多加注意,就能够从眼睛中得知对方的情绪变化。

眼睛在五官中的地位是显而易见、毋庸置疑的。我们靠着双眼来获知外部世界的信息。同时,我们的双眼也向外界透露我们内心的情绪、情感。眼睛在面部表情中,是最生动、最复杂、最微妙,也是最富有表现力的。心之所想,透过眼睛就能看出其中的大概,这就是"眼睛是心灵的窗户"的缘由。

从生理上来说,眼睛可以说是大脑在眼眶里的延伸。瞳孔的变化、眼珠转动的速度和方向等,都直接受脑神经的支配,再加上眼皮的张合,眼与头部动作的配合等一系列动作,人的感情自然而然就能从眼睛中反映出来,而且眼睛所流露出的信息甚至比言行更为真实。

眼部表情的动作可以分为以下几种:

眼睛斜瞟——这个动作一般是女性的专利,当她用这个眼部动作来对待一个异性的时候,表示的是一种羞涩的喜欢。

双眼上扬——双眼向上扬起,是一种假装无辜的表情,记住,是假装!眼睛上扬一般会配合耸肩膀的动作,多出现在外国朋友身上。

挤弄眼睛——向对方挤弄自己的眼睛,表示的是一种默契,就如同在说"这事只有咱俩知道,你心里明白对吧?"对你做这样的动作的人,一般对你

的印象是不错的。

眨巴眼睛——很多人的交谈中，如果有人对你快速眨巴眼睛，往往是一种暗示，可能是在暗示你说了不该说的话。快速眨巴眼睛的同时脸部朝下，说明他很忧伤，情绪非常激动；眨巴眼睛的幅度比较大，速度比较慢，可能是被发生的事情惊到了。

眼睛下垂——这个动作是一个不友好的举动，有轻蔑之意，要不然就是对他人说的话不感兴趣。

眼珠转动——这个动作是在快速思考和回忆的时候出现的。眼珠转动的方向也有特定的意思。眼珠向左上方运动，表示在回忆过去；眼珠向右上方运动，表示想象以前没见过的事物；眼珠向左下方运动，表示心里在盘算；眼珠向右下方运动，表示正在感觉自己的身体；眼珠左或右平视，表示正在专心地听对方说话，并且尽力弄懂对方所说的意思。

不仅眼睛的转动方向和速度能透露人的心机，就是瞳孔的变化也有这样的效果。如果你仔细观察就能发现：一个人感到愉快、欣赏、兴奋时，他的瞳孔就会扩大到平常的4—5倍；相反，若一个人生气、讨厌、心情消极的时候，他的瞳孔就会收缩得很小；瞳孔如果没有什么很大的变化，表示他对所看到的物体漠不关心或者感到无聊。

研究表明，当某人极度兴奋、激动时，他的瞳孔就会扩大到正常大小的4倍多。比如，婴儿一出生就会睁大眼睛注视自己的母亲，以此表明自己的兴趣和满足。同样，慈爱的母亲也会睁大眼睛，对这个新生命到来表示出的激动和幸福感。偶然遇到久违的朋友时或者见到自己崇拜的某个名人时，也会出现这样的反应。恋爱中的男女也会张大眼睛，带着爱慕的眼神凝望彼此。反之，某种愤怒或消极的态度能使他的瞳孔缩小到人们称之为"蛇眼"的程度。颇有经验的经商者，可以根据眼神判断对方对货物是否有兴趣，从而决定要价的高低。假如你想知道自己是不是很受欢迎，也可以用这个标准来评判别人对你的喜欢程度。

下面是一位微表情研究专家的手记：

 第一章　表情是情绪的直接展示，透过表情破译情绪密码

一次和一个同事一起出去逛街，碰巧遇到她的一个熟人。同事朝她朋友挥了挥手，同时轻轻地眯了一下眼。这个细微的表情引起了我的兴趣，我猜想她们之间一定有什么过节，果然，过了会儿，她告诉我，她们是高中同学，曾经因为一个男孩而吵过架。她挥手是出于礼貌，而眯眼则出卖了她的消极情绪和厌恶感，这种感觉积蓄了这么久，在一瞬间流露了出来，引起了我的注意。我的同事并没有意识到自己其实在说出这些事情之前就已经泄密了，因为她的眼睛出卖了她的心。

可见，在人际交往中，对眼睛的观察能够起到十分重要的作用。所以，如果你的交谈对象，睁大了眼睛，瞳孔扩张，说明他和你的交流是愉快的；而如果交谈中对方突然眯起了眼睛，说明他们在某个方面有所疑惑，正在做思想斗争。这时候你就要考虑是不是转换一下思路，或者换一种说法了。有一点也需要注意，瞳孔扩张和收缩也可能与情绪或状态无关，如光线的调整、健康状况或某些药物反应等。判断时要小心谨慎，排除一些客观因素的干扰，否则你可能会被误导。

在大型的社交活动中，工作人员经常看到这样的一幕：许多男性在看到自己心仪的女性之后，并没有睁开自己的大眼睛盯着人家不放，而是匆匆看了一眼，就把视线移到一边，装出很不在乎的样子。可是后来的事实是，这些男性对对方是非常感兴趣的。通过观察发现，其实这种男性有很强的欲望，只是自己的理智战胜了感情，由理智而产生了自制行为，这是一种理智的表现，当然其中也夹杂着一些自大和傲气。而当女性看到自己喜欢的对象时，却并不是把视线移开，而是闭上眼后，再翻眼望一望，如此反复，表达的是一种尊敬与信赖，以及期望继续交往的意愿。

眼睛可以真实地反映出一个人的内心，一个人的眼睛就是这个人的心灵密码。实际交往中，目光注意方向的含义是丰富多彩的。人们可以很容易地从目光中了解他人是友善的还是有敌意的，是镇静的还是慌乱的，是全神贯

注的还是三心二意的。

认知科学家用眼动仪测量注意力的改变，发现一个人的注意力到哪里，眼神就会跟到哪里。不管一个人如何掩饰，他的眼睛永远不会骗人。人们在社会生活中，如果内心有什么欲望或情感，必然会表露于视线上。要想把对方的心理牢牢地抓住，在瞬间抓住对方的所想，就要清楚对方眼波流转处隐藏的玄机。所以，任何人一旦读懂了眼睛的语言，就能在人际交往中占住先机。看来，观察一个人的眼部动作比去调查一个人的背景还要来得直接、来得有用，不是吗？

在眼神交汇处读懂对方

> **微情绪关键点：** 与人交往，往往是还未言语，就已经通过眼神心神交汇了。你是否能看得懂他人的眼神呢？这可是一种神奇的沟通。

眼神是运用眼的神态和神采来表达感情、传递信息的无声语言。在交流和交谈中，眼神是最富有表现力的体态语，能传递丰富的信息和情感。在眼神交汇的一刹那，可以传达语言所无法表达的情感，相恋的男女用眼神来表达爱慕，敌对的两方用眼神来威慑彼此。张艺谋的电影《红高粱》中，九儿被劫匪逼着走进高粱地的一个回眸，眼神中带着渴望、激励和瞧不起，让自以为很爷们的轿夫倍感惭愧，于是在劫匪转身的一瞬间，奋力扑了上去。一个眼神的传递，就可以达到传达内心情绪的目的，这就是眼神的威力。

眼神是一种天然的语言。人具有解读眼神的天赋，在出生2—5天就可以判断他人的眼神是否注视着自己。4个月大的婴儿已经可以区分直视和游移的

 **第一章　表情是情绪的直接展示，透过表情破译情绪密码**

眼神。9—18个月的时候就能看出眼神透露出的深层含义。更加值得一提的是，言语、动作、态度都可以用假装来掩盖，而眼神是无法假装的。当你和他人面对面进行交流时，除了听对方说什么样的话以外，还要时刻注意对方用什么样的眼神在和你交流。那么，不同的眼神中究竟蕴含着什么样的心理奥秘呢？

首先来说直视，就是眼睛直接注视看着对方的脸部的眼神。与人交谈时，如果对谈话者所说的话感兴趣，就会用这种眼神来表示。研究表明，在所有的眼神中，直视的目光表示的是一种关注和真诚的倾听。

人与人之间的互信基础，有很大一部分是建筑在眼神的接触上的。设想一下，如果某人在跟你说话的时候，眼睛却总是看着别处，你会对他产生信任吗？你会乐意继续和他交往吗？对方是否在看着自己，亦即有无视线接触，说明对方是否对自己有好感或兴趣。如果对方完全不看自己，便是对自己不感兴趣或无亲近感。

在一般正常的对话当中，眼神运作的模式大概如下：
- 开始说话时，眼睛注视对方。
- 暂停说话，或者谈话告一段落时，会把眼神移开。
- 说到某个重点，再度将眼神转回对方身上，借此强调重点。
- 停止说话，注视着对方，意为"现在轮到你说啦！"

这是一个典型的交流模式，有效的眼神交流，能很好地帮助我们建立和谐的人际关系。当然，有些人不喜欢视线的接触，觉得很难控制自己的眼神。可是说话时看不看着对方，会直接影响到日后的交往。我们做个换位思考，某人正在跟我们说话，可眼睛老是在别处转来转去，你的感觉会如何？

如果你在发表言论的时候，对方的视线飘忽不定，说明他对你的发言不感兴趣，这时你最好能快点结束。如果对方带着浅浅的微笑，目光不时和你的视线相接触，那么恰恰相反，表示他对你所说的内容很有兴趣，期待你继续讲下去。

如果你的视线和对方的视线相撞，对方迅速地把自己的视线从你的身上移开，说明对方性格比较内向、自卑，或者是他做了对不起你的事情，对你有所隐瞒。这个结论已经有美国的科学家理查科斯经过实验验证的，许多研究也表明确实是如此。

在过海关、安检时,逃避目光接触的人最容易被怀疑。在法庭上,能够坦然地直视陪审团的证人提供的证词会更容易被认为是真话。职场中,具备直视目光的人往往显示出更强的竞争力。在面试中,直视面试官谈话的时间越长,则给面试官留下的印象也更深。不但谈话时注视着对方说话会得到更高的评价,神奇的是,即使在简历中提供直视前方的照片,也会让人感到应聘者更渴望这份工作,应该得到更多报酬。

有位百万富翁曾表示:"如你不想借钱给你的朋友,当他来借钱时,不妨以面对面的方式与他交谈,结果他会由于感觉比较紧张,因此一旦说谎,就较容易露出马脚。"他经常用这种方法来试探借钱者的诚意,从来没有失败过。相反,若与对方肩并肩说话,就容易因精神松懈而被骗。

深层心理中的欲望和感情,首先反映在视线上,视线的移动、方向、集中程度等都表达不同的心理状态,观察视线的变化,有助于人与人之间的交流。如果你想了解一个人,首先应该观察他的眼神,因为他的眼神代表着他的心。

小小眉毛也能够泄露玄机

微情绪关键点:眉毛和眼睛的变化,一般是相互协调、共同产生的。眼睛可以显示出来一个人的心声,眉毛同样也可以。随着人们情绪状态的改变,眉毛也会产生或舒展、或紧锁的变化。

大多数人都习惯于从人的眼睛、鼻子、嘴巴的变化去解读对方的内心活

 **第一章 表情是情绪的直接展示，透过表情破译情绪密码**

动，而对于眉毛的关注度却很低。这可能是因为眉毛本身不引人注意，而且眉毛的动作也不如眼、鼻和嘴巴的动作那么明显和容易观察。然而，眉毛既然属于面部的一部分，它就是面部表情不可缺少的成员，也就是说，它所反映的信息和眼睛、鼻子、嘴巴反映的信息是一样重要的。甚至，眉毛的变化可以更加真实地反应一个人的心理。

从位置上来说，眉毛位于脸部的正上方，在一个人的脸上，眉毛占有着绝对重要的位置。首先，眉毛之于容貌，起着一个决定性的作用。形容人容貌端庄往往用"眉清目秀"，形容人容貌猥琐往往用"贼眉鼠眼"。人们也总是习惯从对方的眉眼来判断是该亲近还是该梳理。当一个慈眉善目的人在我们面前的时候，我们会很愿意与之交往；而当一个横眉竖眼的人在我们面前的时候，相信大多数人都会避之不及。

美国社会心理学家琳·克拉森被业界称为"读脸专家"，她通过研究性格和面部神情的关系，在大量相关试验后发现，隐藏或改变面部的细微变化对于人们来说是很困难的，而这些变化最能透露我们的所思所想，而其中，眉毛的变化恰恰就是非常细微的面部表情。研究表明，眉毛的动态可有二十多种，它们分别表示不同的情绪和心理。一个人想通过改变眉形的变化来掩盖自己的真实想法几乎是不可能的。所以，克拉森认为：眉毛是最能表露一个人的情绪变化的。

情绪改变，眉毛的形状也会跟着改变，这可以被称为"眉毛的动作"。当人陷入忧愁之中时，他的眉头肯定是紧锁的；但当忧愁得以释怀，心情舒畅后，眉间就会放开、舒展；当内心的欣喜难以抑制的时候，又会变得眉飞色舞，我们也可以说叫喜上眉梢。在关键时刻，眉毛的变化也能成为我们慧眼识珠的金钥匙。如果一个人的眼睛、鼻子、嘴巴、眉毛分别有着不同的变化，而我们只注意到了眼睛、鼻子和嘴巴的变化，而忽略了眉毛的变化，那么，我们从对方面部所获取的信息就是不完整的，这样很容易让我们会错对方的意。假如对方很善于隐藏，除了眉毛有些细微的变化之外，其他部位往往很难看出什么异样，那么这时候，我们不注意观察眉毛，就可能会被对方高超的交际能力给蒙骗，无从解读对方的真实情绪和想法，也就不会在交际中掌握主动。

尚宇是一个刚入职的年轻人，一开始的时候，他非常苦恼，因为每次他和客户交谈效果都很不理想，有的当面拒绝，有的当时谈得很顺利，过后就平平淡淡，最后不了了之。庆幸的是，尚宇是一个喜欢总结经验、不断学习型的人才，他在多次失败后发现，自己最大的问题时没有抓住客户瞬间的心理变化，错过了销售的最佳时机。于是他开始学习心理方面的知识，他发现人的眉毛变化所传递的信息是非常准确的，这可以帮助他及时地捕捉到对方的表情，清晰地解读对方的心思，从而变换销售策略。一次，当他和一个优质客户谈合作条件的时候，发现对方的嘴巴虽然紧闭着，但两条眉毛却向上扬了扬，这个举动虽然稍纵即逝，但是，却被他成功地捕捉到了。他心里非常高兴，因为他知道对方的双眉上扬说明对方对他刚刚的讲话的内容很感兴趣，是对方内心欣喜和惊讶的自然流露。发现了这一点，尚宇心里有了底，于是，他索性给对方来了个欲擒故纵，说如果对方再不做决定的话，他恐怕要选择和别人合作了，一听他下了这样的通牒，对方当然不会无动于衷了，一改满不在乎的表情，和他认真地谈起了相关的合作事宜。

尚宇之所以敢这么大胆对待客户，是因为他已经摸清了对方的底线，了解了对方的真实想法。这一切都要归功于在对方上扬眉目的一瞬间，他成功捕捉到这了这一可靠的信息，并且解读了其中的奥秘。

在会面开始的时候，如果对方的尾毛忽然抬高，但瞬间就又回位，像流星划过天际，动作敏捷，我们称为闪眉，这是表示热情欢迎的意思，连续闪动则表明对来访者的到来十分的惊喜。久别重逢的老朋友相见的一刹那往往会出现这种动作，而且会伴随着扬头和微笑。而在恋人之间，眉毛闪动，默默无语，通常表示希望靠近一点的心理需求。

皱眉也是一种常见的表情，皱眉所代表的心情有好多种，例如，惊奇、

 **第一章　表情是情绪的直接展示，透过表情破译情绪密码**

诧异、快乐、怀疑、否定、无知、傲慢、希望、疑惑、不了解、愤怒和恐惧。当一个人对对方所提出的问题迷惑不解或者是否定的时候，会情不自禁地皱起眉头。

"扬眉吐气"常常用来形容压抑的情绪得到缓解后得意的样子。一个双眉上扬的人，一定是处在极度欣喜或者极度惊讶的情况下，此时对方的心情起伏比较大，如果你想告诉对方什么事情的话，最好等他的心情平息了以后再去。单眉上扬，表示不理解、有疑问，说明对方正在思考问题。此时可以给对方一定的空间，或者就疑问进行一定的解释。

两条眉毛中的一条降低，一条扬起，这种无声语言，较多在成年男子脸上看到。眉毛斜挑所传达的信息介于扬眉与皱眉之间，半边脸显得激越，半边脸显得恐惧。扬起的那条眉毛就如同提出了一个问号，反应的是眉毛斜挑者那种怀疑的心理。

当对方感到不愉快或者是无可奈何时，会出现耸眉的动作，即将眉毛先扬起，停留片刻后即下降，并还伴随着嘴角迅速往下一撇，而脸上其他部位却没有什么明显变化。另外，对方在强调自己的观点的时候，也往往会出现这种动作，其真实的心理需求是要让你赞同他的观点。这种动作也经常出现于一般对话里，作为加强语气之用。每当说话时要强调某一个字，眉毛就会扬起并瞬间落下，像是不断在强调："记住了，我的话都是很重要的！"

眉毛突然抬高是表示吃惊，完全抬高则表示某件事情或者某个消息不可置信，当刚接触一件不可思议的事情的一刹那，就会有这种眉毛表情。而当对方的眉毛突然降低，则表示你所说的话让对方感到不以为然。眉毛半降低表示一种很不理解的心理，说明对对方所做出的举动存在着一定的疑惑。眉毛完全放下是表示非常生气，已经达到了"怒不可遏"的程度，这时候，你最好能识时务地避开敏感话题，或者干脆找个借口先回避一下。

其实，我们的古人是非常善于从眉毛的变化来观察人的内心的，所以汉语中有大量描写眉毛变化的词语，而且这些词所指代的就是人们的心理状态，比如，"柳眉倒竖"表示发怒，"横眉冷对"意味着轻蔑、敌意，"挤眉弄眼"代表戏谑，"低眉顺眼"表现出顺从。这些都说明，通过眉毛的变化来探视他人的真实想法是古人早就掌握的交际智慧。

眉毛虽然也只是人面部一个很小的部分，有人的眉毛甚至不是十分的明显，但作用却很大。眉宇之间的一些信息能透露人们解决问题的方法，关注细节的持久度，以及是否能够做到"实话实说"，等等。如果你想了解一个人内心的真实想法，一定要善于观察眉毛的变化。当你和他人交谈的时候，注意观察对方的眉毛变化，你会很轻松地掌握对方的心理活动，以做出相应的回应。但如果要不想让别人太看透你，那么你就得让自己的心态再老成一点，最好能处变不惊。但即使这样，估计也无法完全阻止对方发现你的心境，因为眉毛的运动几乎是不能控制的。

不过，我们依然可以利用这个小部位的举动，来帮助我们成为一个不太平凡的人，就像案例中的尚宇那样。

最后引用心理学家克拉森的一句话："面部的一些细微动作和表情，能够很好地显示出对方的所思所想。"所以下次与人打交道时，别忘了注意他的眉毛！

从鼻子上展现出的喜怒哀乐

微情绪关键点：在中国相学中，鼻子的形状和人的命运紧密相关。其实，鼻子并不是静止的，它也有自己的动态表情，同样是一个人心理状态的真实体现。

鼻子位于整个面部的中央，高高耸立。古人认为鼻子与人的健康和一生

 第一章　表情是情绪的直接展示，透过表情破译情绪密码

的命运都有着非常密切的关系。人们通常把拥有坚挺、丰满的大鼻子看做有能力、有头脑的象征。拿破仑曾说：给我这样一个人，他的鼻子应该长得硕大丰满。每当我需要找别人完成任何有用的脑力工作时，如果没有其他合适的人选的话，我总是选一个鼻子长得长长的人。

既然人五官中的眼、嘴，甚至是眉毛的变化都能显示一个人的性格特征和内心活动，鼻子当然也不能例外。一位研究身体语言的学者得出结论：人的鼻子是会动的。我们的鼻子表情虽然非常少，但是由于它位于整个面部的正中，起到了承上启下的作用。虽然它的表情不是那么丰富，但是却能够非常真实地反映人们的心态和情绪。

一位深谙身体语言的专家讲了这样一个故事。

他到一家金银首饰店选购首饰时，无意中注意到有个男人站在柜台收银机旁边，对方的一个动作引起了他的注意，这个男人没有买任何东西，也没有排队。而仅仅是一直站在那里，两眼盯住收银机。

就在瞬间，这个男人的面容发生了变化。他鼻孔张大，似乎要采取什么行动，专家在他行动前的一秒钟猜出了他的意图，利用这一秒钟，专家大声向收银员发出警告："小心！"

那一刻发生了三件事：

这名职员刚好完成一次结账，收银机的抽屉刚好打开；

站在收银机旁的这个人迅速向前一步并将手伸进抽屉里去抢钱；

收到警告的收银员及时地抓住了抢劫者的胳膊并将其反拧过来。

结果，钱从这位企图抢劫的劫犯手中掉了出来，抢劫的人也跑出了商店。如果不是事先察觉到了线索，恐怕这名劫犯已经得手了。

正是鼻翼膨胀表明劫犯在深吸氧气并准备好要采取行动了。在医学上，人的鼻子之所以胀大，被认为是因为在兴奋或紧张的状态中，呼吸和心律跳动会加速，从而产生鼻孔扩大的现象。

当一个人皱起鼻子的时候，他的内心肯定是厌恶和轻蔑的。这种习惯性的行为很可能在鼻子两边形成明显的皱痕，这样的人在一定程度上可能对周围不满的情绪多一些，性格上大都有些孤僻和挑剔。

仰起的鼻子透露出的是轻视的表情，鼻孔朝天是一种非常傲慢的表情，经常有这种表情的人一般自高自大。

皱起的鼻子通常表示对某个人或某件事的厌恶之情。

从鼻子里发出"哼"的声音，往往表达的是一种轻蔑、排斥的情绪，称为"嗤之以鼻"。

鼻孔张大、鼻翼扇动是内心极度愤怒的表现。

歪鼻子往往表示的是一种不信任。

鼻子抖动一般是一种紧张的表现。

鼻孔张合意味着发怒或者恐惧。

鼻头冒出汗珠时，表明内心焦躁或紧张。

现代心理学的研究成果表明，在谈话中，对方的鼻子如果只是稍微胀大时，多半表示他对你有所不满，但是情感有所抑制。

摸着鼻子沉思，说明对方内心斗争激烈，处于犹豫不决的境地。如果有人问我们一个难以答复的问题，我们为了掩饰内心的混乱，勉强找出一个答案应付对方时，手会很自然地挪到鼻子上，摸它、捏它、揉它，甚至还特别用力地压挤它，好像内心的冲突会给精巧的鼻子造成压力，而产生一种几乎不为知觉的瘙痒感，以至于我们的手不得不赶快来救援，千方百计地抚慰它，想要使它平静下来。这种情形常见在不会撒谎的人的面部表情上。而在听对方说话的时候摸鼻子，说明摸鼻者不相信对方所说的话，他在考虑如何应对。

除了上述微表情外，鼻子的颜色变化也能反映一定的心理变化和情绪。

鼻子泛白表示对方的心理有所恐惧或顾忌。如果不是交锋的对手或无利害关系的对方，则是踌躇、犹豫的心情所致。另外，在自尊心受损、心中困惑、有点罪恶感、尴尬不安时，也会出现鼻子泛白的情形。

 第一章 表情是情绪的直接展示，透过表情破译情绪密码

鼻头红多与健康状况有关，比如长期饮酒、食用辛辣食物过量、情绪过于激动紧张、内分泌障碍等。除了这些，鼻头发红也有可能暗示心血管疾病或者是肝功能异常，如果鼻子呈现蓝色或棕色，要当心胰腺和脾脏的毛病，如果鼻头发黑又枯燥，则有可能是纵欲过度了。

鼻子虽然是人体五官中最缺乏运动的部位，但也是有着自己的语言的。当你观察一个人时，不妨从鼻子的语言入手去看透对方。我们可以通过任何微小的变化解读到更多的面部表情，从而使我们进一步掌握更多不为人知的身体语言信息。

即使不说话，嘴巴也能展示各种情绪

> **微情绪关键点**：嘴巴的重要功能是讲话和交流，其实，嘴巴在不说话的时候，同样能够反映人们的情绪和心理变化，并且，它对情绪的展示是非常明显的。

人类的伟大之处，有一点是绝对不能忽略的，那就是我们可以用嘴巴说话来和同类交流思想和感情。其实，嘴巴在不说话的时候，也是可以表达很多情绪的。嘴部是面部表情中极其富有表现力的一个部位，在人的面部各个器官中，嘴的目标比较大，所处的位置也很显著，加上可以表现出的动作又比较多，牙齿周围的口匝肌在学习有声语言过程中被训练得十分灵活，常会不自觉地做出较多动作，并以不同的嘴部动作反映自己的心理活动。

嘴巴的动作可以表达的内心世界也比较复杂。在善于演绎无声语言的五

官中，它是仅次于眼睛的第二高手。嘴角上扬表示喜悦，嘴角下垂表示痛苦，嘴巴大张表示惊讶，嘴唇紧闭表示生气等。嘴唇上的肌肉还可以表现出极为复杂细微的变化来，哪怕是极细微的情绪变化，也会被灵活的口匝肌表达得淋漓尽致。

那么，如何通过嘴部动作探知一个人的内心呢？根据嘴角弧度的不同，嘴部动作可以分为很多种，或张开或闭合，或向上或向下，或向前或向后，或抿紧或放松，这些嘴部动作，都相应地反映出了一个人的性格特征和心理态度。

心情平静时，人们的双唇会呈自然状态，一般是轻松的闭合状态。而当吃惊的时候，嘴唇会不由自主地张开，而且，嘴唇张开的幅度总是取决于吃惊的程度。嘴唇半开或全开则是表示疑问、奇怪、有点惊讶。嘴唇全开一般表示惊骇。如果是无意识地微微张开嘴巴，表示这人正专注于某件事情中。当一个人的嘴巴抿成"一"字形时，他的心理是很严肃的，这种表情一般是在需要作重大决定，或事态紧急的情况下会产生的。

当人们面临压力时，一种常见的反应是藏起或拉紧自己的嘴唇。随着压力越来越大，原本丰满的嘴唇会逐渐变得扁平，最终成为一条直线。此时，人们的情绪和自信也会跌至谷底。从心理学的角度来看，嘴唇紧抿是自我抑制的表现，就好像是大脑在告诉我们"紧闭嘴巴，不要让任何东西进入身体里"。这个动作将当事人的焦虑之情暴露无遗。但这不表示做这一动作的人存在某种欺骗行为，只能说明他们当时压力很大。

嘴角向上表示的是善意、礼貌、喜悦的意思。人际交往中，这种身体语言会让对方感觉到我们的真诚、善解人意。嘴角向下时，人们的情绪往往是失落、痛苦、悲伤、无可奈何的。当人们不开心的时候，经常会做出下唇向前伸、嘴角下垂的动作，也就是我们常说的撇嘴。与嘴角上扬表示喜悦相反，撇嘴的动作表达了一种负面的情绪。每当人们感到悲伤、绝望、愤怒或者不屑、鄙夷的时候，他们脸上就会浮现出这样的表情。无论在克林顿深陷与莱温斯基的性丑闻，还是小布什被指责伊拉克情报失误的时候，我们都能从人

 第一章 表情是情绪的直接展示,透过表情破译情绪密码

们的脸上观察到这一经典的动作。交谈中,倾听方下嘴唇往前撇的时候,表明对接收到的外界信息,持不相信的态度,并且希望能够得到肯定的回答。与撇嘴有点像的是人交谈中,嘴角也会稍稍有些向后,但这只是表明他正在集中注意力听人谈话。

嘴唇缩拢的动作往往代表的是不认同的心理。在交谈中往往意味着不同意对方所讲的内容,或是他正在酝酿着转换话题。在商务活动中,嘴唇缩拢的动作屡见不鲜。例如,在讨论某件事情的操作过程中,当有与会者不认可的地方时,有些人就会缩拢嘴唇。当有人读出合同上的某一段内容时,反对者也会立刻缩拢他们的嘴唇。

这种动作在审讯中时有发生。当一方律师陈述时,另一方律师常常会缩拢嘴唇以表示意见不同。法官如果不同意律师陈述,也会做出这样的动作。另外,嘴唇的收缩还发生在警察审讯案件的过程中,特别是当掌握的关于某个嫌疑犯的信息不准确时。嫌疑犯会缩拢他的嘴唇表示不同意,因为他知道调查人员弄错了。

王先生要与一家大型跨国公司洽谈交易事宜,在合同谈判的整个过程。为了可以更近距离地观察对方公司的谈判人员,从而获得所有可能有帮助的非语言信息。王先生决定将合同事项一条条列明,然后一项一项向前推进。

他将宣读合同的任务交给自己的下属,自己则静静地坐着并注意观察双方在逐条审核合同内容时的一举一动。当读到某些条款的时候,这家跨国公司的首席谈判代表缩紧了他的嘴唇,很明显,这说明这一条内容不合他的胃口。

王先生对这些细微的动作做了详细的记录,接着针对合同的相关条款做了说明,并宣布应该趁大家都在的时候再仔细核查或讨论一番。

于是,谈判双方就这一问题进行了反复推敲,最终结果是,王先生顺利地拿下了这个交易。

在以上案例中，谈判人员不悦的信号是能够发现并有效地处理这一特殊问题的关键。

嘴唇往前噘的时候，表明可能正处在某种防御状态。一般都是表示生气、不满意的意思。从心理学的角度来看，这是当事人希望将不满意的意见"拒之门外"的表现。值得注意的是，除了心存不满外，噘嘴的动作也常见于爱撒娇的女性，这一点要区分清楚。

咬嘴唇释放压力的一种方式，当人们心有愤怒或怨恨，却又苦于无处发泄时，常常以此来表达自己内心的不满和紧张。例如，英国已故王妃戴安娜在感觉不满时就经常咬嘴唇。而当我们遭遇失败等情形时，也常常会做出咬嘴唇的动作，似乎是在有意惩罚自己。心理学家认为，咬嘴唇的动作源于婴儿时期的吮吸动作，类似的动作还包括咬指甲、咬笔杆或嚼口香糖等。这些动作不仅能帮助我们摄入必需的营养，还能帮助我们平复心情。

人们遇到较为严重或严肃的情况时，会无意识地咬嘴唇，这是为了缓解紧张气氛的一种不自觉的动作，但这个动作是受意志支配的，如果经过训练，我们完全可以避免。

一般在表达轻侮的时候，人们会翘起一侧的上唇，也会露出牙齿。如果再有一两声不冷不热的笑声，表现力会更强。我们常说某人或者某事令人齿冷，说的就是这种表情。如果再配合上横眉立目，就会显得很凶恶。在憎恶、愤恨时，人们会紧咬牙齿，使得面部肌肉扭曲起来。这就是我们常说的咬牙切齿。

当人们面临很大的压力时，通常会感到口干舌燥，于是会用舌头不断地舔舐嘴唇，以便让它湿润些。同样的道理，当人们感到不自在或者心理紧张时，也会用舌头反复地摩擦嘴唇，以此来安慰自己，并试图使自己镇定下来。然而，在人际交往中，过多地舔舐嘴唇并不会令人感到更自信，相反的，它会让人感到更加紧张。

有的人喜欢任何时候都在嘴里咀嚼着什么东西，一般认为这也是在缓解一种情绪，可能是内心的无聊或者无奈，有人认为这样做可以使精神处于警觉状态。

 第一章　表情是情绪的直接展示，透过表情破译情绪密码

　　露舌尖行为发生在人们侥幸成功的时候，或被发现正在做某件事的时候。这种动作还经常出现在街道小贩间、拉斯维加斯的牌桌上或联邦调查局的审讯中。从这个角度看，这种行为应属于一种沟通行为，仿佛是一种社交活动结束时下意识的反应，其含义也很丰富，但应根据具体环境而定。总体来说，这种动作有以下几种含义：做错事被逮到了，愉快而激动，侥幸做成某事，做了什么愚蠢的事或顽皮的表现。

　　嘴巴和嘴巴周围的肌肉的变化使得嘴部动作成了看穿对方内心的突破口。观察脸部表情，绝不能忽略嘴巴的表现。一张一合、向前向后、向上向下、抿紧放松这些基本的嘴部动作，组成了丰富多彩的心理暗示。嘴巴在五官中的重要地位和表现形式的丰富性决定了它能为我们提供很多有价值的信息，当然了，嘴也受大脑的操纵，也会向我们传递一些虚假信息。因此，在解读的过程中我们一定要格外小心。

从下巴动作里窥探人心

> **微情绪关键点：** 下巴的前伸和收缩与情绪和内心的变化联系密切，你可能会觉得非常吃惊，一个人的下巴居然可以表达如此多的含义。但事实就是如此，看似不起眼的下巴，也能够向我们传达重要的信息。

　　下巴位于面部的最下方，下巴的动作不像其他部位明显，在日常工作或生活中，往往被人们所忽视，但事实上它的变化的确展现着人们的心理变化。著名的FBI特工就借助自己的平时积累，以及大量的实战经验，从人的下巴

出发，对人们的心理进行解析，看穿人们各自的性格特点和内心世界的变化情况。

人类与生俱来的下颚形态往往能够帮助人们判断一个人的一般倾向性。比如，下颚尖细的人多半有些神经质；圆下巴的人，通常性情温和，富有仁爱之心，对待工作十分热心；宽下巴的人，性格略显强硬，对待事情通常抱有执着的心态；方下巴的人大多是行动主义者，富有强烈的进取心，个性常刚毅果断，一旦下定决心去做某件事情，就会很坚决地一往无前，并且有种不达目的誓不罢休的精神；双下巴的人通常心地宽大，心态平稳。

人们最容易观察到的下颚的动作，主要有突出和收缩两种。耷拉下巴表示困乏，收起下巴表示隐忍，紧缩下巴表示驯服。用力缩紧下巴，通常表达一种畏惧和驯服的意味。在心理学家看来，经常收缩下巴的人多半胆小怕事，或者经常处于不安和担忧的状态中。通常他们行事小心谨慎，注重眼前的事情而缺乏长远的打算。这类人不善于接纳他人，也不轻易相信他人，因而往往将别人拒之千里之外。

突出下巴表示攻击，用突出的下巴指人则表示骄横。美国心理学家经过实验发现，下颚的突出行为带有侵略性，表明这个人的自我主张意识强烈。因此，突出的程度越大，自我主张的意识就越强烈，当人们极度气愤的时候，经常将下颚伸向前方，以示自己的愤怒和不满，并给人一种试图攻击对方的欲望。

高扬下巴的人心高气傲，过于自信，从来不认为自己会犯错，甚至即使出现差错，出于爱面子等原因，他们也会强词夺理地为自己进行辩解。这类人往往具有高度的优越感，他们不愿意承认别人的成功，对别人的成绩和荣誉往往不屑一顾。此外，他们通常具有很强的自尊心，因此，他们不容许别人对自己有任何不尊重的行为。玛格丽特·撒切尔夫人就喜欢用高扬的下巴来展现自己桀骜不驯的个性魅力。性格心理学家和社会学家在多年的研究中发现，当人们将自己的头部高高昂起，同时让下巴向外突出的时候，往往是在向他人显示自己的强势、无畏、高傲，甚至傲慢的态度和个性。因此，突

 第一章 表情是情绪的直接展示,透过表情破译情绪密码

出的下巴总是给人以威严和侵略性的感觉。相反,下巴突出不明显的男性,常常欠缺自我主张。这类人多半个性懦弱,缺乏主见。另外,当人们感到十分疲惫的时候,就会不由自主地伸长下颚,以消除身体的疲乏。这是一种常见的生理反应。

心理学家提醒人们,在观察人们的心理及情绪变化时,不能单独看下巴,而要以下巴为中心,观察整个下颚的动作。

著名肢体语言学家乔·纳瓦罗指出,除了下巴本身的动作以外,还有一些用手触及下巴的动作也能够反映人们的心理和情绪变化。双手托下巴、单手横向托下巴、单手竖向托下巴,分别反映了不同的心理状态。

大家熟悉的《思想者》雕塑,就塑造了一个正在思考的男子的形象,这个男子弯着腰,屈着膝,右手托着下颌。这个雕塑表现了人类在思考时常做的一个动作:抚摸或托着下巴。

单手横向托下巴(即手掌托住下巴,而手指则托住脸颊)的人,一般是在认真思考。而单手竖向托下巴(即手掌托住下巴,指头蜷曲着放在鼻子上不断点着),一般正处于无聊的状态,或者对你的话不感兴趣,并正以看热闹的心态对待你。这个时候,对方表面上托着下巴在思考,其实是在自顾自地玩着手指。

喜欢双手托下巴(类似小女孩的动作),是寻求自我安慰的一种动作,经常喜欢做这个动作的人把自己的手幻想成可依赖的对象,表明此人有心事且不太在意周围的情况,只想沉浸在自我的思绪中,或者觉得对方说的话无聊,幻想自己在别处的快乐。有时此类人多有些浪漫主义色彩,与之交谈会有不可思议的发现。

将食指伸在脸颊上而用拇指托住下巴,其他手指蜷曲着放在嘴唇和下巴之间。采用这种姿态的人,思想比较严谨,而且内心持有强烈的批判态度或正打算用截然相反的意见去说服对方。如果在谈话时,有人做出了此动作,那么你该注意了,对方接下来很可能要反驳你。

喜欢用拇指抵着下巴,这类人通常属于思考型的人。他们善于思考生活

中的事情，但是多半性格比较内向。因此，在社交场合中他们一般不太喜欢说话，不怎么发表自己的观点，因为他们很难找到能够和别人一起交流的话题。所以，这类人很容易给人一种性格孤僻的感觉，因而也不容易被周围的人所理解。但是，心理学家提醒人们，这类人虽然有时不太善于表达自己的观点，但一般来说，他们多半性情随和，很容易接近，只是在社交中不太主动。但实际上，他们也很渴望和别人成为朋友。因此一旦有人主动走近他们，聆听他们的内心，就会理解他们，发现他们内心的真实情感。

抚摸下巴其实也是托下巴的一种形式，只是托的时间较为短暂而已。抚摸下巴的行为是一种自我安慰的行为。通常情况下，当人们丧失自信，处于不安、孤独或尴尬的境地时，会通过自我亲密的动作，如接触自己的身体来安慰自己并掩饰内心的不良情绪。

在会议或讨论中，如果人们细心观察会发现，当一个人在阐述自己的观点时，大部分听众在聆听的过程中，都会不约而同地做出同一个动作：将一只手放在脸颊旁边或者用手托着下巴，而这恰恰意味着他们正在认真地聆听你的讲话，并且正处于思考当中。伴随这个人的演讲即将结束，当你请求他们对你的演讲提出意见和建议时，他们往往会立刻停止之前的姿势，原来思考的姿势变成用手抚摸下巴。而这时，抚摸下巴的动作则表示他们正在考虑做决定。

当然，并不是所有人在停止思考的手势之后都会做出抚摸下巴的动作。比如，有些戴眼镜的人在停止思考之后会将眼镜取下来，并做出用嘴巴咬眼镜架的动作，这时，他们多半处于沉思当中；而那些喜欢吸烟的人在考虑做决定的时候，往往会缓缓地吐出烟圈。如果思考的手势与抚摸下巴的动作同时出现，则说明此人正在一边思考你的演讲内容，一边总结自己的结论和建议。

抚摸下巴如果伴有面部抬高的动作并面露笑意时，则表明此人正得意扬扬，此类人一般信心十足，甚至有些自负，对他人的态度也不够真诚。

总之，通过下巴的动作变化可以捕捉到一个人的内心世界。心理学家提

 第一章　表情是情绪的直接展示，透过表情破译情绪密码

醒那些经常出席社交场合的人，在初次与人交谈时，要通过对方的身体形态来了解对方的性格，尤其要学会观察其下巴，以判断其个性，推断其心理。当然，与此同时，最好尽量控制自己与下巴有关的各种动作，以免过分表露自己的情绪。

笑容：不是所有的笑容都是心怀好意的

> **微情绪关键点**：有人说，笑是世界上最美妙的表情。的确，当我们感到愉悦时，最直接的表现就是露出笑容。事实上，笑容有很多种，虽然每一种笑容的特征都是勾起唇角，但它们各自有着很多深层的含义。

对人类而言，微笑的作用其实与灵长类动物笑容的功能无异。我们利用微笑告诉其他人，自己不会给他们带来任何伤害，希望他们能够从私人的角度接受自己。笑容是面部表情中最具有感染力的，笑容常常被认为是传达善意和真诚的。

当你向他人露出笑容的同时，对方通常都会回以一个同样灿烂的笑脸。如此一来，出于因果效应的作用，双方心中便都会自然生出一种对对方的好感。一种非常友好的氛围就会被建立起来。研究证实，会面时，双方如果都面露笑容，就能够使绝大多数的会谈更加顺利地进行，会谈的时间也会相对延长，而且会谈最后通常也能获得对双方都更加有利的结果，使双方关系更进一步。

然而，并非所有的笑容都是真诚的，也并不是每一种笑脸背后都是一颗

友善的心。以下是我对那些我们在日常生活中常见的几种微笑形式的总结与分析。

★抿唇笑

微笑时双唇紧闭且向后拉伸，形成一条直线，完全看不见双唇后的牙齿。这种微笑的内在含义是，微笑者隐藏了某个不为人知的秘密，或是他不想与对方分享自己的想法或观点。杂志上经常会刊登一些成功人士的照片。从他们的照片中，我们也能看见同样的微笑，而那笑容则仿佛是在对我们说，"我已经掌握了成功的秘诀，你们猜猜是什么呢？"在这些人物访谈中，被采访的成功男士们大都会谈论一些如何获得成功的基本原则，可是，他们当中却很少会有人将自己获得成功的具体方法和细节公之于众。

女性在遇到自己不喜欢的人而又不想让对方知道这一点的时候，通常也会露出这样的笑容。在其他女性看来，这种微笑其实就是一种非常明显的拒绝信号。然而，大多数的男性却甚少能明白微笑背后的深意。

鲍勃凝视着屋内，目光停留在一位魅力十足的黑发女子的身上。而此时，她似乎也正微笑着望着他。于是，鲍勃毫不迟疑，立刻起身，走进屋内，与这名女子攀谈起来。女子的话并不多，不过，她依然微笑着注视着他，所以，鲍勃仍然继续着他的谈话。这时，鲍勃的一位女性朋友从他身旁经过，悄声对他说："算了吧，鲍勃……在她眼里，你现在看起来就像个笨蛋。"听闻此言，鲍勃顿时目瞪口呆。可是，那位可人儿此时仍在冲着他微笑！

其实，鲍勃不过是犯了一个大多数男人都会犯的错误——误解了异性在微笑时紧闭双唇所代表的含义。

★开口大笑

人在开口大笑时，嘴巴张开，下巴低垂，嘴角上扬，给人一种很开心的感觉。这种笑容看起来有些不太自然。《蝙蝠侠》系列电影中与蝙蝠侠作对的那些丑角，还有比尔·克林顿以及休·格兰特都十分钟爱这种笑容，而且喜

 第一章 表情是情绪的直接展示，透过表情破译情绪密码

欢利用它在观众当中营造一种快乐的氛围，勾起他们想笑的欲望，或是为自己赢得更多选票。

★斜瞄式的微笑

微笑时双唇紧闭，同时还低下头，歪向一侧，并且斜着眼睛向上望。女性都喜欢在异性面前露出这种略有些腼腆害羞的笑容，因为这样做很容易引发男性体内的保护欲，使他萌生出保护她不受伤害的念头。已故的戴安娜王妃就是用这样的笑容征服了全世界。戴安娜王妃的这种微笑会让男人产生出一种想保护她的欲望，同时也让女人喜欢上她。对男人而言，这种既俏皮又有些腼腆的微笑是一种极具挑逗性的信号，也是一种鼓舞他们"向前冲"的暗示，所以，大多数女性会在求爱时使用这种微笑也就一点也不足为奇了。现在，威廉王子的脸上也常常会浮现出这样的微笑。除了笼络人心的作用之外，这样俏皮的微笑恐怕还会让人们由此联想到他的生母戴安娜王妃吧。

★冷笑

跟斜视一样，冷笑同样也是表达轻视的一种举动，而且在世界范围内通用。当我们冷笑时，颊肌（位于脸的两侧）会一起将嘴角拉向耳朵的方向，使脸上露出嘲笑的表情。这种表情清晰可见，哪怕只是片刻的出现，也能让人感受到这种笑容中的嘲讽和不屑之情。

华盛顿大学的研究员约翰·葛特蒙发现，在已婚的夫妇中，当一方开始冷笑对方时，他们的感情很可能已经出现了问题。在联邦调查局的调查中，嫌疑犯常常做出这种动作，因为他们认为自己知道的比调查者多，或感觉到官方并不了解整个案件的真相，因此产生了高傲、不屑的情绪。

★歪脸笑

在一张扭曲的笑脸上，两侧脸庞的表情恰好相反。右半脑发出指令，使人的左边的眉毛向上扬起，与此同时，由于左侧的颧肌的收缩，左边的脸颊上便会浮现出一种看似为微笑的表情。而在左半脑的命令下，右边的眉毛却因为眼轮匝肌的收缩向下沉，而嘴角和整个右侧脸颊也微微下移，从而露出一种皱眉式的表情。

如果你分别观察歪脸笑者的左右脸,你会发现,他们的一半脸在笑,而另一半却是愤怒、蹙眉的表情。

笑容在你的生活中随时都可以看到,然而,不同的笑所传达的情绪是不一样的,能否抓住这些细微的情绪流露,对你了解他人的真实想法会有很大的帮助。

第二章

动作是情绪的巧妙暗示，通过举止洞察情绪秘密

想不动声色就能窥探到他人的情绪波动吗？在分析他人表情的同时，不妨关注他的动作吧。一个人的内心情绪除了会从面部表情上反映出来，也会从各种动作中透露出来。大部分人都懂得对自己的面部表情加以控制，却很少关注身体的动作。其实很多无意识的动作，同样能透露出人们的真实情绪。

 第二章　动作是情绪的巧妙暗示，通过举止洞察情绪秘密

无意识的动作能够体现出复杂的内心

微情绪关键点：越是不受大脑控制的动作，越能诚实地反映给一个人的内心。所以，在与人交往的过程中要善于发现那些无意识做出的动作，往往一个人真实的情绪就是从这些动作中泄露出来的！

前面我们已经了解了面部的微表情对了解他人情绪的重要性，接下来我们就来了解一下，身体的"微表情"，通过一些细微的动作来了解一个人的内心。

人们在交流的时候总是一边说话一边做各种动作，而且大多数动作都是有特定用意的，为的是更好地辅助我们的语言进行表达。尽管很多动作和语言一样也是可以假装的，但有些细节却是不受大脑控制的，做动作的人是在一种无意识的状态下，没有思考就自然而然做出来的。所以，在与人交流沟通时，凭借对方的某些动作可以感知到对方真实的情绪和想法。

精神分析学家弗洛伊德曾经接待过这样一个女病人。交谈中，她对弗洛伊德有声有色地讲述了自己的婚姻和家庭是如何的幸福，但是在讲述的过程中，弗洛伊德注意到一个细节：这位女士在讲这些话的时候会时不时地将自己的订婚戒指从手指上滑上滑下。针对这个下意识的动作，弗洛伊德做出了令人吃惊的判断：这个女人对自己的婚姻其实并不满意，也不觉得婚姻很重要。后来的事实证明弗洛伊德的判断是正确的，那个女人的婚姻果然出现了问题，而且最终离婚了。

一位国际知名心理分析学家曾在他的著作中写道，人们的有些动作是完全无意识的，但却能最真实地反映当时人们的内心状态和情绪。比如，当一个人一边说话，一边总是有意无意地蹭蹭鼻子下方时，他的内心肯定是有些局促不安；当一个人胡乱地吸烟，吸到一半又随手丢掉，或者把手里的东西来回揉搓时，说明他的内心很焦虑。搓手掌是在期待或因为某件事情而举棋难定，如果是快速地搓动，表示问题并不是太大；但如果搓的速度很慢，那问题就可能没那么简单了。

刚毕业的小王正为自己的工作四处奔忙。这天他到一家不错的公司进行面试，期间，人事部经理的右手始终撑在脸上，中指封在嘴上，食指伸直指向右眼角，左臂又横在胸前，目光很少对着小王。面试结束后，人事部经理站起来和小王握手说："那就暂时先这样，我们会郑重研究一下，到时候再通知您。"

回到家后，小王有点左右为难，拿不定主意。因为他对这个公司很满意，但是他又不明白面试官对他的印象到底如何。而之前面试的另一家公司已经告诉他面试通过了，问他什么时候可以上班。他到底应该等这个公司的通知，还是赶紧答应另一个公司呢？思忖一番后，他决定再等等这家公司的答复，可是令他意外的是，他始终没有等来这家公司的电话，而等他主动打过去时，对方已经告知有了另外的人选。更令他郁闷的是，另一家公司也因为他的态度而选择了其他的求职者。

其实，小王如果懂得通过无意识的动作了解对方的内心，就不会苦恼了。事实上，人事经理已经用自己的行动说明了自己的态度，他的肢体语言无不在告诉小王：我对你不感兴趣，你不是我们要找的人。可是小王却一点也没有察觉到，还相信对方会联系他。

以上案例正说明了关注动作语言的重要性。如果你懂得无意识的动作能够透露人的心理状态，并且你也能够掌握这些无意识动作所反映的具体含义，

 第二章 动作是情绪的巧妙暗示，通过举止洞察情绪秘密

那么即使对方没有明确表示，你也可以大概知道对方的心理倾向。例如当你和某人交谈时，如果你看到对方身体转向另一边，或脚尖指向另一个方向，或眼睛盯着别处，甚至不时地看一眼手表，等等，这些都是他对这次交流已经很厌烦，很想摆脱你的信息，你要知道，他只是在耐着性子敷衍你而已。这时候他的脸上虽然仍带着微笑，并不时地点头表示附和，但这些都是假装的，而身体和脚尖、眼睛的无意识动作才反映了而他真正的想法。你若懂得这些就可以采取一定的措施来缓解对方厌烦的情绪，否则你说的话他有可能根本就不会听进去。

你不仅可以通过一个人的无意识动作来了解他当下的心理状态和情绪，你还可以通过无意识的动作来观察人与人之间微妙的关系。

无意识的动作在两个关系密切、很谈得来的朋友之间会相互感染。一般来讲，夫妻间会有一方是比较强势的，当较强势的一方做出某个动作时，另一方一般会立即或者在一段时间后做出相同的动作。在面对很多人的时候，当你看到两个姿势大致一样的人在一起聊天时，基本上就可以确定他们的关系很好。

假如两人相谈甚欢，这时候又来了第三个人。当那两人把各自的身体稍稍转向第三个人，并都有一只脚对着他，此时三双脚构成大体等边的三角形，这就是表示欢迎；如果他们只是看了一眼第三个人，但是身体和脚却没有转向第三者，这就意味着他们并不欢迎他的加入。脚尖所指的方向不仅可以指示一个人所向往的目标，而且会指示对他有吸引力的人。假设两男一女正在聊天，而且这两个男的都对这位女性感兴趣，那么这两个男人都会无意识地把自己的一只脚指向女人。如果这位女性的态度暧昧，她的脚的指示会不偏不倚，保持中立，但如果她对其中一个男人有意，那么她的目光和脚的指向就会泄露她内心的秘密。

体态语言传示出的心理信息和交际效果是有声语言的四五倍，当二者不一致的时候，精明的人往往注重动作所表达的心理语言。语言容易控制和假装，但是很多动作却是无法控制和假装的。在接下来的内容中，我们会集中

学习人们的无意识动作所隐含的深层含义。

手势的秘密：从平常的手势里看透情绪

> **微情绪关键点**：一个能说会道的人，绝对不可能只会用嘴皮子来表达内心想法。没错，我们的双手也可以做出许多的手势来帮助我们传情达意，它能够与我们的语言相得益彰，展示出我们的情绪和思想。

直立行走解放了我们的双手，让它们变得越来越灵巧，这不仅表现在劳动上，也表现在其他方面。人类的手是最独特的，与身体的其他部位相比，大脑对手腕、手掌、手指似乎更加偏爱，所以将更多的精力分配给了它们。它们既能劳作又能绘画、雕刻，还可以感受、感觉、衡量和改造我们周围的世界，还会打手势、讲故事，并以精妙的动作反映我们内心深处的想法。在人类还没有共同语言的时候，各种手势就是人们交流的重要工具，尽管经过几百万年的进化，人类已经充分掌握了语言技巧，但我们还是会本能地启动我们的手去表达情绪、思想和感情。

尤其在西方国家，手势的运用更加普遍。在日常生活中，绝大多数人都有几个自己所特有的标志性的手部动作或手势。通过手势，我们可以对一个人的性格特征和心理状态有一定程度的了解。很多人在与他人交谈时，常喜欢拼命地挥舞双手，也有些人习惯性地把双手牢牢握住，这些都是双手对于情绪的诠释。习惯于某种手势的人，在性格上也会有某些特点。

在交谈中，手心朝上是一种积极的人体信号。表示自己是坦诚的，毫无

 第二章 动作是情绪的巧妙暗示，通过举止洞察情绪秘密

隐瞒、毫无恶意的，这是一种开放的交流态度。这种手势反映了讲话人的情绪是外向的，希望交流，并渴望被对方接纳的。而翻转手掌、手心向下，则是一种命令式的信号，代表权威、地位、命令和抗拒。是一种明显的压低对方、抬高自我的心理表现。当我们拒绝或命令他人时，手心往往都是向下的。一对男女牵手时，常常都是男士的手掌向下，女士手心向上，说明了男士的强势和女士的顺从。

很多人喜欢做十指交叉的手势，这也和人的心理有很大的关系。十指交叉是表示自信的肢体信号，使用这种手势的人常常神情坦然，面带微笑，并伴有坦率的言谈。如将十指交叉地放在大腿上，两手的拇指尖相顶，则表达了一种不知如何是好或进退两难的心理；如将十指交叉，并不断用眼睛盯着对方，那表示的心理活动是对对方产生了不满，并正在忍耐；如果是将十指交叉在脸前，表示的是一种抗拒和敌意的心理，此时交谈会很难推进。

交谈时双臂交叉是一种高傲的暗示，给人一种威武或权势的心理感受；也表示人的紧张与矛盾心理，起到镇定自我、防御别人的作用；与别人谈话时，如发现对方忽然将双臂交叉起来，就表示对你的谈话已失去兴趣，你该知趣地转个话题或主动告辞了。

两只手的手心相对、指尖接触，就会形成一个尖塔形的手势，这一手势代表的是一种自信的态度。这种常见的手势分上下两种。一种是举起的尖塔：人们通常会在发表自己的观点时使用该手势；另一种是放下的尖塔：使用该手势者正在聆听他人的观点和谈话。尖塔形的手势经常出现在上下级之间的交谈中，而看起来显得胸有成竹，自信满满。相较男性，女性更加偏爱使用放下的尖塔手势。但如果举起的尖塔手势再配以头部微微后仰的动作，通常是因为内心有点傲慢自大。

尖塔形手势如伴有双腿交叉、眼神外流或身体向后倾的姿势，则表达了一种消极心理，表示对你的谈话不感兴趣；而向下的塔尖式手势则是一种"让步"的心理，常见于外交和生意场上。

双手握在一起，表达的是一种无助感。即使做此动作者面带微笑，也难

以掩饰其心中的失落与挫败感。通常来说，当人们觉得自己的话缺乏说服力，或是认为自己已经在谈话中处于被动地位时，就会做出紧握双手的动作。紧握双手的动作大致有三种姿势：将双手举至脸部，然后握紧；将手肘支撑在桌子或膝盖上，然后握紧；站立时，双手在小腹前握紧。在这一动作中，双手位置的高低与此人心理挫败感的强烈程度有十分密切的关系。具体来说，当一个人将两只手抬得很高而且双手紧握的时候，即双手位于身体的中间部位时，他的心理已经非常消极，此时基本是拒外部信息的。相比较而言，当他的双手位于身体下部的时候，心理上的失落感还没有那么严重，想要与他交流就会显得容易。

两只手来回搓的手势如果发生在冬天，多是为了增加手的热量。除了这种情况外，搓手一般表示的是一个人心情激动或暗示胜利的信号，比如，在运动员即将上场的时候会无意识地搓手，此时表示的是求胜心切；而遇到难题时的搓手，则暗示心急如焚；在商务会谈中的搓手，表示尚未建立信心。

将双手背于身后是一种生活中司空见惯的手势，常表现出高傲或狂妄的心理。由于手是人脑思维的显示器，双手背后就能把内在的威力隐蔽起来，给人一种神秘感；当人处于紧张或焦躁不安时，把手背在身后，就是想借此缓和紧张心理，达到镇定的目的。

在与别人交流时，我们都很希望能看到对方的手，因为我们的大脑认为手部动作是整个交流过程中不可分割的一部分。当对方的双手离开我们的视线或失去表现力时，我们对对方人品和信誉度的信任感也会减半。比如在法庭上，陪审员一般都非常不喜欢律师站到演讲台的背后，他们潜意识里更希望看到律师的手。陪审员更不喜欢证人将手藏起来，那样的动作会让他们认为证人不够坦率，可能有所保留或在说谎。

日语中有一句话直译叫做"让对方看你的手心"，它表示的意思是要真心对待对方。当一个人将手掌摊开时，一般来说他是真诚、可信的。交谈中，让对方看到我们的双手，是一种获得信任的非常简单的方法。手部的动作可以直指人心，优美的手势会使人感到心情愉快，温暖的手势会让人心生感激，

 第二章 动作是情绪的巧妙暗示，通过举止洞察情绪秘密

坚持果断的手势则会让人感受到某种力量。

手势和人的情绪有着密切的联系，和一个人的性格也息息相关。如果一个人经常做出让人感觉到十分有力量的手势，说明这个人性格有魄力和勇气，凡事敢做敢当，能承担一定责任。而总是做出一些犹豫、不自信的手势的人，性格往往也多是内向、不自信的。

双手的一举一动都会暴露我们内心的情绪和想法，并且双手的语言也是最容易被我们解读的。一旦你学会了解读双手的秘密，那么你不但可以在交谈中轻松解读对方的心理，还能很好地利用手部动作表达你内心的想法，以获得更好的沟通效果。

双手是最精于表达的"演说家"

微情绪关键点：双手的号召力是巨大的，有时候，利用双手的动作，可以达到一呼百应的效果，所以，政治家、演说家、演员都很善于利用双手来获得大众的支持。

在与人交往中，手部语言已经成为其中很重要的一部分，它起着加强语言的力量、丰富语言的色彩等补充和说明的作用。在一个有效率的沟通中，手部的动作往往扮演很重要的角色。有时候，它甚至能够作为一种独立而有效的语言进行使用。可以说我们的双手同样具有丰富多变的"表情"。

双手看似在描述一件事情的时候，并不是必需的，但是当你和一个人说话的时候，如果他的双手背在身后，或者放在口袋里，你多少都会感觉别扭。

我们已经说过，在人们的交流之中，露出的双手会给人一种坦率、真诚的感觉。双手即使不做任何动作，只要让对方看到，就表示一种自信和坦诚，试想，当一个人跟你聊天的时候总是将双手插进口袋，你是不是会感到对方的态度有所保留呢？如果你把手藏起来，很可能会让人家觉得你若不是有所隐瞒，便是过于紧张。尤其是当一个销售人员一边给你介绍产品，但是却将双手插进口袋的时候，你是不是会对对方产生很不好的感觉？

曾经有人做过一个这样的小实验。实验设计者先让一部分人进行互相访谈，并要求一半人将手放在桌子下面，而另一半人将手放在显眼处。交谈结束后，研究者分别对两组人的感受做了调查，通过问答发现，把手放在桌子下面的人给对方留下的印象一般都不太好，不够真诚，不坦率，甚至有人认为对方虚伪。而另一半人却给对方留下的印象则较好，大方、友善，没有人被认为为人虚伪。尽管这个实验并不那么科学，但多少给我们一些启示：双手在形象中所起的作用是很重要的。

我们已经知道，双手露出来会给人值得信赖的感觉。那么，双手做出什么动作，更能获得这种信赖呢？现在单说手掌的行为，很简单，我们已经提到过，只有向上和向下两种。一般来讲，手掌向上是表现出一种友善正面的讯息；而且也有这方面的研究显示，说话时把手掌摊开向上（或面向对方）是一种开放型的姿势，大多数人会从正面解读我们所传达的讯息；而手掌向下则给人比较封闭的感觉，并且手掌朝下往往带有威严和掌控意味的姿势，也就是说是在发布命令。

手掌的方向，在我们的对话中非常重要。尤其在演说中，正确使用两个仅有的动作，可以创造出完全不同的气氛。美国国务卿希拉里在争取总统候选人提名演说的时候，开始总是手掌朝下，这样做的原因是她想显示自己掌控全局的能力；但是后来她的顾问却建议她把手心朝上，因为这样可以显示出足够的亲和力。于是，她在后来演说或者会谈时，总是刻意将手心朝上，她的改变很快就被证明是有效的，她得到的支持率也有了增长。

积极的手部动作能够引起人们积极的反应，谈话的同时使用手部语言来

 第二章 动作是情绪的巧妙暗示,通过举止洞察情绪秘密

辅助说明不仅可以吸引对方的注意力,加强谈话的效果,而且还能够加深参与谈话的个人对此次谈话内容的记忆效果。很多成功的演员、魔术师和演讲家都深谙其道。著名魔术表演师刘谦在表演时,总是一边转动他的手掌,一边说着"见证奇迹的时刻到了",此时此刻,观众随着他的手势屏住了呼吸,完全沉浸在一种神秘的氛围中,这就是手势奇妙的传情达意作用。说我们的双手是一位精于表达的演说家,一点都不为过。

阿尔道夫·希特勒就是一个非常善于运用双手的演说者。这位"一战"中的二等兵其实只是一个不折不扣的小人物,在其上台前并没有接受过任何专业训练,也没有过台上演说的经验。为了让他的演讲更具有煽动性,他不得不常常对着镜子自己练习。对于手部动作他尤其在意,曾经让人把自己演讲时的手势拍摄下来反复练习,以便形成一种更引人注目的演讲风格。后来的事情大家都很清楚,这个罪恶滔天的人凭借其煽动本领成为了第三帝国的头领。希特勒练习手势的录影资料目前仍被保存在资料馆中。

英国曾有这方面的专家对双手的重要作用做过这样一项实验。他让参与实验的人用两种方式来讲一些通俗易懂的小故事,一种陈述者会在讲故事的同时配以简单生动的手部动作来表现故事场景。比如借助手的快速摆动来演示跑步的动作,用手拨弄头发来表示吹风机,以及用张开的手臂来模仿肥胖的歌剧歌手。另一种讲述方式是,陈述者不做任何手部动作。结果他们惊讶地发现,讲述者如果在讲故事的过程中配合有手部动作,其听众对于故事细节的掌握程度是那些光听故事的志愿者们所掌握的三倍。我们来假设一个情况,让自己的双手垂着说话,感觉如何呢?这样说吧,即使是个很少使用手势的人,也会感到非常的拘束和不舒服;因为不舒服,其所传递的讯息会很生硬,内心也缺少自信。

在我们与人交流或者进行演说时,不妨多让双手参与进来,让我们的交谈者或听众感受到我们的热情和真诚,并为我们积极的情绪所感染,以此来增加会话和演说的成功率。

抓挠耳朵，表明其内心焦虑

> **微情绪关键点**：抓挠耳朵是十分常见的一种动作，其实，它也有着自己深刻的内涵。当一个人在你面前抓挠耳朵的时候，他的心里一定在说：够了，不要再啰嗦了！

耳朵在我们面庞的两侧，它们是最安静的器官，负责为大脑收集来自外界的所有声音。对于耳朵，我们常常疏于关注，然而，在某些时候，我们也会对它做出一些无意识的举动。这些看似没有意义的动作其实也都反映了我们的心态和情绪。

我们常常会看到这样的场景，父母在屋外骂孩子，而孩子在自己的屋里用两只手堵住自己的耳朵，代表的意思是他不想听见父母骂他的声音。而成年人在不想听别人说话时，不会用手堵住耳朵，而会抓挠耳朵！成年人在抓挠耳朵时，也会抓挠不同的部位；而抓挠不同的部位对应不同的意思，现在就让我们一起来读解这些密码吧！

用手摩擦耳朵背部，一般是听者对你的话不太相信或者持反对的意见。在日常工作中，假如你正在和一个客户谈判，在你发表意见时，对方侧着头用手指摩擦着耳朵，这时代表的意思是对方对你现在表达的观点持相反意见，他正酝酿着发表自己的观点，因此，这时你就应当给对方发表意见的机会，否则，交流就会没有效果。

 第二章　动作是情绪的巧妙暗示，通过举止洞察情绪秘密

侯小姐是一个建材销售员。这天，来了一位很有意向的客户，侯小姐非常热情地介绍道："先生，我们这款地板是最好的三层实木地板，进口木料加工，现在正在搞活动，每平方米600元……"顾客看了一眼地板，用手指摩擦了一下耳廓背后说："我先看看啊！"侯小姐根据以往丰富的经验判断，这位顾客很可能对这款地板的价格产生了异议，于是她迅速转换策略，向这位顾客介绍了一款较为经济的款，这次顾客听得很专心，半小时后，顾客即交了定金。

摩擦耳廓背后，表示出听话人希望通过摩擦耳朵来阻止这些话完全进入自己的耳中。正如案例中所出现的那样，当对方侧着头用手指摩擦着耳朵，这时代表的意思是对方不认可你正在说的话。此时，如果继续之前的话题，很有可能使谈话陷入僵局，或者使对方产生不信任感。

不停地抓挠耳垂、耳背对应的情绪和心理状态是：我很焦虑！人们在焦虑的时候，就会不由自主地抓、挠耳朵。当你看到身边的人抓耳朵，那么基本可以判定他可能是遇到什么难题了。在对话中，这个难题很显然就是：这场对话不怎么愉快，我该如何结束它呢？

把整个耳廓折向前盖住耳洞代表的情绪和心理状态是：我已经听得够多了！用耳廓盖住耳洞，潜意识表达的是不让对方说的话进入自己的耳朵，是所有抓挠耳朵部位中最直接传达不耐烦信息的动作。当你在和谈天说地的时候，如果发现对轻轻地做着把整个耳廓折向前盖住耳洞的动作，那么你最好立刻停住讲话，因为对方的这一不明显的动作其实是要告诉你："你说的话我一点也听不进去！"尽管对方不愿意直接这么说，但他的心情是很烦躁的。此时，千万记住，要及时转移话题或者停止交谈，否则就会给人留下啰唆和喋喋不休的印象。

用指尖掏耳朵表达的情绪和心理状态是：不屑！当你正在满怀激情地说着一件事情的时候，如果和你对话的人漫不经心地把指尖伸进耳道里掏耳朵，这个动作表示对说话者的不敬和对话题的不屑一顾。如果对面坐着的是领导

或者长辈，你就应该考虑转换话题或者给对方发言的机会，因为对方的心思已经完全不在你的话题上。

不过，也有些人会因为耳朵痒而无意识地用手挠耳朵，或者用指尖掏耳朵，而且确实是耳朵发痒才挠的，并没有拒绝倾听和对别人不耐烦的意思。所以，要真正了解一个人的动作语言最好是配合当时的表情，当抓挠耳朵的同时，表情很漠然或者是很轻蔑，就可以判定对方确实是不想继续当下的话题了。

摆动的双脚，快乐抑或惶恐

> **微情绪关键点**：双脚距离大脑是最"遥远"的，一般人在人际交流中，很少关注双脚的"表情"，其实，双脚的动作同样能够泄露人们的情绪和心理，甚至比其他部位更加诚实。

如果让你来猜我们人体的哪个部位最诚实，你会猜是哪里呢？答案也许会让你大吃一惊，那就是我们的腿和脚。这个部位能揭示一个人的真正意图，可以毫不夸张地说，双脚是我们在寻找一个人思想的非语言信号时的首选部位。

人类的双脚能快速应对周围的威胁，这是因为我们的边缘大脑可以确定腿和脚能够在需要时做出相应的反应：停下来、逃走或踢向敌人。这种反应是处于一种本能和生存需要，无须理性思考的。直到现在，这些古老的反应依然存在于我们的身体和潜意识里。当我们遇到危险的事情或不认同的事情

 **第二章 动作是情绪的巧妙暗示,通过举止洞察情绪秘密**

时,我们的腿和脚还会做出那一系列的反应,心理学上称之为"边缘反应",即先冻结(瞬间静止),然后想办法逃开,最后,如果没有其他选择,就毅然地进入备战状态。

所以,只要你善于观察人们的腿部和双脚便可以得到更丰富的信息源,甚至洞察人们内心的秘密。手部的神经占了全身神经的25%,就连手臂部分也有15%;腿部的神经比较少,因此腿脚比较不受大脑控制。记住,越是不受大脑控制的部位,越是没有虚情假意。加上大部分人都对腿部和双脚的动作不太关注,根本不会考虑掩饰或者伪装这部分的肢体动作,所以腿部的动作要比其他动作更能反映一个人的内心情绪变化。

快乐、迟疑、厌烦等都可以通过双脚表现出来。在人们因为某件事情非常快乐时,双腿和双脚会一起摆动或颤动。有人称为"快乐脚",这种类似跳跃的脚部动作,实际上是对几百万年前人们打猎成功后的庆祝仪式的一种延伸,很明显,它表达了一种十分积极的情绪。当一个人认为他正在得到他想要的,或有优势从另一个人或周围环境那里赢得有价值的东西时,特别是听到或看到某些意义重大的事情或事物时,"快乐脚"就会出现。"快乐脚"摇动的频率或强度增加,而且是发生在这个人听到或看到某些重要事件之后,那么,这就是一种对事情现状更满意和胸有成竹的心理,这个时候他的情绪是很积极的。而"快乐脚"突然终结,则可能预示着做动作的人情绪由愉快变得不愉快了。

张进是一个公司的人事主管,专门负责为公司选拔驻外任职人员。这天,来了一位女求职者。当问到对方是否愿意到海外任职时,张进发现这个女孩的脚开始变得有些活跃,随之她给出了肯定的答案。接着,张进又告诉女孩,她可能被派往非洲地区。她的两只脚同时变得僵硬起来。显然女孩是不愿意到非洲去。接着,女孩的答复果然是不确切的。她说:"对不起,我想考虑一下再作答复。"

摆动双脚还代表着一种期待。在临近下课时，课堂上的学生会因为焦急地等待下课而摆动双脚。这时的双脚表现的就是不耐烦和期待的心理。

和摆动双脚相反的是双脚的"冻结"，即突然完全停止所有动作，像被冻结一样。脚部冻结是边缘控制反应的另一种表现，是一个人在面对危险时的一种倾向。所以，如果不停摆动和弹动的双脚突然停了下来，那么，这通常说明，这个人正在承受压力和情绪的波动，或是感到了某种程度的压力。很可能是因为别人说到的事情或问到的问题刺痛了他，而那些问题中包含有他不愿意让别人知道的信息，很可能是什么怕被别人发现的事情。

脚尖所指的方向往往是一个人向往的地方。当一个孩子正在坐着吃饭时，邻居家的孩子突然敲敲门说："快出来玩啊!"这时孩子由于一心想着要出去玩，他的脚就会扭动起来，尽管他可能还没吃完饭。父母可能会要求孩子保持原位不动，但这时孩子的脚会慢慢远离桌子，不停朝着外面的方向扭动，并使尽力气伸向房门一侧。作为成人，我们同样会有这类边缘行为，虽然我们会有意识地去控制这些动作，但还是会露出些许端倪，因为他们是属于我们的潜意识层面的。

更加有趣的是，当一个人的脚部动作从左右轻摇转向上下踢动时，说明这个人一定看到或听到了些什么消极或不高兴的事情。而且这种行为自己几乎完全意识不到，是一种自觉行为。

在审讯中，经常会看到被审问的人由于焦虑和惶恐而轻轻晃动双脚，有经验的审讯人员会非常注意观察他们的脚部动作。

在一桩重大犯罪案件中，一名女子作为目击者被问话。由于案件丝毫没有突破口，所以整个审讯过程非常的漫长、乏味。在这一过程中被审讯者未发出任何有意义的信号，但是审讯人员却发现目击者的脚一直在摇动。这种代表惶恐不安和想要结束审讯的暗示让审讯人员感到怀疑。但是目前掌握的一切似乎都没有对这位目击者造成任何的不利。

接着，当问到一个本地区的惯犯的名字时，事情终于有了进展。那一刻，

 第二章 动作是情绪的巧妙暗示,通过举止洞察情绪秘密

她的脚从摇动变成了上下踢动。这是一种很重要的线索,它告诉审讯员这个名字对她有一定的负面影响。在后来的审讯中,她承认了这名名叫克莱德的人曾经让她卷入一宗盗窃案中,她自己就是罪犯之一。

身体的这种背叛行为最终让她不得不在监狱中待上25年。

一个人或许可以假装出镇定自若的表情,可是如果他的双脚不断地轻敲地板或者双腿一直微微晃动(和快乐脚不同),那就说明在镇定自若的神情下,他的内心充满了想逃却逃不了的挫折感。跺脚同样有这样的心理原因,一个人开始跺脚,说明他的耐心快耗尽了。

尽管我们用衣服和鞋子遮住了腿和脚,但它们依然是最早做出反应的身体部位,在我们面对威胁和压力时,它会下意识地产生边缘反应,目的是保护我们免于受到伤害,同时缓解恐慌的情绪。

腿也会说话:双腿动作展现出情绪的变化

> **微情绪关键点**:在一个人的肢体中,如果脚能透露一个人的意图,那么腿当然也可以。特别是配合其他的肢体活动,腿的动作更是解读人情绪变化绝对不能忽视的线索。

在人类的进化过程中,腿部的动作主要源于两个目的:一是向前走以获得食物,二是在遇到危险时逃跑。由于人类的大脑直接关联着这两种基本目的,即走向自己想要的东西和逃离让自己感到危险的、讨厌的东西,所以人

们的双腿会直接反应一个人的内心动向。

如果你是第一次遇到某个人,那么,对其腿部和脚部行为的观察就变得尤其重要。这些动作能告诉你对方对你的感觉。一般当我们初次与某人见面时,先是会真心诚意地上前与对方握手,并保持良好的目光接触,然后稍稍后退,等待对方的反应。通常情况下,对方的反应会有以下三种结果:

第一种情况是,这个人待在原地不动,这表明他的内心感到安全,他对这样的距离是满意的。

第二种情况是,这个人也后退一步或稍稍移开一些,这表明,他需要与你保持一定的距离,或者想要离开。

第三种情况是,这个人会上前一步,离我们更近一些,这说明他喜欢和你相处或喜欢与你交谈,他想要与你进一步接触。

记住,双脚和双腿是我们身体中最诚实的部分。在社交场合中,这是一种非常有用的信息。但是,应该根据自己对空间的舒适感设定一个距离底线。

交谈的过程中,双腿同样能给我们提供各种信息。

并拢的双腿却被认为是一种顺从。想象一下部队训练的场景,所有的人都被要求双腿并拢站直,运动员集训的时候也是一样。所以,当有人做出这个姿势的时候,代表他是顺从的,而他的性格可能也是温和而随意的。

打开的双腿总会让人感到强势和权威,实际上也确实是这样。因为叉开的双腿展现出一种开放的姿态,或是处于支配的地位。其实,叉开的双腿是一种"捍卫领地"式的行为。例如,猩猩们会把双腿大大地分开,而谁占据的面积最大,谁就被视为最有支配权的首领。在日常生活中,人类也会和动物一样,需要有专属于自己的领地。当领地一旦受到侵犯时,就会引起我们很强烈的反应,做出一些防御或抵抗的动作,叉开双腿就是其中一个典型的动作。

双腿分开的姿势一般来说是一个男性专用的姿势,女性大都不会模仿。但男性如果在女性面前做出这个动作,将会产生非常不好的影响。

 **第二章　动作是情绪的巧妙暗示，通过举止洞察情绪秘密**

办公室里，一名女员工站在老板桌前，顺从地接受老板的询问。这时，老板从椅子上站起来绕过桌子站在女员工的面前，他双腿叉开点了一根烟，女员工此时变得紧张起来，回答问题也显得不耐烦了，似乎想快点结束对话。老板则因为女员工的这种态度而不满，最后甚至开始数落女员工。无疑，他们的这次谈话最后以不愉快的气氛收场。

当男人做出双腿分开的动作时，大多数女性会随即做出紧拢双腿的动作。这样就很容易理解为什么上述事例中的女员工会紧张了，因为老板的姿势让她感到了威胁，这样就使双方之间产生了芥蒂。

叉开双腿并保持强势的站姿，是一种占据主导的暗示，是绝对权力的表现。如果一个男人在和另一个男人会面时，觉得对方不如自己强悍，一般来讲就会叉开双腿；此时如果对方觉得自己也不弱，就会随之也叉开双腿，做出挑衅的姿态；而如果对方被前者的气势压倒，就会并拢双腿。

当人们陷入对峙状态时，双腿会自然打开。而且双腿叉开的幅度会随着矛盾的激化而变大。如果你面前的一个人将双腿从并在一起到叉开时，你基本上可以肯定这个人的情绪是紧张而愤怒的。此时，你就要提高警惕了。这是一种强烈的信号，至少也表明可能要发生一些不愉快的争执了。而且通常情况下，当争执扩大时，这类叉开姿势的幅度也会增大。缓解对抗局面的方法之一就是尽量避免表现出这类行为。如果我们能在愈演愈烈的交火中及时收住这类叉腿的动作，及时地将两腿收拢，一定能降低对抗等级，使情况得以缓和。

与叉开的双腿对应的是交叉的双腿。一般情况下，双腿交叉反映的是人们在社交活动中的舒适感和安全感。当我看到两个交谈中的人都将双腿交叉时，我便知道他们都感到很轻松。另外，我们在别人面前感到自信时也会将双腿交叉。

当一个人独自站在电梯里时候，他会自然地将双腿交叉，因为一个人是很舒适的。但是，一旦有人走进来时，双腿会很快由交叉状态回到正常的姿势,让双脚紧紧地站立在地板上。这其实就是我们潜意识中对于周围环境做出了判断:"不能太大意,可能会有危险发生,所以要时刻做好准备。"

双腿还会根据不同的环境做出其他的反应。在一个舒适、自由的社交环境中,我们的双腿还会做出与周围的人相同的动作(趋同行为),这是非常有趣的。不仅如此,当两个人并肩坐在一起时,他们双腿交叉的方向是很有意义的。如果他们关系很好,压在上面的一条腿应该指向另一个人的方向。如果其中一个人不喜欢他的同伴,他会将双腿换个方向。这样一来,大腿看起来就成了一道壁垒。

腿部的动作就是如此神奇地反映着人们的情绪和心理,只是人们大多时候会忽视它们的作用。从现在起,不妨就开始观察你身边的人所做出的腿部动作,你会发现其实大多数人的内心波动逃不过你的眼睛。

站姿:千差万别的站姿反映形形色色的性格

微情绪关键点: 即使只是随意地站着,人们也会因为性格和情绪状态的不同而呈现出多种多样的姿势。所以,我们从站姿中同样能够看懂对方的性格和情绪。

我们已经说过,脚和腿能够反映人的情绪和心理,当然,由腿脚来完成的站姿,也可以反映人的性格和心理状态。"站有站相"正是说明从一个人的站姿可以得知这个人的品性和内心。

当一个昂首挺胸、站得笔直的人在你面前的时候,你肯定会被他的状态

 第二章　动作是情绪的巧妙暗示，通过举止洞察情绪秘密

所感染。因为这是一种自信的表现，有这样的站姿的人一般做事雷厉风行、正直、有魄力。所以，当你看到一个站立时胸部挺起、背脊挺直、双目平视的人时，你基本上可以断定他是一个乐观、自信、有理想的人，另外，这类人通常还比较注意个人形象。军人、警察等经过了长期训练都有这种站姿，而且令人惊奇的是，一个人如果内向缺乏自信，通过训练站军姿，也可以变得开朗自信、有魄力。所以，你如果想让人对你有一个良好的印象，首先要养成良好的站立姿势。

与昂首挺胸的站姿相反的是弯腰驼背的站姿。长时间萎靡颓废的性格，会让人形成弯腰驼背的站姿，整个人的腰是弯曲的，这种弯曲的站姿并不是由于年龄和病态造成的，是由于内心的消沉和封闭造成的。这种人性格大都比较封闭、保守甚至有点自闭，他们自我防卫意识非常强，经常惶恐不安，他们对生活很难抱有较大的兴趣，精神上也非常消沉。

站立时双脚合并、双手垂置身旁是一种顺从的心理表现。喜欢这种站姿的人大多诚实可靠，性格比较保守、传统，甚至有些古板，墨守成规。但他们很有毅力，绝对不会轻易向困难低头。

有些人喜欢双脚自然站立的同时，每隔一段时间就习惯性地抖动一下双腿，双手十指相扣在腹前，大拇指相互来回搓动。这样的站姿是属于比较另类的，一般来说拥有这样站姿的人个性比较张扬，具有强烈的自我表现欲望，内心情绪起伏也会比较大。在公共场合，他们特别愿意成为大家视线的焦点，甚至有时候会可以做出一些过激行为，以吸引他人的注意。

站立时习惯倚着其他东西的人，一般情绪比较低落。如果只是偶尔出现这样的站姿，可能是一时的心情不好引起的；经常做这样的动作的人，则性格上比较温和，对待别人时一般比较友好，说话比较坦白，也较容易接受别人的观点。

站立时姿态不断改变的人，一般来说性格急躁；反应在情绪上，则是焦虑不安。他们身心可能经常处于紧张状态，另外，他们的思想观念也会经常发生改变，没有固定的想法和信念，是个不折不扣的行动主义者。但在生活

方面，他们大都喜欢接受新的挑战，具有创新精神。

双手相握于胸前、自然站立的人，一般是对现状满意的表现，一般来说，他们对正在做的事情成竹在胸，非常有把握，或者是对自己所做的一切踌躇满志，信心十足。

站立时将双臂交叉于胸前，这样的动作好像在胸前设置了一个保护墙。在和对方交谈的时候，如果对方双臂交叉放在自己的前面，那么即使对方眼睛看着我们，脸上带着微笑，也可以断定你的话他可能根本就不赞同。喜欢做这种动作的人往往自我保护意识比较强，即使与非常熟的朋友也会保持距离，经常给人一种难以接近的感觉。交叉的双臂会在两个人之间形成"屏障"，阻止沟通。当你想加入一个完全没有认识的人的团体时，若此时他们正聊得开心，这时候你千万不要双臂交叉加入进去，因为这就表示你与他们拉开了距离。如果你以这种严肃的姿态参与谈话，那么很快这个小群体的其他人就会一个接一个地做出双臂交叉的姿势。很显然，他们对你的加入并未表示欢迎。

双手叉腰而立代表的是高度的自信，这是一种开放型的动作，表明做动作的人对自己相当自信，对自己所处的位置有着绝对的优越感。在现实生活中你会发现，没有一定气魄的人是很不容易做到习惯性地将双手叉腰而立的。一些领袖或者伟人却常常能够驾轻就熟。这类人对身边发生的各种事情往往都能随时做好应付的准备。

喜欢将双手握于背后站立的人往往具有较强的纪律性，看重权威的力量，一般具有很强的领导能力，在工作方面认真负责，最不能容忍的就是欺诈隐瞒等行为。这类人极富耐心，对自己认定的事情也绝对不会轻易改变，但这类人的缺点就是有时主观性太强、性格倔强，甚至可以称得上顽固。

习惯于双脚自然站立，将双手插入裤兜的人，多少有些保守，如果加上时不时地拿出来又插进去的动作，则说明此人心中可能有些事情放不开，内心产生了沮丧、失落的情绪。这些人的性格往往谨小慎微，做事习惯三思而后行，但又常常在事后感到后悔。

 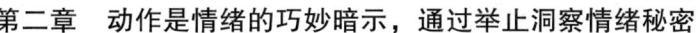

第二章 动作是情绪的巧妙暗示，通过举止洞察情绪秘密

人们习惯性的站姿与性格有一定的关系，但是有一点需要特别注意的是，随着对方的心理发生变化，这些站姿也会百变和交替出现，这也是人性格善变造成的，需要我们根据现场的具体情况去判断对方的情绪和心理。

走姿：喜怒哀乐的动态映射

微情绪关键点： 当一个人从你身旁走过时，他的性格和情绪会一览无余地呈现在你的面前，因为这一切都在影响着人们的步伐。注意观察他们的走姿，你会有惊奇的发现。

走路的姿势是一个人从小到大逐渐养成的，所以，它更加集中地体现了一个人的性格和修养。一个人走路的姿势是很难伪装和改变的，并且完全暴露在我们的视野中，从走路的姿势我们会很快了解一个人的性格和他的情绪状态。

走路的快慢，步子的大小，采取什么样的步态都和性格及情绪有关，以下是一些常见的走路姿势和对应的性格特点。

走起路来昂首挺胸，是一种自信心态的表现，拥有这样走姿的人心情应该是很不错的。而一贯这种走路姿势的人一般都非常自信，他们思维敏捷，做事有条不紊，具有较强的组织能力，是一个合格的领导者。不过，如果他的自信过于膨胀，就容易变成自负，爱以自我为中心，听不进不同的意见和建议。

走路时步子迈得很大、步伐稳健的人，心情也肯定是很愉悦舒畅的，只有情绪平稳的心理状态下，人们才会保持稳健的步伐。而习惯于用这种步态走路的人一般性格沉稳，做起事来也是追求稳妥，遇事不惊，忙而不乱，习惯先考虑清楚再去做。这样的做事方式让他们能够稳扎稳打，脚踏实地地前进。无论是事业还是生活，都能以自己的冷静和果敢获得成功。这类人也多比较讲诚信，"言必行，行必果"，一般说到做到，不会食言。在对待朋友上，这种人属于一诺千金、为朋友两肋插刀的人。

走路时习惯于上身向前微倾、猫腰的人性格较为温柔内向，为人谦虚，敏感而重情感。走路时低头弓背，努力让自己显得更微小，其潜台词是"不要打扰到其他人"。世界上最著名的猫腰走路的人，大概是林肯了。

拖着脚走路的人，步履拖沓，看起来无精打采，那么他通常是内心苦闷、不快乐的。

走起路来风风火火，大步向前，迅速如风，双臂还不由自主的前后摆动是内心情绪亢奋的表现，一般遇到开心的或者值得期待的事情时会有这样的走姿。拥有这种走路习惯的人一般性格都属外向型，活泼开朗，喜欢和人交流，做起事来也较豪放洒脱，敢于做各种尝试甚至冒险。但由于性格急躁，这类人容易冲动，有时可能会出现过激行为。但是有的人不管有事还是无事，不管办事地点是远还是近，即使时间十分充足宽裕，也仍旧急匆匆的，两脚运动得特别快，或者总是一路小跑。这种走路的姿势是心急的表现，拥有这种走姿的人大多精力充沛，但是容易毛毛躁躁，不够有耐心。

走路时总是一副慢慢腾腾的样子，是举棋不定和处于观望阶段的心理表现。有这样走路习惯的人，做事喜欢三思而后行，无论什么事，都要等别人做了，看到万无一失以后才去做。

走起路来一摇三晃，随时可能被风吹倒的人往往喜欢故弄玄虚。

走路喜欢大摇大摆的人，生活中也爱出风头，有点口无遮拦。

走路时倾向于脚向后踢高的人大多性格比较冲动。

走路的时候高抬着自己的下巴，两手夸张地摆动，脚步显得僵硬而夸张，给人一种松垮的感觉。这种人一般自诩清高，常会给人一种盛气凌人的感觉。而且

 **第二章 动作是情绪的巧妙暗示，通过举止洞察情绪秘密**

与人交往中，往往自认为高不可攀，实际上只是内心的虚荣心和骄傲感在作祟。

走路喜欢双手叉腰的人，一般性情急躁，且具有独裁意识。

走起路来连蹦带跳的人一般没什么心机，对朋友能够坦诚相待，虽然做事粗心大意、丢三落四，但大都慷慨好施，不求名利与享受，安分守己。这类人也比较乐观开朗，情绪是积极的。

走路的姿势是千差万别的，但都和一个人的情绪和性格有着密切的联系。当然，每个人走路的姿势不是一成不变的，如果一个平时走路慢悠悠的人，突然急匆匆地走起来，那肯定是发生了什么让他心急火燎的事情，他这个时候可能很愤怒，或者焦躁不安。反之，平时走路一溜小跑的人，却拖着步子走过来，很有可能是因为某件事而悲伤不已，他的情绪非常消沉。坏消息或噩耗能驱使一个人夺门而出，不顾一切地跑向事发现场；也可能导致这个人步伐沉重，仿佛整个世界的重量都压在他一个人的身上。

所以，当你要通过走路的姿势了解一个人的性格和情绪时候，一定要根据当时的具体情况来判断。

坐姿：坐着也能出卖自己的内心

> **微情绪关键点：** 由于人们交谈的时候大部分情况下是坐着的，所以透过坐姿来了解他人的内心情绪是很重要的，并且，通过分析坐姿来判断他人的心理变化，也是一件非常有意义、可操作的事情。

每个人的坐姿习惯都不同，有的人坐下时很迅速，有的人则习惯慢慢腾腾地坐下，也有些人小心翼翼地坐在椅子前部，还有些人将身体深靠在座位上。有的人喜欢跷着二郎腿，有的人喜欢双腿并拢，而有的人喜欢两脚交叠。这些不同的坐姿，无不投射出一个人的个性和独特的心理状态。那么，不同的坐姿又反映了怎样的性格和心理状态呢？

正襟危坐、目不斜视的人是认真严肃的，其心理状态也是平稳的。给人的感觉是威严、严谨，这种人的性格是力求完美，办事周密而讲究实际。在做事上，这种人只有觉得已经有十成把握的时候，才会采取具体行动，所以，他们做事很少因为冒进而造成失败，却经常会因为过于求稳而丢掉了最好的时机。

舒适而深深坐入座位的人，可视为心理上比较放松，或者在于对方交流时表现出心理优势。这种坐姿的人一般比较自信，情绪上也很安稳。

与此相对的，是始终浅坐在椅子上的人，有这种坐姿的人情绪上是不够稳定的，他们在与对方交流时，无意识地表现出居于心理劣势，且欠缺精神上的安定感。

另外，浅坐如果和身体前倾、直视对方一起出现，则是一种倾听、顺服的坐姿。在应聘时，如果面试官有这样在坐姿，说明我们的话题引起了对方的兴趣；你在相亲，相亲对象出现这种坐姿，则说明你的谈吐引起了对方的好感；如果是在谈生意，你的生意伙伴出现这种行为，那么恭喜，说明他已经产生了签单的愿望。

如果坐着的时候将身体尽力蜷缩一起，双手夹在大腿中而坐，这种姿势一般出现在下级聆听上级训示，或者是学生聆听老师教诲的时候。通过用大腿夹住双手，从而牵引两臂向前伸，腰部向前弯曲。虽然看上去毕恭毕敬，但实际上，这种坐姿表达的并不是百分之百信服心态，只是处于弱势地位，不得不做的服从的一种表现。

喜欢侧身坐着的人通常心态放松，不拘小节。这种坐姿的人当下的心理状态是非常舒畅的，甚至已经进入忘我的境界。有这种坐姿习惯的人往往不太在意别人对自己的看法，本性率真善良，有一说一，不太会隐藏自己的心

 第二章 动作是情绪的巧妙暗示，通过举止洞察情绪秘密

理感受。也许他们直接外露的表达感情方式让人感到惊讶，但他们所表达的都是真实的情感和想法。

"弹弓式"姿势是两只手放在后脑勺的坐姿。这种姿势意味着冷酷、自信，无所不知。基本上，这也是属于男性专用的身体姿势。"弹弓式"姿势是很多职业的象征性姿势，例如会计师、律师、销售经理等；另外，那些自我感觉高人一等，或是对某件事情的态度特别强势、自信的人，也会做出这个姿势，给其他人施压，或者故意营造出一种轻松自如的假象，以此麻痹你的感官，让你错误地产生安全感。

托腮侧坐的姿势是在认真倾听和思考的表现。假如对方在思考之后，变换了坐姿，将后背靠在椅子上，眼睛盯着某个地方陷入了思考状态，而且下意识地交叉了双臂。这时候你一定要注意了，对方很可能对你说的话产生了怀疑，正在考虑如何反驳你。

坐着的同时，双手敞开是一种心情极度放松的表现，可能是因为完成一项大的任务后，心情一下子轻松起来；也可能是因为喜欢掌握权柄，在得到梦寐以求的地位后出现这种坐姿。这种情况下，一般意味着那个人的情绪非常平静。不过，习惯性这样坐姿的人还有一种可能：小人得志，不知道天高地厚四处显摆的人。因此，看到这种坐姿的人时，要注意结合其他的因素进行分析。

跷二郎腿的坐姿一般有两种解释：一种是对自己的地位、所处的环境非常满意，心里怡然自得；另一种则是玩世不恭、吊儿郎当。有些女性也会跷起二郎腿，一般来讲这样的女性一般比较自信，并且喜欢表现自己。

把腿放在椅子的扶手上同样是一个相当男性化的姿势，因为在这个姿势中，双腿也是分开的。这个姿势不仅强调了男人对这把椅子的所有权，而且还传达出一种不拘礼节和挑衅的态度。

下面是一位心理分析师的手记：

一位员工因某个私人问题十分苦恼，于是便想去向自己的上司讨教一下。

当这位员工坐在椅子上叙述来龙去脉时，他将自己的身体前倾，双手放在膝盖上。低着头用沮丧的语调、低沉的声音缓缓讲述着自己的经历。他的上司起初是静静地坐着，认真倾听，而后却把后背靠在椅背上，抬起一条腿搁在扶手上。坐姿的变化表现出这位上司的态度已经发生了明显的转变，他此时可能对自己这位员工所讲的话一点也不在意，甚至觉得对方简直是小题大做。然而，这位员工却并没有从上司的坐姿变化中体会到这一点，依然絮絮叨叨地说着。直到这位员工离开他的办公室时，上司才如释重负地长舒一口气，自言自语道："谢天谢地，他终于走了！"于是他把腿从椅子扶手上放下来。

当某人将一条腿放在另一条腿上，用一只手甚至双手抓住处于上方的那条腿，表明其人特别有主见而且相当顽固，他不会认同任何人的观点，只会相信自己。

害羞和胆小的人们经常使用两腿交缠的姿势，这个动作基本上专属于女性，而且是羞怯和胆小的女性以及兼职柔术演员的标签。不管女孩的上半身表现得多么放松，但此时的她就像胆小的乌龟一样，也希望自己能够躲进厚厚的壳里。

当人们两腿分开自然地坐着时，常常会出现搓腿的小动作，这个动作不易被发现，因为它常常是在桌子下方完成的。当出现这个小动作时，虽然其他腿部动作可能和我们前面所说的准备就绪的腿部动作一样，但是此时对方并不是准备逃跑或者准备给出回答，此时对方很焦虑，他正在通过搓腿的动作进行自我安慰，反复搓腿可能是因为对方紧张到手心出汗，他这样做是想通过擦干手心的汗来消除紧张感。警察在审问嫌疑人时总会仔细观察他是否有不断搓腿的动作，如果有，就说明他非常紧张和焦虑，他说的话有可能是谎言，或者他对目前这个问题感到忧虑，而这些都能成为断案的重要线索。

有的人在坐下的时候会将椅子转过来，跨骑而坐。有这样习惯的人很可

 第二章 动作是情绪的巧妙暗示,通过举止洞察情绪秘密

能是一个支配欲望很强的人,当他们开始面临语言威胁,对他人的讲话感到厌烦或想压下别人在谈话中的优势的时候,他才会做出这样的姿势。

坐姿能反映人们不同的性格和心理状态,但因为坐姿也是可以假装的,所以,我们还要结合当下的情景以及对方的面部表情和其他的情况来对他人的想法和情绪进行解读。

动作演绎法:从行为细节读懂内心的情绪

> **微情绪关键点:**一举一动、一颦一笑,无不关乎性格,关乎情绪。所以与人交谈时,单单看身体的某个部位的动作,是不够的。要善于把握整体,抓住细节,这样更有助于我们了解他人的真实想法和情绪变化。

一个人所表现的任何一个微小的细节,都有可能折射出他的情绪性格。所以,在生活中多多观察他人的言行,对于了解他人的内心和行为的根源都是有必要的。

大多数情况下,我们都不可能有太多的时间去观察别人的各种姿态,只有很短的时间和对方接触,那么是不是就没有办法了解对方了呢?其实,通过一些行为细节,你依然可以顺藤摸瓜,了解到对方的情绪和心态,以及他的性格特征。

张强在某公司的市场部工作,这里对员工的个人素养和生活细节要求得非常严格,可以说每个人的一个小小的举动都和公司的利益有关。一开始,

张强还不太认可这种理念，后来经过一些实例，他发现，一个人的行为细节果然会产生很大的影响，因为员工的每个小小的举动都有可能会给别人留下或好或坏的印象，直接影响到公司业绩。在与客户接洽的过程中，可以根据对方的某个细节判断对方的心理倾向和情绪变化，同时，自己的行为细节也会被对方感知并作出各种回应。当对方发现合作者举止不雅，就很有可能会认为这个员工生性随便、办事拖沓，进而怀疑到公司的工作效率，这样就可能给公司带来很大的损失。

当一个人在谈话的时候边说边笑，毋庸置疑，他的心情肯定是极好的。如果一个人常常边说边笑，那证明他是一个性格开朗的人，这种人对生活要求从不苛刻，很注意"知足常乐"，且富有人情味。对待身边的人也很热情，所以人缘较好。

喜欢掰手指关节的人情绪常常变化多端，这类人精力旺盛，非常健谈，但喜欢钻"牛角尖"。对事业、工作环境比较挑剔，但如果是他喜欢干的事，他就会不计任何代价而踏实努力地去干。

喜欢抖动腿脚，用脚或脚尖使整个腿部抖动的人，性格往往比较自我，他们一般不太能从他人的角度考虑问题。不过他们大多思维活跃，很善于思考，能经常提出一些意想不到的问题。

拍打头部的动作是表示懊悔和自我谴责。常常有这种动作的人对别人要求苛刻，但对事业有一种开拓进取的精神。他们一般心直口快，为人真诚，富有同情心，愿意帮助他人，但守不住秘密。

摆弄身边的小东西是一种不太自信的表现。比如有的女性喜欢摆弄饰物，表明她比较内向，不轻易使感情外露。但这些人的另一个特点往往是做事认真、踏实、负责。

低头是一种思考的动作，常常低头的人往往很慎重。讨厌过分激烈、轻浮的事，孜孜勤劳，交朋友也很慎重。

耸肩摊手的动作表示的心理状态是"自己无所谓"。常常做这类动作的人

 第二章 动作是情绪的巧妙暗示，通过举止洞察情绪秘密

大都乐观开朗，为人热情，而且诚恳，富有想象力，会创造生活，也会享受生活，他们追求的最大幸福是生活在和睦、舒畅的环境中。

抚弄头发是一种感性的表现，常常喜欢摸弄头发的人一般都很情绪化，常常感到郁闷焦躁。在人际交往中显得很敏感，对人忽冷忽热。

到处张望是一种好奇心理的表现，常常做出这样姿态的人，大多是乐天派，他们的快乐情绪能够感染周围的人。在人际交往中，他们有顺应性，对什么事都有兴趣，对人有明显的好恶感，对事情也是爱憎分明。

讲话的时候摇头晃脑是一种自信的表现，这样的人大多很自负，以至于唯我独尊。他们在社交场合有着极强的表现欲。

如果一个人对别人的观点或者态度持有反对意见，但又不愿意直言，他很可能会做出的一个动作是假装"摘绒毛"，这表示他怀有个人的保留意见，不管他在口头上如何表达自己毫无异议，这个动作都会泄露他内心的想法：他并不是真心地赞同其他人的观点。这位假装在摘绒毛的人，通常会双目低垂，与其他人保持一定的距离，看似漫不经心地做着无关紧要的小动作。

大口喘气表明做动作的人正承受了很大压力的人，胸膛起伏或扩展收缩较快引起的。当你看到一个健康的人做出这样的动作时，你可以猜测他可能正在承受巨大的压力。

当人偶尔做出某种动作，通常和当时的心理状态有直接的关系。但是如果是经常做出某个动作，则可能和一个人的性格有关。所以在观察一个人的动作细节的时候也要和当时的情景结合起来。

第三章

语言是情绪的间接表达,根据语言揭开情绪伪装

语言是人们最直接的交流工具,语言是有情绪的,所有的表达,都是自我心声的流露。即使有时候人们说话言不由衷,我们同样可以通过其说话的语调、韵律、节奏、措辞等察觉到说话人内心的情绪和心理状态,从而掌握交际时的主动权。

 第三章 语言是情绪的间接表达,根据语言揭开情绪伪装

言不尽意:听出弦外之音才能清楚对方思想

> **微情绪关键点:** 大部分时候,我们用语言表达的思想,远远少于心里真正想说的话。我们中国人说话更是讲究含蓄,不喜欢太直接的表达。那些含蓄隐晦甚至以完全相反的方式表现心理动向的言语,如果我们不懂得其中的奥秘,就很难弄清楚对方的真实意图。

人与人之间的交流,主要靠语言来完成。正常的、普通的人际交往,就是以这种语言为媒介来进行的。所以,那些直接地、明确地表达内心想法的语言,是很容易被理解的。然而有时候,人们却又会因为某种原因不便、不能或者不愿意直白地表露自己的想法。所以,我们听别人说话的时候,不能流于表面,只是听到嘴里吐出来的字句,最重要的,一定要善于听出话中话、弦外音,听到隐藏在字里行间的深层意思。

很多看似平常的语句,却包含着深层的含义和情绪(话外音)。由一系列词组所传递的只是语言所传达的最基本信息,而隐藏在字句后的才是说话人真正的情绪和态度。许多人际间的冲突都源于话外音。表面上看很温和、很顺从的话,深层次的含义也许包含的是责怪和敌意。我们若只是流于语言的表面,是无法了解说话者真正的心理和情绪的。那么,我们要如何才能听出他人隐藏在话语里的信息呢?

隐藏在话语中的深层信息在很大程度上是通过讲话的节奏、音调和一些口头上的修饰传递的。

一般情况下，如果说话的人对某个或某些单词着重强调的话，可以表达自己很多的情感。比如当某人用很平淡的音调说"他今天迟到了"这句话的时候，就是在正常地叙述一件事情。但如果换做用一种略带升调的语气强调"迟到"这个词时，那么这句话带有了很惊讶的情绪，同时也表达了说话人对于"他"迟到原因的好奇。如果着重强调的是"他"，那隐藏的信息就是说话的人对于迟到者本人感到不满。

又如"我不想和你一起去。"这句话，当强调"我"的时候，那意思就是"也许其他人会跟你回去，但我不会。"当强调"和你"时，这句话的意思就变成："我也许会跟别人去其他地方，但不是和你。"而当强调的是"一起"时，那这句话又变成："我也许会单独一个人去，而不是跟你一起。"重音不同，相同的一句话表达出截然不同的含义。

有时候，看似赞美的话里也可能藏有隐含的责备信息。比如"你细心而周到"是一句很简单的话，但即便如此，说出来的节奏和音调如果不同，含义也会不同。当强调"细心而周到"的时候，这句话确实是想表达对你的欣赏和喜欢。而当两个词同时重读并且对"细心而周到"用降调的时候，这句话就变成一种讽刺了。当用升调来强调"你"的时候，这句话隐含的意思是惊讶或者不相信。

否定性的话外音常常被用来表达说话者的不满，对另一方进行否定。这样的否定往往隐藏得很巧，以至于听的一方都觉察不到自己是怎么受伤害的。比如，某人刚刚搬了新家，朋友们来拜访的时候顺口说："这么年轻，能拥有一套这样的房子已经很不错了！"在强调"这样"和"已经"的时候，这句话就变成了："这个地方不怎么样，但是对于一个年轻人来说又能买多好的呢？"于是，以后每次这位朋友来访的时候，他就会觉得不太舒服，但又不知道自己到底是在哪里被对方伤害的。

还有一些话外音的作用是向别人提出警告。看看这个短语："我的意见是"。在强调"意见"的时候，如果你不同意还没有关系，但是当强调"我的"的时候，传递的信息就是"听着，但是不准不同意"。

 **第三章 语言是情绪的间接表达，根据语言揭开情绪伪装**

也很多句子的话外音是通过在一句普通的陈述句中加入口头修饰语来实现的。口头修饰语是比较特殊的词语，会给句子的含义加入一些细微的差别。就是这种细微的变化让整个句子的意思完全不一样了。下面这些词都是经常用到一些的修饰语："既然"、"只有"、"仅仅"、"自然"、"现在"、"稍候"、"的确"、"只是"、"仍然"、"又"、"轻微"、"看上去"。比如"我在试着帮忙"。如果在句子中加入"只不过"这个词并用升调重读，那隐藏其中的含义就很不一样了。"我只是在想办法帮你"表达的是一种受伤和防卫的情绪，当这句话用升调来说的时候，就又具有了责问的意思。

一般来讲，在一个句子中加入形容数量的词（无论多与少）都会产生讽刺性的话外音，比如"你有一点邋遢"、"我等你的时候有点淋湿了"。表达的画外音都是不满和责备。

佳佳是个很善于沟通的女孩，她总能从一句平常的话语中，听到对方的心声。

周末佳佳和爸爸都在家休息，爸爸清了清嗓子问佳佳：你还和……那个年轻人交往吗？

从这句话中佳佳感觉到，爸爸可能不太喜欢她的男朋友。因为他强调了"还"这个词，并且在说到"那个"时刻意停顿并着重进行了强调。但是佳佳不清楚为什么父亲会有这样的态度。她决定好好和父亲聊一聊。

佳佳：嗯，是的。您觉得他哪儿不好吗？

父亲：嗯，我觉得他跟我看到的其他男孩一样。

佳佳：我感觉您好像不太喜欢他。那您觉得我和他交往不合适是吗？

父亲：还行吧，我猜。

爸爸用了口头修饰语"我猜"，这句话的话外音就是：他的能力肯定不高。于是佳佳决定进一步确定自己听到的信息。

佳佳：爸爸，当您问我是不是还在跟他交往的时候，特别强调了"还"这个词，而且您在说"那个……年轻人"时的语气也让我觉得您认为我男朋友以及我们的这段感情是不合适的。

爸爸：我不太了解他，但是我觉得我不太喜欢他。

终于，话题变得明朗了，佳佳终于正面和父亲谈论这个重要的事情了。在接下来的时间里，父亲开诚布公地谈了对佳佳男朋友的一些不好的看法。佳佳并没有过多地反驳，而是一边倾听，一边引导父亲说出他的真心话。这场发生在父女之间的对话进行得很顺利，两人都心平气和地陈述了自己的想法。

有些词组也经常出现在话外音中，比如"当然"、"拜托"、"我确定"、"我猜"，等等。

下表中左边一栏是含有口头修饰语的句子，右边一栏是这些修饰语所包含的隐藏信息。

陈述	话外音
"这只是一个玩笑而已。"	你是怎么回事，太当真了吧。
"我只是实话实说。"	如果接受不了我的坦诚，那是你自己的事儿。
"按理说，你应该这样想。"	你如果没有这样想，就不正常了。
"你还在这儿？"	你应该离开了。
"我仅仅是说了一个观点而已。"	如果觉得有什么过分的地方，你就有问题了。
"你确实很安静。"	你太安静了，这让我觉得不舒服。
"我确定你已经尽力了。"	我并不觉得你已经尽了全力。
"那现在你想要什么？"	你的要求太多了，我几乎没有耐心了。

句子中的这些修饰语间接地表达了一种不满和失望的情绪。许多时候就是这样，人们嘴上说话的内容和想要表达的真实含义是截然不同的。要想听出说话人言语之外的意思，就要多想一个为什么：他为什么要这么说？他有什么想法？有什么要求？因为只有善于倾听弦外之音，才能对对方的想法了如指掌，才能有的放矢地处理与对方的关系。

 第三章　语言是情绪的间接表达，根据语言揭开情绪伪装

"心随音动"：声音的变化可以反映出人的内心变化

> **微情绪关键点**：一个人的声音是能够反映其性格的，性格不同，声音也会各有特点。同时，声音的变化也和说话人的心境、情绪有很大关系。声音透露了一个人的心，只要细加留意，他（她）的每一句话都充满了暗示！

红楼梦中有一段经典的描写，当林黛玉第一次进贾府的时候，各个人物均以不同的形式出场，其中的王熙凤以"未见其人先闻其声"的形式登场。那一声笑，就让细心的林黛玉感觉到了王熙凤的不同之处，也让读者对王熙凤这个人的性格有了一个初步的认知。也就是说，一个人说话的语音、语调、语速基本上是不变的。轻重、长短、缓急、清浊的变化与人的特性也是息息相关的。但是在某些时候，因为内心情绪的变化，说话的语音、语调、语速都会发生变化。

当我们从脸部表情、动作、言辞都无法掌握对方心态时，往往可从声调去揣摩其喜怒哀乐等情绪变化。可以说，声音是洞察人心的线索。我们要想读懂对方内心的想法，就要根据当时情景以及场合，参考说话者的声音、肢体语言以及说话内容，以此把握对方真实的想法，读懂他内心的想法。

春秋时期，郑国的相国子产在一次外出视察中遇到一件事情。正当他们一行人路过一个村子，突然传来一阵妇女的哭声。原来，那妇人的丈夫死了，她正在坟前哀悼。随从们本以为子产会命令他们前去救助那位恸哭的妇女。

不料，子产却下令随从将那个妇人拘捕。随从们不敢违抗命令，于是奉命逮捕了那位妇女。随从们都不解其中原因，但大家都觉得以子产的英明，绝不会无故对这位妇女动粗。果然，原来子产在听到妇人的哭声时，从声音中发现，对方没有哀痛之情，反而含有恐惧之意，因此才心生疑虑。故用这个方法吓唬一下她，使她说出真相，果不其然，这位妇女原来是因为与人通奸，怕被发现才谋害了亲夫。

声音就是如此忠于一个人的内心。它不但能够反映人们的性格，还能透露人们内心的想法。《逸周书·视听篇》也有通过声音来判断一个人内心世界的论述：内心诚信的人，行为坦然，说起话来声音清脆悦耳、节奏分明。而内心不诚实的人，由于比较心虚，说起话来也会支支吾吾。内心宽宏柔和的人，说话的声音缓缓的，很温柔，就像细水长流，不紧不慢。内心卑鄙乖张的人，声音也会表现得很刺耳，让人听起来不舒服。声音又与说话人当下的心理活动密不可分，大小、轻重、缓急、长短、清浊都有变化，这些特性都是紧密联系的。一个人的声音突然变大或者突然变小的时候，他的情绪肯定也经历了一个变化的过程。

说话时声音大，声调明快是外向的表现。当一个大嗓门，滔滔不绝，声调高亢兴奋的人在你面前时，你基本上可以断定说话人的内心是开放的，这是一个性格张扬的人。他特别希望他人能充分理解自己。高声说话反映的就是说话者渴望被了解的心情。

当一个人遇到高兴的事或者情绪激动（如气愤）时，说话的声音会情不自禁地提高一些。另外，大声说话是说服对方的很好"武器"，至少在气势上可以压倒对方。他只要把话说得够大声、够尖锐，就能给对方一种很自信的感觉，从而同意并接受他的观点。例如，在辩论赛的时候，参赛选手的说话声音都会比平时要高。所以，当一个人说话声音突然提高，他可能是想说服你，让你接受他的观点。当一个人想支配或者控制对方的时候，说话声音一般也会提高一些。例如，经理可能会这样对下属说："就按照我说的去做！"

 第三章　语言是情绪的间接表达，根据语言揭开情绪伪装

这时候的说话声音要明显比平时高。

喜欢低声说话，言语轻柔的人，多半性格内向，有可能是因为对自己所说的话不是太肯定，没有自信。当一个人说话声音很小的时候，排除外界环境的因素，他的情绪可能是担忧自己说的话不是那么的容易被人接受或者相信，是对自己本身或者正说的话不够确定的表现。例如，我们问一个人："这件事能做到吗？"如果他有信心，他会非常大声地肯定；当他缺乏信心的时候，他就会把说话声压低。一个人说着说着话声音变得很小了，一般是因为心中不安、心情紧张，这时候，他就会情不自禁地把声音放低。例如，某公司会议上，销售经理让各个业务员汇报本月的销售额时。其中销售量最差的一个在汇报工作的时候，就会不由地将声音降得很低。他希望对方听不到自己的话（当然，这是不可能的），以寻求心理上的安慰。当一个人没有自信心的时候，他也会把说话声放低。如果说话声音过于小，则有可能其人内心很忧郁，情绪低落。

综上所述，声音的变化所反映的正是情绪的变化，当一个人内心顺畅通达的时候，其声音也必然很悦耳动听，当一个人内心平静的时候，声音必然是平和；而当一个人的内心紧张、兴奋之时，声音也会随之变得刺耳。

语速快慢能够反映对方心里的阴晴状态

微情绪关键点：语速可以很微妙地反映出一个人说话时的心理状况，留意他人的语速变化，你就能发现对方的内心变化。

人在说话时，本身就是在进行一种思想交流，同时也是心理、感情和态

度的流露。说话的内容可以直接表达人们的想法，但其他的因素同样能反映说话人的心理和情绪。比如语速的快慢、缓急就能直接体现出说话人的性格和心理状态。因此，仔细留意一个人说话时的语速，你也能够掌握其心理状态。

巧舌如簧是用来形容会说话，说话快。我们身边有一些人，说起话来如机关枪，几乎没有停顿。听者一不留心，就会错过其话中的重要信息。从性格上来说，这样的说话者一般性格比较外向，自我意识会比较强，在谈话中也常常倾向于把握主动，喜欢支配交谈的进程。说话者的心态，一般有三种倾向。一是说话人对谈论话题感兴趣的表现，所以讲得快而且多，因为要急于表达信息，生怕漏掉刚刚想起的内容。二是当一个人紧张、心里有鬼或者想撒谎的时候，说话的速度也会不由自主地加快，用来掩饰自己的真实想法。三是说话者情绪激动，急于用长篇累牍的话语让对方服输。在辩论赛上每个辩手都习惯用极快的语速且流利地表达自己的观点。他们明白如果能够在语速上胜对手一筹，不仅可以增加自己必胜信心的砝码，而且还可以削弱对方的锐气。

一个说话速度快的人，语速突然放缓时，其内心活动可能是：一是要讲的话对他而言很重要。在这种情绪心理的驱动下，他会刻意放慢语速，希望别人能够听清并且记住自己的话。老师上课的时候每每讲到重点内容的时候，就会下意识地说话的将速度放慢。善于听课的学生，此时就会抓住老师所讲的重点。演讲时，当演讲者突然放慢速度，那么就可能他是在表达一定的情感，以引起听者的共鸣。总之，当一个人突然放慢了语速并且说话条理清楚，就一定说明他是在强调自己所讲的话，想引起别人的注意或是让别人同意自己的观点，抑或是抒发某种感情。

另一些人语速平缓说话慢条斯理，但是富于节奏感，这些人一般性格稳健沉着。说话慢的人一般是一边说话一边进行思考，他们往往有着稳健的生活态度，情绪较稳定，不易冲动，不管遇到什么事情。其心态总是不疾不徐，但是在关键时刻做出的决策却很稳妥。说话慢的人大多有着内向、温柔的性

 第三章 语言是情绪的间接表达，根据语言揭开情绪伪装

格，但有时候可能会有一些敏感，容易产生抑郁情绪。

而讲话时语速极慢，且吞吞吐吐的人，其性格很可能软弱、内向，缺乏自信。这样的人极有可能会因为自卑而不愿意与人沟通。

当一个说话慢的人语速突然变快时，主要有以下两个原因：一是掩饰内心的不安，很多人说话突然变快是为了掩饰内心的不安全感。例如被揭穿时，他会对自己的谎言加以解释，这时候他说话可能会语无伦次，并且速度极快，以掩饰内心的不安；二是情绪激动，当一个人情绪激动的时候，例如，紧张、焦虑、兴奋、急躁、愤怒、恐惧，他说话的语速也会加快。

而语速快的人忽然说得很慢，则可能是因为感到难过或者忧伤。当一个人困惑、难过或者痛苦的时候，他的心情就会变得沉重起来，语速也会放缓下来。如果一个平时伶牙俐齿、口若悬河的人谈话中却突然变得吞吞吐吐，前言不搭后语，反应迟钝，语速慢了下来。这时候有两种情况：一是他可能不满对方，或者对对方怀有敌意；二是他可能有些事情瞒着对方，或者做错了什么事情，心虚，底气不足。当然，除此之外，也有一些特例。比如，当一个人在突然面对自己喜欢的异性时，由于没有足够的心理准备，惊喜和紧张会让他马上语无伦次。尽管他在别人面前都能够幽默风趣，谈笑自如，并且语速正常，但一旦面对着那个他喜欢的人时，就变得不正常了，讲出的话也是含含糊糊，甚至连他自己可能也不知道说的是什么。

语速的快慢并不总是保持恒定的。本来说话很快的人，可能因为某种原因突然变慢，而一向说话慢条斯理的人也可能突然变得滔滔不绝了。所以，说话的方式与人的情绪变化直接挂钩。要想获得对方真实的情绪和心理变化，不仅要善于听，还要善于分析语言的各种变化。

通过打招呼的方式辨析对方的心理

> **微情绪关键点**：不同性格的人在打招呼的时候的表现也是不一样的，人们的情绪变化，也能够从打招呼的方式上体现出来。所以，通过观察对方打招呼的方式，我们能够洞察人们的心理活动。

见面打招呼既是一种礼貌的行为，同时又可以起到联络感情的作用。通过打招呼，我们可以向对方传达一种友好的态度，同时也是一种素养高的标志。美国路易斯维尔大学心理学家斯坦利·弗拉杰博士称，从一个人打招呼习惯用语中，可以看出一个人自身的很多东西。能揭示性格的习惯用语，每一种习惯用语，都体现了说话者的性格特征。

打招呼习惯说"你好"的人大多头脑冷静，情绪波动不大，只是有点过于迟钝。他们对待工作勤勤恳恳、一丝不苟，能够把握自己的感情，不喜欢大惊小怪，深得朋友们的信任。

以"喂"来和别人打招呼的人往往具有快乐活泼的性格，且精力充沛，直率坦白，思维敏捷，富有幽默感，并善于听取不同的见解。在情绪上，他们的心情起伏会大一些。

打招呼时习惯说"嗨"的人往往有着腼腆害羞的性格，常常多愁善感，极易陷入尴尬为难的境地，经常由于担心出错而不敢做出具有创新性和开拓性的事情。他们平时表现得少言寡语，只有跟自己认识的朋友或是家人在一起时，才表现得比较健谈。当然，这个打招呼的方式也要结合其声音的变化

 第三章 语言是情绪的间接表达，根据语言揭开情绪伪装

来判断，如果对方说"嗨"的时候声音较大，并且有较长的拖音，还配合有招手的动作，那么可以说明他心情不错，平时也比较开朗。

看到对方后，喜欢招呼对方，让对方"过来呀"的人多性情直率，办事果断，喜欢与他人共享自己的感情和思想，好冒险，并且能及时从失败中吸取教训。

当一个人打招呼的时候喜欢说"见到你很高兴"的时候，则说明他是一个性格开朗，待人热情、谦逊的人，这样的人往往喜欢参与各种各样的事情。但是，这样的人经常爱幻想，很容易被自己感情控制而不知所措。

一见面，先问对方"有没有新鲜事"的人一般有着很强的好奇心，喜欢探究他人的秘密。背后也常会对他人议论纷纷，很容易招惹别人的反感。

见面时喜欢问对方"你怎么样"的人往往很喜欢出风头，希望引起别人的注意，对自己充满了自信。通常这句话是为了让对方反问自己的情况，以此炫耀内心的称心事儿。

除了习惯用语，打招呼的神态和举止同样反映了一个人的性格和当时的心态。

在打招呼的时候用眼睛注视着对方的人是很真诚和自信，而面带笑容的注视更是说明打招呼的人对你很重视。

但是如果一直注视对方的眼睛，很有可能具有强烈的自我意识，习惯从自己的角度看待问题；也可能是心里不服气，想通过打招呼试探出对方的虚实，让自己在气势上压过对方。在交谈中，他的话往往具有试探性和攻击性，企图通过打招呼让对方认识到他是处于强势地位的。他那咄咄逼人的目光，往往会让一些没经过大场面的人心里发虚，还没开口就在气势上逊了一筹。同时，这种打招呼的方式也表示对别人的戒心和防卫之心。与这种人打交道要讲究策略，首先要做的是保护好自己，不轻易暴露自己的劣势，否则将被对方看轻；然后，见机采取下一步行动。

而打招呼的时候故意不看对方的眼睛，将目光移至别处的人，通常胆小而缺乏自信，尤其怕见陌生人。他们为人处事没有自信，而且犹犹豫豫，见

到陌生人时会惊慌失措。这样打招呼的人心理上缺乏安全感，尤其当遇到上面提到的那种眼睛直视对方的人时，他们往往会慌了阵脚。不过，当女孩子对某位异性心存好感时，往往也会故意不正眼看人，即使面对面相遇，她也会采取把目光转向别处的做法，这是在用相反的方式提醒对方，她们已经敞开了胸怀。

喜欢扬起手打招呼的人性格较外向，表达中更重视表情和动作。在与人交往中喜欢照顾别人，内心有不愉快的情绪也能立即忘记，总能以亲切和开朗的言行，迅速和别人成为朋友。

打招呼时喜欢略微躬身，类似于鞠躬状的人很淳朴，略微自然弯身鞠躬的动作将其日常生活中的心态原封不动地表现出来。这样打招呼的心理是比较保守的，不会轻易将自己的欲望和情绪外露出来。

打招呼的时候只动动嘴巴，说声"你好"表情却并有任何变化的人，心理状态是消极的，很容易对一些琐事产生厌烦的心理。对人的好恶表现得相当明显，不会勉强自己与不喜欢的人交往。这样打招呼的人，一般来说会很容易生出抱怨情绪，很容易对一些事情感到不满意。

在打招呼的时候，有些人还会将脚向后故意退几步，和对方保持一定的距离。之所以出现有意识地后退的现象，可能是因为他们有防卫和警戒心理，对交往有所顾忌、恐惧，或者想通过这种让渡空间的方式表达谦虚，让交往可以顺利进行并向深处发展。一般来讲，习惯这样做的人具有一定的封闭心理，他的心里有一个交际安全圈，在这个圈子之内进行交际，他的心里会感到舒服，一旦突破了这个圈子，他就会感到恐慌和担忧。

一边打招呼一边拍拍对方的肩膀或手臂，这样的人有着强烈的希望与人接触的心理，一般性情豪爽率直，如果是陌生人之间，则表示他内心不畏惧对方，还可能有要在气势上压倒对方的心理。所以，这种动作更适合出现在较为亲密的朋友之间。

有的人从不跟别人打招呼，即使是同学或同事迎面走过来，依然不打招呼，这说明他们具有孤僻症的倾向，而且非常自视清高。偶尔不打招呼无伤

 第三章 语言是情绪的间接表达，根据语言揭开情绪伪装

大雅，如果总是不打招呼，那么他很可能在人际交往上存在障碍。同样，如果一个人故意不回应别人打招呼的话，那么无疑他是一个傲慢无礼的人。

我们每个人都有属于自己打招呼的习惯用语或方式，我们的情绪通常也能够通过这些用语体现出来。有什么样的个性，有怎样的情绪状态，往往就会使用什么样的习惯用语。所以，我们完全可以从一个人的打招呼用语中，判断出他的个性和心理状态，从而更好地与之交往。

勿随意指正别人：他说着谦虚的话，但渴望被赞美

> **微情绪关键点**：美国著名心理学家威廉·詹姆斯说过："人类本性上最深的企图之一是期望被赞美、钦佩、尊重。"希望得到赞美是每个人内心深处的渴望。即使当一个人说"欢迎指正"的时候，其实内心依然期盼的是别人的赞美。

言语是情绪与心理的反映，但有的时候嘴上说的却并不是心里想的。这与人的性格秉性有关，也和不同的文化背景有关。中国人说话讲究含蓄，不喜欢过于直白地表达内心的意愿。

现实生活中，很多人会将自己得意的东西给别人看，然后含笑说"欢迎批评指正"、"多给提宝贵意见"一类的话，往往有些人会天真地以为，对方是诚心想要别人指出一些缺点错误，给予一些意见等。但实际上，一旦你真的对他的得意之作提出意见或者对其进行批评时，对方往往就会像遭到电击一样立即缩回，并且采取拒绝、逃避的态度对待，甚至还会产生逆反心理。

更有甚者，你可能还会为此而得罪了他。遇到这种情况，你一点都不必困惑，因为，很多人在说"欢迎批评指正"、"多谢提出意见"的时候，其内在的含义其实是要得到你的赞美。所以，你如果不能很好地理解一句话的深层含义，那肯定是要在交际中碰钉子的。

红兵和杨乐是大学时候的同学，毕业后红兵在一所中学当起了教书先生，而杨乐毕业后则一脚踏入商海，当起了小老板。转眼几年过去，一个偶然的机会，红兵和杨乐相遇了。杨乐一身西装革履，开着名牌车。而红兵却还是那么朴素，书生气十足。杨乐带红兵到自己的公司参观，还请红兵为自己的公司提提意见。红兵看了看周围的摆设，不客气地说："看上去还不错，但就是怎么看都有点暴发户的感觉。"被红兵这么一说，杨乐的脸上有点挂不住了，接下来他们说的话也都不怎么投机。

红兵本是一句开玩笑的话，杨乐却很在意。其实杨乐就是想从红兵那里得到一些认可，听到些溢美之词，没想到却被红兵一句话给否定了。他自然会感到很不满。

人作为社会性动物，除了最基本的生理需求之外，还有社会性的需求如得到别人的尊重。尽管大多数人都明白"人无完人"的道理，也都知道他人的评价和批评只不过是自己人生的一种参考，完全可以本着"有则改之，无则加勉"的态度。但是每个人都渴望被赞美、钦佩、尊重，当自己的成果没有被别人认可的时候，那种失落感是可想而知的。而如果你能在他说"欢迎批评"的时候首先看到的是那些优点，进而适当地赞美，对方肯定会非常高兴。赞美力量的最根本原因在于人类行为的一个基本原则：人们渴望被赏识。

闫芳刚来新公司上班一个月，这家公司的老板特别重视企业文化的创建，并且以此为荣。来这儿工作的人都感觉到在这儿上班心情非常舒畅。这天，她在餐厅巧遇到公司老板，老板抬头微笑看了她一眼，问道："到公司这段时

 第三章 语言是情绪的间接表达,根据语言揭开情绪伪装

间怎么样?"闫芳很小心地告诉他:"嗯,这里的一切我都能适应,工作我很喜欢,和同事相处得也很好。"老板微微点点头,接着问,"那,你觉得公司的工作环境如何呢?"闫芳知道,老板是想从一个普通员工的嘴里探知他企业管理方面取得的成就。于是,就信心十足地对老板说:"我从来没有感觉到上班是一件如此愉快的事情。听说您是学文科出身的,没想到在电子行业还能做得这么好。"老板露出喜悦的笑容,欣慰地说:"那就好,员工工作快乐,才能有效率嘛!"闫芳接着说道:"同事们私底下谈起您都佩服不已,觉得您做了许多别人做不到的事情,还说您是一位真正的儒商!"老板喜笑颜开,竟然在吃完饭后没有先行离开,和闫芳就他当年创业的事继续聊了起来。就这样,闫芳得到了老板的信任,此后,闫芳时不时地借机和老板闲聊一番,因为有开始奠定的基础,所以,即便有什么意见,老板也能慎重地考虑,还经常亲自安排一些工作让她去做。

根据马斯洛的层次需求理论得知:荣誉感和成就感是人的高级层次需要。领导身居高位,更在乎别人对自己的肯定和认可,这让他们心灵得到宽慰和满足。当他的得意之处得到赞美,就会感到自我价值得到了实现,而那些表达赞美的人因为说出了对方的"心声",往往会被他人视为"知音"。

当我们面对批评和赞扬时,近乎本能地,几乎人人皆排斥前者而喜欢后者,这除了可能是批评者缺乏批评艺术的原因外,更客观的是批评和赞扬本身会使人产生两种相反的心理反应。面对表扬时,人们心情愉悦,面带微笑,极其谦虚地推辞着,心中却难抹那一丝得意。而面对批评时,人的态度却大不一样,虽然一个人为了维护自己的面子,而会有意无意地以种种方式来拒绝、逃避批评,但当我们已躲之不及,再无辩解之词而与批评狭路相逢时,心理承受能力极强之人,也无法掩饰那一刻的尴尬;倘若是未料到的突然而至的批评,郁闷之情定会在心头缭绕很久,挥之不去。

渴望被认可被赞美的心理对于一个人来说,就像吃饭喝水一样是必需的。这是因为,一个人对自己的感觉(自体感),是建立在别人对他的反应上面的。

如果别人喜欢他，那么他会对自己感觉很好；如果别人讨厌他，他便会对自己感觉很糟糕。有的人由于幼时得到较稳定的来自于抚养者的喜爱的回应，于是他的自体感是好的且稳定的，这些人对外界的批评有较强的免疫力。而有些人由于幼时经常受到拒绝的回应，因此他的自体感是不稳定的，容易因为外界的负面评价而唤起种种负面感受。两者的差别在于反应的强度。所以，对于一个人来说，无论是善意的批评还是恶意的批评，均会唤起我们不好的自我感觉，差别在于前者程度较轻，后者程度较重。因为前者在表达恨时包含着爱，而后者则只有恨而没有爱。

其实，不仅仅是明显的批评，即使是带有负面情绪的话，也会对他人的情绪造成影响。许多新销售员到客户家会随口说："你家这楼可真难爬啊……"这样一句不经意的话，很可能就会使对方感到不舒服。所以，当别人用期盼的眼神对你说"欢迎指正"的时候，你千万不要误以为对方是真的请你说出他的不足和缺点，他实际上是想要从你这里寻找认可和赞美。即使你真的有意见，并且不吐不快，也要在对对方进行了赞扬之后，再适当地提出来。

嘴巴不是语言的唯一载体，说话动作也体现心理

微情绪关键点： 当你和一个人交谈的时候，你并不是单纯地听对方说什么话，对方的举止、动作你都尽收眼底，这些动作与语言一起，构成了你感知对方心理状态和情绪变化的"线索"。

人们在交谈的时候，总是会有意无意地做各种动作，这些动作其实正是

 第三章 语言是情绪的间接表达，根据语言揭开情绪伪装

一个人内心情绪的流露和体现。也就是说，人的动作，总是与其相应的（潜）意识、情感和性格等心理相一致。通过观察其动作，可以帮助我们更好地理解、把握别人的心理，为处理好彼此之间的关系，奠定一个良好的心理基础。

接下来，分别来看一下一个人在说话的时候都会做哪些动作，他们分别代表了什么样的内心情绪和心理。

先来说说与头部有关的动作。

有些人在交谈中，常常会不自觉地用手搔搔头，掏掏耳朵，摸摸脸或揉太阳穴，这些动作都表示，此时他的内心是很不安定的。

与人交谈时头侧向一边，表明对说话者本人或者所讲的内容感兴趣。许多女孩在听课或与别人交谈时，往往侧头、倾身。她可能对谈话者怀有好感，抑或对谈话本身具有十分浓厚的兴趣；如果是在和异性单独相处时发生了这种动作，可确定地说，这属于十分典型的向对方撒娇的表示。

有时候，人们会一边说话一边频繁地用手去拂额前的头发，可能是由于头发遮住了眼睛，但是除此之外，也可能是敏感和神经质性格的表现。在人际交往中，由于对别人的态度和言语反应非常敏感，一旦发现了其中涉及自己的事情或内心对此有所触动，就会不由自主地做出这个动作。

长头发的女子在谈话的时候有时会不断往后撩自己的长发。这是长发女子最爱做的动作之一，尤其碰到英俊潇洒男士的时候。此时她内心是渴望被欣赏、被赞美的。当然，喜欢做这个动作的女性，多半对自己的容貌或发型很自信。

说话的时候拉耳朵的人，心里正在希望这场谈话赶紧结束。这是对对方所说的话感到厌烦，特别想打断对方的话头，让其停止说话，但又不得不忍耐下去的心理体现。

说话或大笑时喜欢用手捂住自己的嘴巴，是掩饰自己内心深处秘密的一种特有姿势，因此这种"欲盖弥彰"的动作实际上会让人看出你是在掩盖自己的欲望。

说完头部的动作，接下来让我们再来看看手臂动作。

一边说话一边不停地把玩手边的东西，这种表现似乎注意力在别处，而不是谈话的对方，但其实可能说话者内心非常在意对方，甚至是倾心于对方。因为紧张，便不自觉地用手边的一些东西临时转移和释放这种紧张。

将双手绞在一起莫名其妙地用力。说明你感到非常紧张和不自信，生怕自己"露怯"，你内心的忐忑不安在你手上显露无遗。

一边说"我"一边用手指自己的胸膛实际上并不是自信的表现，反而是感觉不安，才会借着指自己而确认自己的存在，并使对方接受自己的意见。

说话时将两手交叉置于胸前，是一种典型的防护姿势，因为两手在胸前等于是筑了一道围墙，等于表达一种拒绝或否决的心情。

将双手缠在一起手心朝上高举向天花板。说明此时此地他充满信心和骄傲，甚至可以说是得意忘形了。

人们在说话的时候腿脚的动作同样很丰富，我们前面已经说过，腿脚的无意识动作是更能反映一个人的心理的。如果一个人在和你讲话的时候，一边谈话一边抖腿。则可能由于精神不安与紧张，也或者是心中一直期待着某种东西，当期待不满足，这种动作也会持续不断。比如，当有求于对方，又担心拒绝的时候，就会出现一边讲话一边抖腿的现象，尤其在男士身上很普遍。

谈话中用足尖摇晃高跟鞋的动作是一些女性常有的行为，给人的印象是心情非常放松和愉快。如果是和男性聊天，那可能是对男性有好感的表示。

不停地交叉双腿或者不自觉地把双腿轮换地跷起来。是心理上不耐烦了，或是内心烦躁不安、寂寞无聊的表现。

交谈时面带笑容朝向你，并不时点头，身体和脚却指向别人或别处的人，表明他看起来好像喜欢和你在一起，其实恨不得马上摆脱你。身体和脚指向就表示他想去的地方。同样，谈判时，当一方想停止谈判而离开，他会把自己的身体指向最近的出口。在面对面的接触中如发现这种讯号，就应该设法吸引对方，或先行结束会谈，以保持主动。

说话时的动作还不止这些，想要通过语言之外的东西了解一个人真正的

 第三章 语言是情绪的间接表达，根据语言揭开情绪伪装

想法，需要你多观察，同时综合地考虑各种因素。只有这样，你才能更接近一个人的内心。

从表达方式中看穿情绪：他是否乐意与你交流？

微情绪关键点： 与人谈话就好像驾车行驶，要随时注意交通标志，不能一味向前冲，而对方的态度与反应就是红绿灯。当"红灯"亮起时，你若依然还在自顾自说个不停，必然会白费力气不讨好。

当我们与人交谈、交流情感的时候，都希望和对方相见甚欢，有说不完的话，最终达到交流的目的。然而有的时候，谈话的进程却并不像我们想的那么顺利，说不定，说着说着，就成了你自己唱"独角戏"。如果你在与人交流的过程中能及时地发现对方的一些拒绝交流的信号，你就可以对谈话进行调整，以改变尴尬的状态了。

很多时候，我们聊兴正酣，但往往对方可能已经不在状态了，可是我们却完全没有察觉，还在一厢情愿地喋喋不休、自说自话，跟对方做各种沟通。那么，在交谈中，如何知道对方是否乐意和你进行交流沟通呢。其实，只从语言上，我们就可以发现很多的端倪。

在双方沟通良好的状态下，一方在讲话的时候，另一方会时不时地给予回应。对其所讲的内容进行肯定或者是提出一些疑问，并且双方的交流是对等的，这是正常的交流环境。如果在一场谈话中，80%的时间都是你在滔滔不绝地讲，而且你又不是在讲课，此时你要注意辨别，是对方听得太入迷，

还是心里可能盼望着你快点讲完，生怕自己的回应会让你更加滔滔不绝。一般情况下，一个人觉得对方说话有趣时，自己也会积极回应，以自己的观点和经验来附和和印证对方的话。当你的谈话，引起对方的回应越多时，说明他是喜欢和你交谈的。如果你发现对方不爱说话，且一脸茫然地看着你，那你肯定没有找到对方最关注的焦点。

如果对方只是表现出很诚恳的样子，却很少互动，无论你说什么他都跟小鸡啄米似的点头，这可并不就一定说明对方高度赞同说话者的观点。很有可能的是他们的思想根本就不在对话中，或者可能他根本没有在听。除了点头和说一些肯定行的词语外，重复沟通中的关键词，甚至能把关键词语经过自己语言的修饰后，回馈给对方，这才是喜欢沟通的表现。

突然转移话题是对交谈内容不感兴趣的明显的表现。比如你正在针对某个话题喋喋不休，而对方突然说出一个完全不同的话题，这说明他已经感到厌烦了，而打断说话者的话题是最明显不过的信号了。

可是有时候，即使人们对谈话不感兴趣的时候，也会碍于面了也会附和着提出一些问题，但大多都是很简单的提问，比如礼貌性地问"你去的是哪儿"、"谁和你一起"，等等。而真正感兴趣和好奇的听众会问比较复杂的问题，以及请你作进一步的阐述，例如"你说的××是什么意思"、"具体是在什么时间发生的"、"你再跟我讲讲是怎么发生的"，等等。这说明他们紧紧地跟随着你说话的思路。

当对方反复说类似于"啊！真的吗?"、"真有意思"、"对、对"这些没有实际意义的词语时，说明他们已经对谈话产生了厌倦，有点心不在焉。也有可能是对方对你所讲的话其实是不赞成的，不过是假装赞成。尤其当他一边做着肯定性的回应，一边眼睛望向其他地方，回答得有气无力，那很可能他其实内心是不赞成这么说的，对这个话题也是拒绝的。

声音的变化也能告诉你，对方是不是喜欢和你交流。当一个人喜欢谈话对象时，他会不由自主地去配合对方的语音、语速和语调，对方说话快，他也就跟着快，对方说话低沉，他也就变得小声。此外，当人们情绪高涨时，

 第三章 语言是情绪的间接表达，根据语言揭开情绪伪装

讲述事情时会绘声绘色，而且眉飞色舞，语气非常生动，语调韵律感十足，反之，情绪一旦低落和失去了对当前话题的兴趣，他们就会变得面无表情，声调也会变得单调与平稳，反复出现一模一样的回答，语气词也变得千篇一律，还会出现间断性的走神，集中力缺乏。情绪上变得不安，觉得无聊或者懒得回答时，声音的韵律感都会消失殆尽。

谈话中，一方如果带着敷衍的态度，那结果肯定是浪费了彼此的时间，也达不到沟通的目的。所以，当我们和他人沟通的时候，一定要时刻关注对方的反应，掌握以上这些基本的方法，观察对方的情绪变化，及时地调整自己谈话的节奏和方法。如果你掌握了这些技巧，那么即便是在和别人打电话的时候，你也能顺利地判断出对方到底还有没有听下去的意愿了。

辨清反话：他所说的未必是他所想的

> **微情绪关键点**：话分反正，正话可以反说，反话也可以正说，他们都属于反话的范围，都是表达的常见方式。那么如何从一段特殊的表达方式中听出说话者的真心呢？这就需要我们掌握一些辨别的方法。

每个人都渴望自己的想法被他人理解、接纳，希望别人能更多地了解自己的心，满足自己的诉求。然而，人们有时却会故意隐匿自己的真实想法，或者羞于表白，透露自己的要求，甚至还会常常喜欢说一些和本意完全相反的话——反话，嘴上说不想要，实际上却很想要，嘴上说还好，其实心里却很反感。比如，父母明明希望子女经常回家看看自己，但是嘴上却总是说让

孩子别老回家，安心做自己的事情。如果子女真的一心忙事业，父母必然会觉得很失落。很多女性明明对自己对心仪的人很在意，却又要装得满不在乎，甚至还会说一些伤人的话。

张小娴在一本叫《把天空还给你》的书里曾经写过这样一段话，来描写男女间有趣的"反话"：

有时候，话说到嘴边，却会说出了相反的话。

明明想说"我很想见你"，却会说成"我不想见你"。

明明想说"我很想念你"，却会说成"我没有你也可以"。

……

明明很想他打电话来，终于，他的电话打来了，我们会冷冷地说："你终于舍得打来了吗？"

我们装酷，是因为面子放不下。真实的那句话，太难开口了。为什么不是你先说几句好话哄哄我？

明明想道歉，看到对方那副冷冷的面孔，我们会说："我觉得我并没有错！"为此狠狠地吵了一架。

我们不想说谎，但说真话的确需要勇气。不说反话，也需要有比较厚的脸皮。

男人都说女人爱说反话，男人何尝不是？不过，他们较多用沉默来代替反话罢了。你以为女人很想说反话的吗？只是，看到男人不说话的时候，我们无法不说几句反话来迫使他说话。我们说得最多的一句反话是：

"我知道你不爱我！"

说反话在亲近的人之间非常容易发生，尤其是在男女之间。女人常对自己的老公说："老公，你真坏。"但实际的意思可能是对男人的夸奖，而非否定。为此，男人如果听不出这话里隐藏的相反的意思，那就成了不解风情的榆木疙瘩。当女人理论不过男人时，就说一句"滚"。这时，你可千万别真的滚了，因为女人在情绪极度崩溃的时候，才会让男人"滚"。在男人听来，这

 **第三章　语言是情绪的间接表达，根据语言揭开情绪伪装**

些狠话很伤人，其实女人是因为男人的举动让她觉得男人和自己的距离太远了，想让对方靠近自己一点或者在某些事情上进行让步。当一个男人在某个纪念日，为自己的妻子送上一份昂贵的礼物时，女人们总是会嗔怪地说："干嘛花那么多钱，太浪费了。"甚至还会一顿唠叨。其实这时候女人心里是美滋滋的，即使她真的是不舍得男人辛苦挣来的钱。男人如果会错了意，就会觉得自己的妻子不可理喻，就连买礼物都无让她开心。

其实，喜欢说反话的何止是女人？男人因为爱面子，更是常常口是心非，希望对方猜中自己的意思。

亚森是个表面看上去非常开朗外向的男人。但是他的妻子李玫却并不这么认为。

某一次，李玫和亚森一起出席朋友在KTV的聚会，李玫唱歌唱得非常好，博得了当场男士的热烈掌声。但正当她唱得高兴的时候，丈夫亚森忽然起身对大家说："我有公事要做先回去，让李玫留下来陪你们。"随之又看了看李玫。李玫没有在意这其中的弦外之音，便继续欢唱，没想到唱到半夜回家，亚森正在家等她，还对她发了一顿脾气："你怎么就听不出我的话呢？我的意思是要你跟我一起回家。"

公司不景气，亚森被无预警裁员。失去了工作的亚森那些天怀忧丧志，他常常对李玫说："唉，可能这辈子我也不会有什么大出息了，甚至以后都要靠你来养活了。"

李玫以为亚森是担心自己不愿意养家，就温柔地说："好啊，以后我来我养你，你就在家里多做做家务，照顾下孩子。"

本以为自己愿意挑起家里的担子，亚森会认为她很贤惠。可是没想到亚森听完她的话，脸立刻变得阴沉起来，说："哼，我就知道你嫌弃我没用，你真的以为我会没用到要老婆养的地步吗？"说完，亚森生气地摔门而去。

李玫感到非常困惑，她对着亚森的背影说："刚才不是你说要我养你吗？"

为了这事，亚森好长时间都没有主动和李玫说话。直到他找到一份体面的工作，才不了了之。但李玫还是常常因听不懂亚森的话而和他闹矛盾。

　　人们说反话的原因一般有三个。一是为自我保护，不想透露自己的想法，害怕别人看穿自己的欲望。二是为照顾对方，出于善心不说真心话，怕对方为自己费心，原来可能是出于好意，但往往演变成阻碍沟通，制造更大的、不必要的误会。这种形式多发生在亲人或情侣之间。三是为了让自己显得心胸开阔点，明明心存介意，表面却说尽反话，表现友好和善，甚至为人着想，表示大方不计较，可内里的潜台词却明显相反，心存计算，或对事情、对别人早已有负面判断。

　　口是心非对心理健康的破坏性很大，它压抑人的真实想法、欲望和意愿。明明心里不悦，却说"没事"、"别多心"，明明想得到奉承，却说"无所谓"、"不介意"。可是，因为表现得大方大量，心里更感到吃亏、不忿，觉得自己是受害者，不被重视。这种伪善容易积怨，自制委屈，自我怜悯，暗叹命苦，使人变得心胸狭窄。因为无法释放自己，可能使人致造成心理压抑，久郁成疾，累积成怨气、嫉妒、愤怒、抑郁或其他负面情绪。在被揭破或压抑不住，情绪反弹时，更容易恼羞成怒，失控爆发，歇斯底里，自伤伤人。

第四章

情绪是隐蔽的告密者，通过情绪识别谎言

当一个人撒谎的时候，由于担心谎言被揭穿，内心肯定要经历紧张、不安、焦虑、恐惧等情绪变化，这些变化会使人的表情、行为、语言等出现一系列反应。即使是高明的撒谎者，他们往往也无法彻底掩饰这些痕迹，而这些无法掩饰的痕迹正是我们识破谎言的突破口。

 第四章 情绪是隐蔽的告密者,通过情绪识别谎言

撒谎者会心虚,情绪也会产生波动

> **微情绪关键点**:不管因为什么原因而撒谎,撒谎者的情绪都会产生波动,因为心虚或者怕被识破而变得不那么镇定。当这些情绪以微妙的反应表现出来时,我们很容易就能看出来。

"君子坦荡荡,小人长戚戚",当一个人说谎的时候,不论是什么原因,因为所说的话和事实不相符,害怕被戳穿,所以必定会引起情绪上的变化,比如负罪感、恐惧和紧张等。精明的撒谎者还常常利用类似愤怒这样强烈的感情来掩饰他们内心的恐惧和负罪感,这同样可以作为我们判断对方的是否说谎的依据。所以,要识破他人的谎言,首先要学会观察说话者情绪的变化。

一般来说,由于情绪的变化,说谎者会出现以下行为:讲话时一惊一乍,表情夸张;面对问题反应往往过度、情绪过于激烈;情绪反应持续过久或突然消失。因为他人的某些话而表现出怒不可遏的表情,很有可能是为了掩饰自己内心的虚伪。当一个妻子询问一个在外地的丈夫,是不是在外面有了其他的感情时,男人的表现太过剧烈,言辞激烈第指责自己的妻子不该怀疑自己的时候,并不能表明他就真的清白,相反,很有可能是在用自己愤怒的情绪掩盖事实。

一个名叫周正龙的人曾经制造了一场举国皆知的假案,那就是"华南虎事件"。他用一张假照片,将全国热心的动物迷骗得"团团转"。被判刑缓刑

期间，周正龙一直在家，足不出户。但是，突然有一天，他却发表了"虎照真的，没有作假"的声明，要求进行鉴定。

一时间，各大媒体记者蜂拥而至，纷纷向周正龙求证此声明是不是他本人发出的，周正龙并没有正面回答，而是说："不是我写的是谁写的？"再问他为什么要翻案呢？周正龙又反问道："你为什么要问这个问题？"当记者问及他现在的生活时，周正龙无奈地说自己"无法生活"，并且愤怒地发了一通怨言。而且，很快，他就生气地以"家里还有事"为由挂掉了电话。

面对媒体的追问，周正龙的情绪变化很激烈，正是他担心谎言被识破的焦虑、恐惧和紧张造成的，属于说谎者典型的行为表现。

和突然发怒相似的是另一个更为复杂也更为普遍的现象，那就是说大话唬人。当一个人感到他那伪装的表情失败了，通常的表现是脸上堆起笑容，然后迅速将其掩盖，而有些人则会通过说大话唬对方来隐藏其内心的真实情感。比如，当一个人的话受到对方的怀疑时，他很可能为了让对方相信自己说："这个算什么啊？就连……（比刚刚更加厉害的事情）我都……（怎么样）呢？"

个性的暂时转变，也是说谎的征兆之一，也是说谎者的情绪波动使然。例如一个一贯安静的人突然变得爱说话起来；一个平时活泼好动的人变得非常沉静；一个习惯了邋遢的人却无端地刻意打扮起来；一个不会说好听话的人却突然对你赞誉有加，等等，这些突然的转变很可能是因为对方的心里藏着某些秘密！平时安静的人变得爱说话可能是担心气氛太过压抑，而被别人看出端倪，并想借助说话来冲淡心中埋藏的不为人知的秘密；平时活泼的人变得沉默了可能是害怕言多必失，担心因为自己太兴奋而让人觉得反常，于是话语越来越少，生怕一张口秘密就会泄露出去；而一向性情耿直的人，却突然说起赞誉的话来，则很有可能是有求于人，试图对对方进行麻痹。

但并不是所有的人都会表现出那么激烈的情绪，对于那些撒谎高手来说，他们完全明白情绪太过紧张会引起别人的疑心，那么我们要怎样透过那些故

 第四章 情绪是隐蔽的告密者，通过情绪识别谎言

作镇静的脸庞看到其内心波动的情绪呢？其实，前面我们已经说过，瞬间的表情往往能反应一个人真实的情绪，在识破谎言上，这个方法依然非常有效。在某一瞬间，撒谎者的面部会突然冒出所隐藏的真实情感，所以这些情绪变化要结合面部表情来看。

以上都是由于说谎者情绪变化所导致的反应。只要细心观察，你肯定会抓住其中的关键点，听到对方内心深处的"真实声音"。和那些情绪容易外露的人相反，有撒谎者是非常懂得自我克制的，然而他们的破绽恰恰出在过强的克制意识上了，他们会情不自禁地控制自己，结果使自己的表情和肢体动作反而多了很多，显得僵硬、不自然。这些变化在接下来的文章里会有详细的介绍。

说谎话，也可以不眨眼

微情绪关键点：现实生活中，由于担心自己的谎言被对方揭穿，很多人在撒谎的时候，为了表现得更加真实，会刻意地睁大眼睛，直视着对方。这就是我们常说的"说瞎话不眨眼"。

眨眼睛是一种很正常的生理行为，正常的眨眼睛频率一般是每分钟大约八到十五次。但当一个人的情绪兴奋、烦乱、紧张或忧虑时，眼睛眨动的频率就会改变。所以，当一个人撒谎或者因为其他原因而情绪紧张的时候，会用眨眼睛来缓解内心的波动。

一桩纵火案中，一名与案件有关的门卫被审问。警察问了他几个非常细节的问题，以确定案发时他在不在现场，譬如是否参与纵火，失火前后他在哪里，等等。审讯期间，警方除了问话外，还仔细观察了他回答每一个问题时的表情，希望能够获得一些泄密信号。通过观察，警方发现每次问到起火时身在何处时，这位保安虽然回答的都是自己一直在岗，但眼睛会不由自主地眨动几下，而被问到其他问题时却没有任何的异常反应。于是根据他的这一表现，审讯人员对案发时这位门卫是不是在岗产生了怀疑。经过反复问询，这位门卫不得不承认，案发时自己离开岗位去和自己的女朋友小聚了一下。三名纵火犯正是这时候趁机作案的。

在这一案例中，正是这名门卫不自主的眨眼动作让警方产生了怀疑。这个案例说明，当人们情绪紧张、兴奋的时候，会出现眨眼的行为，这其中自然包括说谎时的紧张和不安所带来的情绪变化。那么为什么在形容某人说谎的技术高明时，常常用"说谎不眨眼"这句话呢？原来，对于大多数人来说，说谎时内心都是不够自信的，所以会因情绪的变化出现频繁的眨眼；然而，真正的撒谎高手由于深知人们对于说谎者的了解，所以会刻意地地控制眨眼，以达到真正的"说谎不眨眼"。了解撒谎一般反应的人为了防止因为眨眼而被看穿会努力克制自己眨眼的冲动，会使眼部绷得很紧张。所以，说谎时频繁地眨眼睛是仅仅针对那些心理比较简单的人而言，而对于那些老练的撒谎高手来说，是完全可以"睁着眼说瞎话"的。撒谎经验不足的人在撒谎时总会出现眼光闪烁不定、眼神游移的情况，但是那些撒谎经验丰富的人总是通过坚定的目光来混淆视听。

最新的研究也表明，很多说谎者在试图掩盖事实真相时会有意控制眨眼行为。当他准备对你撒谎时，你会发现，他眨眼睛的频率甚至会比平常明显少很多。研究还发现，在演讲的时候，为了使听者更加信服，发言人的眨眼频度会出现下降。81%的被测者在说谎时眨眼频率会从说真话时的每分钟23.6次降到每分钟18.5次。他们眼部细小皱纹比平常少，眼珠会几乎不转

 第四章 情绪是隐蔽的告密者，通过情绪识别谎言

动，眼角会轻微充血。

研究还揭示了另外一个"秘密"，那就是说谎者不但可以控制住不眨眼，还能和诚实的人一样毫无障碍地去直视提问者的眼睛。这正是因为说谎者害怕自己不安的眼神让对方怀疑，所以他不但不会回避对方的眼睛，反而会比平时更加专注地观察对方的反应，与对方的眼神交流更加频繁，以此来判断对方是否相信了他。

所以，说谎者眨眼的速度可能因为紧张的情绪而改变，但并不是直视着对方就不会说谎，很有可能是说谎者是为了看看自己的把戏是否得逞而使用的手段。

为了弄清楚人在撒谎的时候眼睛的特点，心理学家曾经做过这样的真人实验。研究人员提前在隐秘处安放了摄像头，实验对象则完全不知情。实验开始前，他们将实验对象分为两组，让他们面对面坐着，然后让其中的一组人对着另一组人撒谎。通过对拍摄过程的研究，最终结果非常让人吃惊，撒谎者的表现跟人们普遍认知的情况很不一样。实验者中只有大约30%的撒谎者在撒谎时眼神游移不定，很容易就被研究人员发现；而其他70%的撒谎者都目光坚定地看着对方，因为他们知道眼神游移会让对方发现撒谎的秘密，所以他们采取了反其道而行之的方法。

还有研究称，说谎者在试图掩盖事实真相时还会有意控制自己的身体，使自己的整个身体都变得相对静止。这个理论也证实了说谎者确实会"不眨眼"或者可以减少眨眼频率。所以，当一个人突然开始不停眨眼时，我们只能得出此人情绪有变化，而且变化波动较大的结论，而不能简单地认为他肯定是撒谎了。即使可以确定对方不停眨眼是因为害怕、紧张所致，也应该在排除此人因场合或话题等导致的紧张、不适，或担心、害怕后，才能判断是他说了谎。同样，当一个人目光坚定地看着你时，并不代表他一定是诚恳的，也有可能他会是个很善于伪装的撒谎高手。那么，这种情况下，我们该如何识别这些目光坚定者的谎言呢？我们可以观察他们的瞳孔！

心理学研究发现，人们的心理活动与瞳孔变化也有着非常密切的关系。

当一个人在撒谎时，他会产生一种紧张情绪，在这种紧张情绪的刺激下，他的瞳孔就会扩大，而在人们产生厌恶情绪，或者非常疲倦、烦恼时，瞳孔会缩小。

仅仅只是瞳孔扩大并不就能说明对方在撒谎，在恐怖、愤怒、喜爱、疼痛的状态下，人们的瞳孔也会扩大。但是在交谈过程中，如果说到的话题并不能引起他强烈的反应，而他的瞳孔还是明显扩大，那这时候我们几乎可以断定，他是在撒谎。

尽管有的人说谎时心虚，因此目光游离不敢直视对方眼睛；也许有人善于伪装，反而会直视对方观察其神情；有的人说谎时内心不够自信，可能频繁眨眼。但说谎时有一个共同之处，就是表情、动作、语气、语调等非言语动作会与平时有着或明显或微妙的差异。因此，如果你打算从细微的表情、动作等方面去看破谎言，首先你需要知道他平时的这些行为习惯，并善于发现其中微妙的矛盾。

不自然地微笑，说明对方不诚恳

微情绪关键点：在一个人不自然的微笑或者假笑的背后，可能隐藏着谎言。因此，只要仔细观察对方的微笑，就能判断对方是否真诚，从而不至于被虚假的微笑迷惑了双眼。

笑，是一种非常神奇的表情，常被认为是一种展示幸福、快乐，对人友善的信号。善意的、由衷的笑容可以拉近人与人之间的距离。当你向他人展

 第四章 情绪是隐蔽的告密者，通过情绪识别谎言

现笑脸时，对方一般都会自然地回馈给你一个甜美的微笑，这是说明笑容具有的超强感染力。

自然状态下的笑容是因为心情愉悦，而当人们撒谎的时候，笑容就成了一种掩盖尴尬和不安情绪的工具。不仅如此，有时候，一张热情的笑脸下面很有可能隐藏着天大的谎言！笑容原本是人类的一种很美好的表情，俗话也说"拳头不打笑脸人"，习惯"笑里藏刀"的人，正是利用了人性中最为常见的弱点。

李明和王钟同时喜欢上了单位新来的女同事蒋丽，而这位女同事似乎对两个人的印象都不错，一时间，这三人的关系成了大家茶余饭后的趣谈。一天，两个情敌在路上偶然相遇。一向看不起李明的王钟这一次突然出乎意料地和憨厚的李明打了招呼，李明虽然感觉吃惊，但是觉得对方既然这么大度，自己又何必计较那么多呢？于是当王钟邀请李明一起去附近咖啡屋坐会儿时，李明也没反对。

交谈中，王钟始终面带微笑，貌似诚恳地看着李明，聊着聊着，自然聊到了两个人都心仪的对象蒋丽，王钟说自己只是一时觉得蒋丽好看，后来想想，其实像她这样漂亮的女生并不适合自己。最后，他向李明表示，一直觉得李明正直憨厚，够仗义，不想因此而伤了朋友之间的情谊，所以愿意放弃这份不可能的感情。这么真诚的话语一反王钟平时的作风，李明本来不太相信，可看到对方面带真诚的笑容，还是被感动了。而且后来的一段时间，果然没见王钟对蒋丽再发出追求攻势。

得到了李明的信任后，过了几天，王钟又"透露"给李明一个"可靠消息"，说蒋丽和其他女孩子不一样，在她眼里，玫瑰太俗气；他也不喜欢男生为自己大手大脚，只喜欢一些小浪漫。李明恍然大悟一般，便照着去做了。结果几个月时间以后，蒋丽不但离李明越来越远，最后还成了王钟的女朋友。原来蒋丽最讨厌的就是男生小家子气，她也喜欢浪漫，收到玫瑰会很激动。王钟在李明的面前假装友好，还向他"透露可靠消息"，实际上都是假的，表

面上十分诚恳，而背地里早已打好了小算盘。

和上面的例子一样，在微笑的感染下，人们常常会放松戒备，那些爱撒谎的人则常常钻这些空子，如果没有一定的辨别能力，很有可能被骗得团团转。所以，我们必须学会认识自然的微笑和不自然的微笑，以及笑里藏刀的假笑。

首先，我们来看一下最自然、最真心的笑容是什么样子的。

早在19世纪，法国的一位科学家就研究过人类的笑容产生的机制。他通过一整套科学的实验发现，人的笑容是由两套肌肉组织控制的。第一套肌肉组织是颧骨处肌肉，它能够使人的嘴巴微咧，双唇后扯，牙齿露出，面颊提升，然后将笑容扯到眼角上。我们可以有意识地控制颧骨处的肌肉，在没有开心的事情发生时也可以调动这部分肌肉，以制造出虚假的笑容。第二套肌肉组织是位于眼部的眼轮匝肌，它能够通过收缩眼部周围的肌肉，使眼睛变小，眼角出现褶皱，也就是我们常说的"笑纹"，这部分肌肉的运动是下意识的，只有在真的感到开心的时候才会运动，是不受我们的意识主动控制的，因此，它调动起的笑容一般都是发自肺腑的真心笑容。也就是说，真心的笑容是好心情的自然流露，是一种下意识的面部动作，它不受大脑的控制，是肌肉自主运动的结果。

当你发自内心地感到快乐的时候，这一信号便会传送至大脑调控情感的区域，产生出一种舒心愉悦的情感。这种情感使你的嘴部肌肉收缩，双唇微咧，面颊提升，同时眼部也会因为肌肉的收缩而产生细纹，眉毛也随之微微下沉，真心的、诚恳的笑容由此产生。由此我们可以得出，真心的笑从一开始出现就伴随着眼睛的眯合动作，那强烈的兴奋情绪一经产生，便会触发眼轮匝肌的强烈收缩动作，在此作用下，最明显的变化就是眼睑的凸出与变短，脸部肌肉整体向上提升，这样上下眼睑相互挤压的结果就是"笑纹"。

而虚假的、不自然的笑容，是不会出现眼部皱纹的变化的。当一个人的

 第四章 情绪是隐蔽的告密者，通过情绪识别谎言

理智认为，在某种情形下，非笑不可时，大脑就发出了发笑的指令，然后由你亲自去调动脸部肌肉的运动，这样整个笑容就会不自然。只是嘴角轻轻上扬，细纹只会出现在嘴的四周。这时候的笑容就是不自然的。不自然的笑容是很多人在说出言不由衷的话语时露出的表情，例如当一个善于阿谀奉承的人对一个正在为体重问题而烦恼的女士说："你的体型挺标准的，根本不用减肥"时，他说完后就会露出很不自然的笑容，因为自己说的是假话，只好用笑来掩饰自己的不自在。而此时，听到这种话的人往往也会因为不信任而露出附和的假笑。

仅仅只有嘴唇部位的动作，而没有眼睛参与的笑，往往并不是由情绪所引起的，而只是一种礼节上的需要。如果你对面的人嘴上说着"见到你真的很开心"，或者"很荣幸认识你"，嘴角上扬挤出微笑迎向你，那么，劝你还是不要相信为好，或许他的心里正在说："真是见鬼，我怎么会遇见他呢？"

说谎人的微笑很少表现真实的情感，更多的是为了掩饰内心的感情世界。如果你单纯从面部的表情无法辨别，那么你可以结合说话者的声音。研究显示微笑并伴随着较高的说话音调是揭穿谎言的最有力的证据。

其实，除了撒谎者，现实生活中还有很多人喜欢面带笑容地去面对一切人、一切事，内心的不安或不满却从来不会轻易表露出来。他们往往是你的亲人或者不想让你担心的人。如果他笑着对你说："我很好。"但你明明看见他眼圈已经红了。

在日常交往中，如果对方嘴角向上翘起来，却给人一种很僵硬和牵强附会的感觉，这就需要仔细揣摩他的眼神，如果他的眼神迷离，这就表明他的微笑是装出来的，是带有欺骗性的，目的就是要骗得你的好感、信任或是同情。对此，我们一定要分辨清楚，绝不能被他迷惑。

不经意间有多余的动作,是缘于恐惧

微情绪关键点:人在撒谎时总会出现很多不经意的多余动作,这些多余的动作其实是源于说谎者的恐惧心理,尽管它们转瞬即逝,却泄露了谎言的痕迹。只要你留心观察,谎言必然会无处遁形。

说谎的人,因为没有安全感,所以会缺乏自信。如果说谎者认为说谎被人揭穿要付出很大的代价,那么在说谎时可能就会表现得很紧张。这种紧张,来自于内心的担心和恐惧,他们惧怕谎言被识破。为了消除内心的不适感,为了不让别人发现自己的紧张情绪,说谎者通常会用一些小动作或者是一些其他的事情来分散听者的注意力。然而,往往就是这些不经意的动作,让他们露出了马脚。

说谎者如果是站着,往往会把背靠在墙壁上;如果是在室内,当说谎者感到不自在时,他可能会把身体面对或移向出口(例如门)的方向。之所以有这些反应,是因为心理上的恐惧状态使得身体本能地想要逃避或者是寻求庇护。当我们对于自己的想法非常热切,且想要说服另一个人时,我们会把身体靠向对方。但是说谎者在心理上处于劣势,所以基本不会有靠近的举动,他会侧着身子,或整个人转过身去,极少采取面对面的交谈方式。

在作虚假陈述或在谈话中欺瞒别人时,说谎者极少会触摸对方,因为潜意识里,他通过减少亲近对方的动作,来帮助他减少心中的罪恶感。当我们对自己所说的话非常肯定的时候会有触摸对方的行为,这代表一种心理上的

 第四章 情绪是隐蔽的告密者,通过情绪识别谎言

亲近。而说假话的人极少或完全不会与对方有身体上的接触。

当说谎者确实要做动作时,他们会用夸张的手势来掩饰谎言,伸长胳膊或者使用节奏性的手势来强调某一点。2003年4月,时任伊拉克新闻部长的穆罕默德·赛义德·萨哈夫在讲话时做出了一个典型的标志型手势。当伊拉克军队已经为躲避美军炮火撤退时,萨哈夫却伸出手臂,手掌有力地朝向前方,告诉媒体:"巴格达很安全。"另一个著名案例是关于节奏型手势。1998年时任美国总统的比尔·克林顿比着有节奏的手势一字一顿地说:"我没有与莱温斯基小姐发生性关系。"

研究人员还发现,当说谎的人在面对别人提出的"是不是"做了什么的质问时,会在摇头否认之前,下意识地表示对对方问题的肯定,也就是会做出迅速的、别人很少察觉的、自己也无意识的点头动作。这个快速的点头动作说明质问一方的推测是正确的,而摇头之后所说的话基本上都是假的。

当一位记者到一家可能涉及违法的公司采访时,他先是来到公司的大厅,当他问前台小姐:"请问你们负责人×××在吗?"时,前台小姐的两种反应都表示她在说谎。一种反应是记者的话刚说完,前台小姐就不假思索地说"不在",这一般是提前编好谎话的条件反射下的反应;另一种反应是前台小姐稍微迟疑了一下,不经意地微微点了一下头,然后非常肯定地摇头说:"不在。"这时,可以肯定负责人肯定是在公司的。因为前台小姐下意识的快速点头动作已经泄露了问题的真相。

在美剧《别对我撒谎》中也有一个类似的有趣情节。主人公莱特曼等了半天终于等到一个停车位,可是在他刚要倒车的时候,旁边一辆车飞驰而来,抢占了他的车位。莱特曼问将头探出窗口问:"难道你没看见我正在等车位吗?"对方怔了一下,接着摇摇头,一脸无辜地说:"是吗,我也在等车位啊!"莱特曼反击道:"你刚才在摇头说'不'之前轻轻点了点头,这是一个典型的撒谎行为,说明真实的情况是你根本就没有在等车位!"

在受到刺激或者撒谎时,喉咙会有干痒和异样的感觉,下意识吞咽唾沫会缓解这种异样感觉。所以,当不知道对方是否撒谎的时候,喉咙的动作也

可以作为判断的依据。当警察询问一名疑犯与案件相关的人名、地点或者回答某一个问题时,疑犯的喉结处往往会很明显地动一下,甚至还带着吞咽唾沫的声音。单凭这个下意识的动作,警察就可以判断出刚刚他们询问到的信息是破案的关键。

如果一个人撒了谎,他的眼睛一般也会不经意地流露出一些泄露秘密的多余动作。

一名间谍被抓,但他始终拒绝说出同谋的名字,于是调查机构采用了一个办法:他们向这个间谍展示了很多张卡片,在每张卡片上都写着与他一起工作过的人的名字。然后调查人员仔细观察了这个间谍在看这些卡片时眼部的反应。他们发现,当间谍在看到其中两个人的名字时,眼睛会突然睁大,然后瞳孔迅速收缩,眼睛轻轻地眯了一下。虽然这一反应非常的不明显,但却没有逃开调查人员的眼睛。最终经过审问,那两个人确实是被抓间谍的同党。

在看到同伙的名字时,间谍出现了紧张情绪,所以眼睛下意识地睁大了,但是他不想让别人发现他的反应,于是他的瞳孔迅速收缩,眼睛变成了眯缝状。其实当人们在眯着眼睛时,他的潜意识是想通过眯眼来遮挡光线或自己不愿意看到的东西。

当一个人说谎的时候,心理上势必会产生一种惶恐不安的感觉。而想要知道一个人对于一个特定的话题是否感到不安,可以很容易从他参与讨论的开放程度看出端倪。由于担心谎言暴露,说谎者常常会在谈话时利用抱枕、酒杯等与对话人之间形成障碍,潜意识则是想通过障碍物割开对话人,以免自己的谎言被揭穿。

人有一半信息是通过肢体动作来表达的。咬一下嘴唇、擦一擦前额、下意识地摸摸脖子,这些细微的小动作传递着人的心理活动。当我们想知道一个人有没有撒谎时,必须全方位地解读肢体语言,简单地观察一两个动作,绝对没有办法做出正确的判断。

由此可见,只要我们仔细观察对方不经意间是否有多余的动作或表情,

 第四章 情绪是隐蔽的告密者，通过情绪识别谎言

就可以知道他真诚与否。

揉擦眼睛是为了隐藏内心的不安

> **微情绪关键点：**一个人内心的想法很容易透过眼睛流露出来。一个高明的撒谎者，即使身体语言没有丝毫破绽，我们也能从眼睛的变化来洞彻他的思想。为了掩饰自己的真实想法，撒谎者通常会无意识地遮住自己的眼睛。当一个人无缘无故地揉擦眼睛时，他一定是有所隐藏的。

说谎的人总是既害怕对方从自己的眼睛中窥破自己的谎言，又害怕对方因为自己目光的躲闪而起疑心，为了隐藏这种不安，往往会用手揉擦眼睛的动作来下意识地去挡住自己不自然的眼神。很多人喜欢戴墨镜，戴墨镜和用手揉眼睛一样，都可以掩藏一个人从眼睛里发出的谎言信号。

在日常生活中，通过观察就会发现，一个人在酝酿谎言、说出谎言、说谎之后，几乎都会有揉擦眼睛等动作。例如我们常见的电影里的场景，警察在审讯犯人时，犯人一般在回答问题时会不时地搓揉一下眼睛，同时将头低下或者将脸转向别处，这说明犯人正在试图掩盖一个弥天大谎，因此他们会把脸转向别处以避开警察审视的目光。

丽丽将一份重要的文件借给同事小颖用，后来主管向丽丽要这份文件时，丽丽便来到小颖办公桌前向小颖要文件，小颖在办公桌上翻了一遍，却没找到。小颖在思考文件的去向时，下意识地揉了几下眼睛。一会儿，如恍然大悟似地

说:"对了,我当时用完就给你了,你当时在打电话,我就放在你桌子上了。"

可是事实是,她把文件给小颖的这三天来,一直在忙着做策划案,根本没有工作上的电话可打,而私人电话都是在办公室外打的。丽丽想了想,对小颖说:"噢,是吗?要不,把办公室的监控录像调出来看看吧。"小颖一听赶紧收回自己刚才的话说:"也许是我记错了,我再想想,找找,一会儿给你答复。"

很多时候,正如前面案例中的小颖一样,有很多人会当着你的面睁眼说瞎话,但是要识破对方的谎言是非常容易的。心理学家研究发现,说谎的人往往不敢直视别人的眼睛,因此,打算说谎或正在说谎的人往往会用手搓揉眼睛的动作来下意识地去挡住自己不自然的眼神。

当一个小孩不想看见某样东西时,他会用手遮住自己的眼睛,通过揉眼睛的手势企图阻止眼睛目睹欺骗、怀疑和令人不愉快的事情,或是避免面对那个正在遭受欺骗的人。电影演员们常用揉擦眼睛的手势表现人物的伪善。

一般来说,男人在做"我不想看它"这个手势时往往会使劲揉搓眼睛;如果他试图掩盖一个弥天大谎,则很可能把脸转向别处。相比而言,女人更少做出揉眼睛的手势,她们一般只是在眼睛下方温柔地轻轻一碰。这一方面是因为淑女风范限制她们做出粗鲁的手势,另一方面也是为了避免弄坏妆容。

那么,一个人在揉眼睛时,就说明他正在撒谎吗?答案是否定的,因为我们在有一种情况下也会不自主地去搓揉眼睛,那就是他眼睛真的不舒服!在揉眼睛时,有些人会直接告诉你他眼睛不舒服,而且从对方眼睛泛红的状况和不舒服的表情来看,他确实是眼睛不舒服,这时,不要把揉眼睛的动作看成对方在撒谎,这样就会发生误会。所以,任何表情解码都不是一定的,应该根据当时当地的情形来判断对方的动作代表的意思,不应该犯"教条主义"的错误。眼病还是心病,这要先观察,再判断,最后定论!

如果你觉得无法单凭摩擦眼睛这个动作判定对方在说谎,那么还可以告诉你一个小窍门:说谎的人在揉眼睛时还常常会看向别处!

 第四章　情绪是隐蔽的告密者，通过情绪识别谎言

冯坤去一家广告公司面试，面试官看到冯坤简历上有在一家国企的广告部实习的经历，于是便问冯坤在这家单位负责了哪些事情。其实冯坤没有在这家单位实习的经历，只是他的一个同学在这家单位实习过，他觉得很有用就写了进来。冯坤提前准备了应对的答案，于是当面试官问到这个问题时，他比较流利地按准备好的答案说了一遍。但是最后，冯坤并没有被这家公司录用，原因是冯坤在陈述实习经历的时候几次下意识地擦了擦眼睛，并偏转了一下头，像在作思考状，好像对自己的实习经历不熟悉。后来，面试官打电话到这家单位询问冯坤的实习情况，这才得知冯坤所说的全是虚假的。

揉擦眼睛的同时将头转向别处的人，是在告诉我们：他说了谎，而且正在编造出更大的谎言！即使说谎者在脸转向别处的时候作出了听起来还算合理的解释，但是他还是管不住留在别人视线中的那另一边脸的表情变化和转过头那一刻的眼神变化，只有抓住这些细节，我们才能从总整体上分析，得出自己需要的结论。

抓脖子、拽衣领：掩饰说谎后的恐慌

微情绪关键点：撒谎会引起身体一系列的不适，这一点恐怕撒谎者本身都是不知晓的，这些不适会让人做出一些下意识的动作，如抓脖子、拽衣领等，以掩饰自己紧张的情绪。

英国著名动物学家和人类行为学家德斯蒙德·莫里斯观察发现，人们在

撒谎时由于内心产生不安的情绪，会使敏感的颈部神经产生刺痒感觉。所以，撒谎者会在这种不适的驱使下，不得不做出摩擦或者抓挠脖颈的动作。比如当一个男人被自己的女友问"你的前女友长什么样子？""她的性格怎么样？"时，总是会很烦躁不安，因为，女人总是喜欢一次次地问类似的问题，如果这次说的细节和上次的不一样，还会激起女人的愤怒来。所以，聪明的男人总是淡淡地说一句："我过去的女朋友，就那么回事。"不过，在说这些话或者说完时，男人总会下意识地拉拽自己的衣领，因为用以搪塞的谎言让他们心虚，他们担心谎言被女人拆穿，情绪也会产生波动。假如女人继续追问，男人拉拽衣领的动作可能还会再次出现。

心理学家研究发现，人们抓挠脖子一般是用食指抓挠脖子的侧面或者耳垂下方那块区域，而且食指运动的次数一般为五次左右。如果在交谈过程中，一个人一边讲述一件事情，嘴里说着"千真万确"但同时不时抓挠着脖子，那你千万不要轻易相信他说的话。因为抓挠脖这一动作代表的意思一般是对于所说话语的不确定或不安，你可以通过这个东西看出他心中的秘密，那就是他所说的并非是真的。

张鑫是一家公司的新职员，经过一段时间的观察，张鑫发现自己所在的部门存在很多问题，经过自己的分析和总结，张鑫有了一套自己的方法，所以他很果断地跑去找部门经理提出了自己的建议。部门经理听完张鑫一番激动的说辞之后，笑着说："我觉得你说得非常有道理，我会和上级领导讨论反映这些情况的。"一边说，部门经理一边拽了一下西装的领子。

可是过了很长一段时间，张鑫提的建议丝毫没有被实施，张鑫百思不得其解，为什么领导当时觉得自己的建议提得非常有道理，可是却迟迟不给出反馈呢？

其实部门经理在听取张鑫建议时的动作就已经表明，他对张鑫所提的意见是持保留态度的。当时的表态只是出于礼节性的，他可能根本就没有打算

 第四章 情绪是隐蔽的告密者，通过情绪识别谎言

把张鑫的建议告诉上级领导。可是，张鑫却没有看明白这个很明显的信号。

如果张鑫当时能够看明白部门经理拽衣领的潜台词，就可以在识别对方"口是心非"的痕迹之后，转变说话的方式，进一步说服对方，让对方从怀疑和否定的态度变为思考进而演进到肯定的态度。

口是心非者一旦感觉到听话人的怀疑，增强的血压就会使脖子不断冒汗。当看见对方在同你讲话时频频拉拽衣领，我们可以推测出，他可能是因为撒了谎而正在担心谎言被识破。

在现实生活中，男性比女性更喜欢拉拽衣领，这是不是就证明男性比女性喜欢撒谎呢？其实不然，因为男士平时穿西服、衬衣比较多，而女士的衣服种类更加多样，而且很多是不带领子的，因此客观条件决定了男人更有条件拉拽衣领。不过，同样的问题如果放在女士身上，取代拉拽衣领动作的可能是转移话题或是在说话时将脸转向别处。这可能也和女士更注重仪表仪态，而拉拽衣领的动作会看起来比较男人气。因此，我们并不能根据拉拽衣领的次数来断定男人比女人更容易撒谎。

当然，有时候，抓脖子、拽衣领可能真的是因为脖子不舒服，所以不能单凭拉拽衣领来判定对方是否撒了谎。我们可以通过观察表情来综合判断，因为如果对方撒了谎，他在拉拽衣领的同时还会有细微的面部表情。

首先，当一个人所说不实的时候，往往会试图躲开直视的眼神，因为大家都知道，眼神是最容易泄露秘密的器官。除非受过专业的训练，否则大多数人是没有这种心理素质的。所以，闪躲的眼神和下意识地拉拽衣领的动作同时出现，我们基本可以确定他正在撒谎，他刚才说的话很不可信。如果你继续观察，他还会有其他表情透露他撒谎的信息。

第二，拽领子的同时，露出不自然的笑容。

很多时候拉拽衣领是因为烦躁造成的，比如，当一个男人看到自己喜欢的女孩被别的男人保护时，总会非常急躁和不安，这时候他很可能做出使劲拉拽衣领的动作，甚至甩掉领带，解开衬衣的第一个纽扣。这一系列的动作是人在烦躁时火气很大，透不过来气时的本能反应。所以，拉拽衣领并不一

定是在撒谎,而有可能是烦躁的表现。当你看到对方在做拉拽衣领的动作时,脸上出现了不自然的微笑,那几乎可以断定对方不是因为心情烦躁才拉拽衣领,而是因为说了谎。

当一个人感到愤怒或者遭遇挫败的时候,也会用力将衣领拽离自己的脖子,好让凉爽的空气传进衣服里,冷却心头的火气。当你看到有人做这个动作时,你不妨对他说,"麻烦你再说一遍,好吗?"或者"请你有话就直说吧,行吗?"这样的话会让这个企图撒谎的人露出他的马脚。

当我们通过对方的动作观察对方的时候,一定要结合当时的场景和其他的因素,分析他的情绪状态到底是不安还是愤怒,不要贸然做出判断,否则很有可能会误解了对方,给交谈和交往带来不必要的障碍。

无意识地摸鼻子,是因为内心惶恐

> **微情绪关键点**:当人们撒谎的时候,一种名为儿茶酚胺的化学物质就会被释放出来,从而引起鼻腔内部的细胞肿胀。因此,说谎的人往往非常喜欢触摸自己的鼻子,用以掩饰内心的惶恐不安。

著名童话《木偶奇遇记》中,主人公匹诺曹一旦说谎,他的鼻子就会随之变长。撒谎鼻子会长长,这个说法恐怕只有不谙世事的小孩才会相信。但在成人的世界里,撒谎确实会引发鼻子的一系列反应。当一个人撒谎的时候,就会不由自主地摸一摸鼻子。

"匹诺曹的鼻子"在现实世界中以另一种形式存在,这是因为人说谎时鼻尖

 第四章 情绪是隐蔽的告密者，通过情绪识别谎言

温度会上升。当人们撒谎的时候，会变得惶恐不安。此时，一种名为儿茶酚胺的化学物质就会被释放出来，导致血压上升，鼻子部位的血液流量增大，从而引起鼻腔内部温度身高，鼻子就会产生刺痒的感觉。于是撒谎者就会频繁地用手摩擦鼻子以舒缓发痒的症状。说谎时，负责调节体温的大脑岛叶皮质被激活，这是导致鼻尖温度升高的主要机制。大脑半球供分为五个叶，额叶、顶叶、枕叶、颞叶和岛叶。岛叶呈三角形岛状，位于外侧沟深面，被额叶、顶叶、颞叶所覆盖，与大脑奖励机制有关，协助将人对其他事物的渴望转化为"取得满足的行动"。只有人在经历真实感受时，岛叶才变得活跃。当尽力对自己进行心理暗示，告诉自己并没有撒谎时，他们的鼻尖温度会逐渐回落至正常水平。

一天，小王打电话给妻子说要加班，小王的妻子感觉丈夫说话时犹犹豫豫的，就觉得不对劲。于是，她来到小王工作的地方，等小王下班后，就偷偷跟踪他。她发现原来小王根本没有加班，而是跟一帮要好的朋友们聚会去了。小王的妻子记起来，之前因为小王晚上和朋友出去玩，她曾表示过反对，还说小王的朋友是"狐朋狗友"。

晚上小王回到家，她假装什么都不知道，拉过小王的手问他："老公你辛苦了，完成工作了没？"小王感到有些愧疚，下意识地摸了摸自己的鼻子，说："我努力工作都是为了让你过上更好的生活，不辛苦。"

以上案例中，撒谎的小王，下意识地摸了摸鼻子，就是在掩饰撒谎带来的不安。不过在生活中，如果我们碰到的是无伤大雅的小谎言，最好不要介意，不如借机检讨一下对方为何要对自己说谎，让两人的关系更加完善。不过若是在原则性问题上撒谎，你就要判断是否要采取进一步的措施了。

科学家们将这撒谎时摸鼻子这一现象命名为"皮诺基奥效应"。美国的神经学者阿兰·赫希和精神病学者查尔斯·沃尔夫深入研究了比尔·克林顿就莫妮卡·莱温斯基丑闻事件向陪审团陈述的证词，他们发现克林顿说真话时很少触摸自己的鼻子。但是，只要克林顿一撒谎，他的眉头就会在谎言出口

之前不经意地微微一皱，而且每四分钟触摸一次鼻子，在陈述证词期间，他触摸鼻子的总数达到 26 次之多。

男人摸鼻子，通常是在说谎。触摸鼻子的手势一般是用手在鼻子的下沿很快地摩擦几下，有时甚至只是略微轻触，几乎令人难以察觉。女人在做这个手势时比男人的动作幅度更小，看起来似乎是为了避免弄花脸上的妆容。

摸鼻子是经常发生的一个小动作。鉴定他人是否在说谎时，还需结合其他说谎迹象来进行解读，有时候对方做出这个动作只是因为花粉过敏、感冒，或者是被眼镜压迫而感到不舒服。此外，当人们处于愤怒的情绪之中时，鼻腔血管也会膨胀，也会出现触摸鼻子的情况。所以，摸鼻子这个动作是一个有用的鉴定谎言的辅助手段，而不是一个完全判定的手段。借助这个手段时，要记住这样一个规则：单纯的鼻子发痒往往只会引发人们反复摩擦鼻子这个单一的手势，而和人们整个对话的内容、频率和节奏没有任何联系；但如果这之间存在某种联系，你就必须对他的谈话内容加以警惕了。

用手捂住嘴巴，是因为惊慌失措

> **微情绪关键点**：当人们遮住嘴巴时，它传达的是"非礼勿言"的信号，这个动作的潜台词是："不能让他看出我说了谎"或者"差点说出我的真心话"。人们因为说谎而使情绪波动过大，变得惊慌失措，就会用捂嘴巴的动作来加以掩饰。

人的内心状态并非不可揣测。我们已经说过，人们的表现即使在有声语

 第四章 情绪是隐蔽的告密者，通过情绪识别谎言

言方面有所掩饰，也会通过无声语言，尤其是体态语言表露出来。前面我们已经了解过一些体态语言，现在我们来了解一个特别常见也很好掌握的动作。

真话假话都要由嘴巴说出来，但人们的大脑在说真话和假话的时候所作出的反射是不一样的。说真话的时候，人们是坦坦荡荡的，但是说假话的时候，人们往往会因为心虚、害怕等心理因素而从本能上抗拒将这些话说出口，这时候，身体就会出现和行为相矛盾的动作——捂住嘴巴。心理学家告诉我们，在和别人交谈时，如果对方突然遮上嘴巴，那么大多是因为说了谎，心里很慌张，试图通过捂住自己的嘴巴来掩饰自己说出那些谎话，或遮挡说谎的痕迹。为了使动作看起来自然，有些人还会在遮上嘴巴的时候假装咳嗽来掩饰。

当一个小偷或者罪犯做了坏事，想假装正常地从警察身边走过时，他总会四处瞄一眼，然后遮住嘴巴轻咳一声，当警察拦住他问话时，他会假装自然地放下手应答，但是殊不知，往往是这"一遮"、"一咳"就让他露了马脚。当一个丈夫很晚回来，进门后，他就向妻子解释因为有许多事要和同事与客户交谈，所以耽误了很长的时间，但他说话时却下意识地用手摸摸嘴唇，而且尽量避免与妻子目光相对。如果妻子善于观察，一眼便可看出：他的理由是编造的，为了隐瞒什么。在公司集体会议上，等领导做完介绍后，领导会停下来问大家："大家有什么意见都说来听听。"整个会议室里一片安静，领导点到了某位同事，问他是否有话要说，他摇摇头说"没有"，这时，他说话的同时遮住了嘴巴，或者用几根手指或者紧握的拳头遮住嘴，那么他很可能在撒谎，他心中实际上有意见，但是因为心存顾虑而不想当众发表意见。

用手遮住嘴巴就如同把食指竖立在嘴唇前跟别人说"嘘"的手势一样，都是一种表示不要把不该说的说出口的意思。遮嘴巴的一个潜台词是——"这个秘密不能（本不该）让他知道……"如果在和对方聊天时，对方下意识地遮住了嘴巴，你就要注意听话里的深意了，对方是否想在这儿"一谎带过"呢？

胡杨和王媛正在公司休息室聊天。胡杨突然悠悠地说："哎，这个季度的奖金终于发了！"坐在对面的王媛接着说："听说这个季度咱们部门的奖金都

差不多,是不是都只有 2000 元呀?"听同事这么一说,胡杨下意识地"啊"了一声,接着用手轻轻遮了下嘴巴,随之点点头说:"好像是吧。"随之转变话题说:"听说今天晚上商场打折很低,不想去逛逛吗?"其实,胡杨的奖金是 3000 元,而且据他所知,其他几个同事也都是 3000 元。胡杨之所以下意识地遮住嘴巴,是因为她觉得这件事情可能不该说。

当你和别人交谈时,通过察言观色,如果对方像上面事例中那样,话说到一半突然打住,觉得有些惊慌失措,就下意识地遮上了嘴巴,这时,很可能是隐藏了不该告诉你的事情,在无防备时说了个开头后就戛然而止。这种情况下我们只要专注于双方的谈话,就会很容易判断对方遮上嘴巴代表的意思,那就是"这件事情不该让你知道"。这种时候,你可以根据对方吐露的开头和当时的语境推断对方欲言又止的内容。拿上面这个例子来说,如果王媛善于观察他人的动作和情绪变化,就不难猜出胡杨没有说出来的话:这个季度的奖金不止 2000 元。

另外一种情境下,遮住嘴巴也可能是表示对方正在阻止自己说出实话。例如,他在遮上嘴巴的同时,嘴巴的形状很可能是咬着下嘴唇或者撇嘴的状态。咬着下嘴唇的潜台词是——"说不说呢?还是不说为妙!"

需要注意的是,捂嘴与挡嘴还是有区别的。也就是说,挡嘴除了含有说谎的意思外,还有提醒对方注意什么的意思。

例如,两个人正在议论公司的是非事。这时,其中一个人看见老板走过来了,于是他伸了一个指头在自己的嘴唇前一竖。另一个人虽然没看见老板走过来,但他明白了当时的情况,就停止议论或放低了声音。

另外,挡嘴还有要求对方听话后保密的意思。在农村的田间地头常常可以看到这样的情形:一个年轻妇女对另一个妇女抱怨自己的婆婆。抱怨完后,用几个手指把嘴一挡,意思是:"我向你说的这些,可千万别让我婆婆知道了。"这个时候,另外一个妇女会告诉她:"你放心,话到了我的耳朵里就等于烂到了肚子里。"

 第四章 情绪是隐蔽的告密者,通过情绪识别谎言

在交谈中,遮掩嘴唇的动作往往也可能源于拒绝听对方继续表达看法。当我们遇到嗓门大而又滔滔不绝地说话的人时,我们会感到烦躁不安,会下意识地把头往后仰,同时做出用手捂嘴的动作时。如果对方看出我们的情绪变化,便会慢慢地关闭话匣子。这种尽可能远离对方并挡住嘴巴的动作,意味着"我没有心情跟你瞎扯,请早点离开吧"。

捂嘴巴是人类很早形成的习惯,不易掩饰和改变。一个孩子向父母撒谎时,他会下意识地用手捂嘴巴。在人的一生中,这一动作会一直使用下去,只不过随着年龄和阅历的增长,人们会对这种动作加以控制,不那么明显罢了。比如,捂嘴时不再用整个手掌,而是改用手指轻轻触摸一下嘴角或鼻子,但其意图仍像童年时一样,是撒谎时内心产生了惊惶的情绪,从而阻止谎言出口。并且,随着年龄越来越大,人们在捂嘴巴时手的动作却变得快速、轻巧而微妙了。

因此,当发现你所交谈的对象有类似捂嘴巴的动作,便可以结合他其他部位的反应以及当时的具体情况来加以判断,你就能得到你想要知道的信息。

从谈话方式捕捉情绪,探得真心

微情绪关键点:许多说谎者之所以穿帮,不是他们掉以轻心,也不是他们谎言编得不够缜密,而是他们的说话方式无形之中就露出了端倪。对他们的表达方式加以分析,我们就能够判断出对方是否说了谎。

没有经过精心演练的谎言,常常会在说谎的进行过程中即露出诸多破绽。

人们在不同的情绪状态下，说话的方式和谈论的内容是不一样的。所以，即使谈话者试图隐瞒自己的真实意图，但说话的方式和喜欢谈论的内容却会在不知不觉、有意无意间暴露出内心的情绪变化。这同样可以帮助我们来认知对方的心理和情绪，了解对方的真实想法。

正是由于谎言最终是靠语言来呈现的，所以，说谎者的真正所作所为与其言辞之间存在很大关联。要快速捕捉谎言破绽，最直接的方式是从对方的语言中找出"破绽"。

曹操的谋士荀攸，以奇才著称。13岁时祖父去世，就在一家人极为悲痛的时候，他祖父昔日的下级张权跑来吊丧。

张权一走到荀攸祖父灵柩前面，即放声大哭，悲痛不已。他边哭边诉，还声称要为故去的老太守守墓，以报答知遇之恩。此举让荀家上下十分感动，觉得这个人对太守的感情真是真挚不渝。然而，始终不动声色的荀攸却觉得此人态度反常。他从没听祖父生前向家人提起过张权这个人，可见他与祖父并无深交，更没有听谁说过祖父对此人有什么值得厚报的深恩。他觉得此人说的话和所作出的表情都太夸张了，肯定是有所图的。他对死者的悲情是言不由衷，对死者之爱也是言过其实。而且张权请求过切，谈吐又闪烁其词；他面带惊忧，必有所惧。荀攸看出破绽，忙找长辈说明自己的疑虑。果然，经过一番盘查，张权便招认由于自己犯了杀人之罪，遂想借为老太守墓之名，逃脱法律的制裁。

荀攸之所以能够识破张权的言行，就是从张权夸张的讲述方式里面发现了端倪。现实生活中，不同的说话方式和说话内容都可以反映一个人的性格和当时的想法。

说谎者企图隐藏的想法和意念，通常和他表达、说话的方法有极大的关联。当你要判断一个人说话时的情绪和意图时，固然要听他究竟说些什么，但是在许多情况下更要听他怎样说，即从他说话时声音的高低、强弱、起伏、

 第四章 情绪是隐蔽的告密者，通过情绪识别谎言

节奏、速度、转折和停顿中领会"言外之意"。一般来讲，说谎者在讲述一件事情的时候，讲话方式会有以下几个特点：

首先当说谎是为了掩饰恐惧或愤怒之情时，声音通常会比较大也比较高；而当说谎是为了掩饰忧伤的感受时，声音就会变得小而低。那种担心露馅儿的心理会使声调带有恐惧感，而因由"良心受到责备"而引发的负罪感所产生的声调变化与忧伤所产生的声调变化极为相近。

人们在说谎或者隐藏不安情绪的时候，由于心里七上八下的，所以说话的语速也会发生变化。平时少言寡语的人如果突然做作地高谈阔论起来，我们就可以推测这个人藏有不可告人的秘密。当一个人忽然言辞激烈，则很可能是为了以这样的方式说服自己以及指控者。言辞激烈的人所泄露的信息通常不是一丝破绽，而是倾泻而出。当时说谎者完全被自己的情绪所控制，一旦时过境迁，才发现自己把不该说的话也说了出来。

如果平时说话缓慢的人突然变得说话快起来，那么他可能做了什么不好的事情，或者瞒着对方做了一些对不起对方的事情。此时他说话的内容往往不太准确，不要太当真。比如，最常见的是 A 问 B："什么是你干的吗？"这时，某 B 突然语速很快地说了一些别的事情，那么这时可能就是在承认这件事是自己干的。与这种情况相类似的，平时沉默寡言的人，如果突然变得口若悬河，那么他内心里一定隐藏着不可告人的秘密，很害怕别人知道。

语速过慢是口不对心的另一种表现。平时快言快语的人却突然变得沉默寡言，我们就可以推断这个人很可能想要回避正在谈论的话题，或者对谈话对象怀有敌意和不满之情。

一家公司在招聘一些员工的过程中，运用了一个"回应计时测验"。他们询问前来面试的应聘者是否能接受加班，是否能够与某些人共事，为某些人服务是否会感到不自在。应聘者花越长的时间回答"没有"、"不会"，所获得的评分就越低。回答这些问题关乎工作态度，并需要经过不同的内心变化。工作态度积极的人，很快就作出回答；存有偏见的人则需要较长的时间考虑问题之后才说出答案，他们试图说出"正确"的答案，因此，与单单给出一

个诚实的回答相比，他需要更长的时间。

说谎者的另一个特征是很少进行强调。诚实的人表示同意或否认某件事时，会拉长句子头一两个字的音调来表示强调，例如"不——是"、"是——的"。这种强调方式通常不会从撒谎者的口中说出来。说实话的人则会无所顾忌地强调句子中的人称代词，但是骗子很少或根本不使用"我"或"我们"之类的人称代词。可能只简短地回答"是"，而非"是，我是"。说谎者也会忽略语气的表达，常会说一些不痛不痒、模棱两可的句子。例如，他不会说"我们玩得很开心哦"，而是说"很不错"，"还行"。

在说谎的时候，另一种常见的言辞印迹便是停顿，如停顿得过于长久或过于频繁，则很能说明问题。如果说的是实话，那么说话者完全没有顾虑，自然会坦坦荡荡地陈述出来，因为并不存在什么相反的印象与之发生冲突。但如果谎言完全是自己捏造，全然没有事实根基，除非说谎者记忆力超强，否则很容易忘掉。因此，当再次问他相同的问题时，他可能会要思考良久，说话时出现很长的停顿；即使他们很快回答出来，也通常会前言不搭后语。利用说谎者的记忆不清，抓住他们的自相矛盾之处，就很容易看透说谎者的心。

说谎者讲起话来往往会不清不楚、嗫嗫嚅嚅的，而且讲话声音较小，一点也不热切，那些话好像是硬挤出来的，就很可能是在说话时出现了恐惧情绪。这时，他的声调会变得较高，说话的速度也会加快，而且丢三落四，一点句法结构也没有，还可能会结巴、说错话。

弗洛伊德说："某些不想说的话，却说溜了嘴，就是典型的自我招供！"一个说谎者如果担心被识破或者心中有愧就会发生口误。如果一个人在说话时出现语法错误，比如在一个语句中出现主谓语错位情况，又或者是一个语句中有读音相似的文字出现，同时在脸上流露出不适当的神色，那么可以初步判定这个人在说谎。人们为了说谎，就得临时编造，这就会导致说话时犹豫、口误、缺乏细节等。如果结合着对方的表情加以分析，甚至可以得出这样的结论：他说的话连自己都不相信。

 第四章 情绪是隐蔽的告密者，通过情绪识别谎言

当然，也有的说谎高手很少出现口误，但是绝对不会有人多次说谎，没有出现过一次口误的。

警察在审问犯罪嫌疑人的时候，常会采用让对方一遍一遍复述的方法，从而抓住破绽，找到突破口。当警察认为被审问者说的是谎话的时候，就会装作相信他说的每一句话。撒谎者最终会因为过分自信而露出马脚。然后，请他重复刚才的话（谎言）。高明的说谎者事先排练过，能够准确复述先前讲过的谎言，此时，警察会让审讯暂停一会儿。当说谎者以为他已经蒙混过关时，然后请他再重复一遍刚才的谎言。由于他没做好连演三遍的准备，头脑已经松弛下来，在一遍又一遍地讲述这件事时，如果是编造和篡改的谎言，难免会自相矛盾，露出破绽。这是因为，在人们陈述事实时，大脑首先接受的是真实情况，意识和认识将其印入记忆，它们总会一下子浮出脑海，把编造的事实驱赶出去，而后者的根基却没有如此坚实牢固。真实情况由于是先入之见，总会使人蓦地回想起来，排斥后来的虚假细节或篡改过的细节。

说话时总是想转换个话题，很可能是因为他在这个问题上想要隐藏什么。一个人在说谎时，可能会突然改变话题，因为他不想回到刚才的话题，并且会用幽默和挖苦手段来消除某一个话题。当你觉得对方可能在说谎时，不妨迅速转移话题。如果对方确实在说谎，会非常乐意这种话题的转换，顺着你的意思进行下去。

说谎者往往会用大量的词汇来一次次地修饰自己的谎言。语言信息过量也是谎言的破绽之一，因为它是一种反常的说话方式。说谎中的信息过量都不是说谎者的本意所为，而是他的表达失误。出现信息过量的失误是因为说谎者经验不足，矫揉造作，老想着把谎言编得更圆满。针对一个简单的问题，在回答了"是"或"否"之后，他会很快针对该问题作出进一步的补充说明。

以上情况中，如果在对方讲话时有好几处得以验证的话，那就表明他是在说谎或者是有难言之隐。

高明的说谎者，可能在说话方式上很注意自己的言辞，他可能把某一方

面，或者几个方面掩藏得很好，但是总会有那么一言、一行，或者一个表情出卖他。每个人都有自己的说话特点，即使是同一件事，让两个人来叙述，可能都会出现不一样的情形。深谙这些心理的变化，就完全可以从不同的说话方式中辨别出语言的真伪。

第五章

喜怒哀乐有不同的表现，分析清楚才能看得透彻

喜悦则笑，忧伤则哭，愤怒则骂……这是不谙世事的小孩才会有的表现。在人际交往中，大多数人会刻意地对自己的情绪表达加以控制。那么，如何才能准确地判断他人的喜怒哀乐呢？只要你掌握了人们在情绪产生波动时自然流露和刻意控制的不同表现，就能够轻松地判断他人内心真实的状态，并有的放矢地调整自己与他人的交往方式。

 第五章　喜怒哀乐有不同的表现，分析清楚才能看得透彻

自然流露的愉悦：毫无掩饰的欣喜之情如何表现

> **微情绪关键点：** 人在感到愉悦的时候，表情和肢体都会产生很强的感染力，能够让周围的人都感受到快乐的气氛。无论是微微一笑还是开怀大笑，真正的喜悦都会在笑时牵动眼部周围的肌肉，同时伴以自然的肢体动作。他人这种毫无掩饰的愉悦之情，我们很容易就能感受到。

保罗和朱莉在火车站，朱莉手捧着一束鲜花，时不时踮起脚向前张望。

"保罗，你说多萝西会不会看不见我们啊……"朱莉对丈夫嘀咕道，但眼睛一眨不眨地看着前方。

"不会的，亲爱的，你妹妹的身高很难让人忽视。"保罗笑着说。

列车到站了，朱莉越发紧张了，她不想错过任何一个可能是她妹妹的身影。

"我看不到她，保罗！"

"耐心点，亲爱的。"

一阵蒸汽的烟雾飘散后，出现了多萝西高大的身影。朱莉睁大眼睛，眼睛周围的肌肉颤动着，眉毛上扬，眼中顿时放出了异样的光彩。她张大了嘴巴叫道："啊！多萝西！啊！"朱莉挥舞着双手，高喊着妹妹的名字，手舞足蹈地冲向前去。多萝西看到了朱莉，也跑了过来。5年没有见面的姐妹俩紧紧地拥抱在了一起。

中午，三个人共进午餐。朱莉看到侍者端上来的白乳酪不禁眉飞色舞，

她迫不及待地让妹妹也尝尝。两人叽叽呱呱地聊着家长里短，保罗一边吃着长棍面包，一边笑看着欢快的朱莉向多萝西介绍她的拿手好菜。当听说朱莉和保罗还专门为多萝西举办一场派对时，多萝西高兴地大叫："噢！真的吗？太好了！"朱莉则一边嘬着手指上的乳酪一边悄悄凑到妹妹耳边，告诉她准备介绍一位男士给她，多萝西睁大了双眼，一抹羞色染上了她的脸颊。

真正的愉悦之情很容易辨别，就像朱莉见到阔别 5 年的妹妹多萝西那样，相信车站上的人见到朱莉都会相信，当时的她是多么喜悦。喜悦不仅会使人心跳加快，精力倍增，还会自然而然地体现在面部表情和肢体动作上。

最常见的表示内心喜悦的面部表情莫过于笑了，表现欣喜之情的笑有程度上的区别，既有微微一笑也有开怀大笑。我们要判断一个人是否真笑，首先可以看对方眼睛周围的肌肉，也就是眼轮匝肌。你不妨做个实验，站到镜子前去假装微笑。你不难发现，不管怎样努力想笑得自然，结果总觉得很傻，因为假笑时眼睛周围的肌肉是不动的，这就让人产生一种皮笑肉不笑的不自然感。

有趣的是，不要以为只有成年人才会礼貌性地微笑，研究表明：当一个陌生人靠近一个 10 个月大的婴儿时，婴儿也会笑，只是笑的时候眼睛周围的肌肉就是不动的，而当他母亲走近时，那里的肌肉就会动。这就说明，婴儿见到母亲，才是真正发自内心地感到喜悦。

当一个人在笑时，除了眼睛周围肌肉会发生收缩变化，还有一个被称为"笑容专用肌肉"的颧大肌，也是构成我们整个下半脸笑容形态的重要部分。它的作用是将嘴角向两侧拉伸，并向上提起，脸颊隆起到最高，皮肤显得光滑而有光泽。

大笑的时候，下颚下垂，从而使嘴巴张开。虽然惊讶和恐惧时嘴巴也并不一定是闭合的，但大笑时的下巴不仅呈现出往下拉的状态，还会向颈部移动后贴。上嘴唇剧烈提升，露出大部分的上齿，鼻唇沟深而且长，嘴角也向耳朵方向咧开。下嘴唇被大幅度拉伸，表面显得十分平滑。

 **第五章 喜怒哀乐有不同的表现，分析清楚才能看得透彻**

真诚的笑容，嘴角微扬，两边面部的肌肉是对称的，来得快，消失得却很慢，笑容消失后，还可以从对方脸上寻找到一丝痕迹。

婴儿见到亲人，除了笑得流口水之外，还会伴以肢体语言，如挥舞着小手小脚，成年人也是一样。伴随着真心的笑，全身也会做出相协调的动作。因为我们的大脑意识不会只停留在嘴角和脸上，身体其他部位必然也会有很兴奋的反应。比如本文开头的案例中，朱莉为了表现自己内心的喜悦，见到多萝西后就情不自禁地挥舞双手，又叫又跳地奔向妹妹。只有当人处于发自内心的喜悦中时，才会有肢体上的动作。比如高考的考生收到了心仪大学的录取通知书时，当男孩向心爱的女孩求婚成功时，当与势均力敌的对手拼杀最终获胜时，我们除了高声大笑外，往往还会挥舞紧握的拳头，或者高兴地跳起来；也有的人会闭上眼睛、脸朝天空作深呼吸状，等等。

"淝水之战"后，东晋以区区八万人马大败前秦八十万大军的消息传到晋朝。接到消息时，宰相谢安正在和宾客下棋，他略瞟了一眼前线传来的文书，知道此役大胜，就随手把它放在旁边，好像没这回事一样，继续下棋。客人问信里说些什么，谢安若无其事地答道：子侄之辈已经破敌了。等棋下完了送走客人之后，谢安终于按捺不住心中的喜悦，高兴得手舞足蹈，转身过门时，一脚踢在门槛上，把木屐的齿都撞断了！

谢安在故作冷静一阵子之后，终于将毫无掩饰的喜悦表现出来。我们可以看到，他最夸张的表达方式，就来自于肢体语言，可见，一个人在兴奋到极致的时候，我们的身体会不由自主地随着心情"律动"起来。

在我们遇到让自己喜悦的事情时，正是这些毫无掩饰的愉悦表现，让周围的人感受到我们的快乐和满足，同时也会深受感染。我们的快乐，通常也是以这样一种直观的形式分享给他人的。

刻意掩藏的愉悦：再含蓄的喜悦，也会显露痕迹

> **微情绪关键点**：有些内向、稳重、冷静的人，即使遇到令自己无比欢乐的事，也通常懂得以含蓄、矜持的方式来表现，他们的喜悦不易被人察觉，但并不是完全不露痕迹的。他们的内心感受会通过放松的面部、柔和的目光、舒展的眉毛和上扬的唇角体现出来。

遇到极其喜庆的事情，人们兴高采烈、手舞足蹈，是自然而然的。但是，有的人即使春风得意、心花怒放，也不一定会以饱满、夸张的形式表现出来。能够分辨清楚对方的喜悦之情，对于我们的生活很重要。尤其对于一个成功的推销员来说，是否能够准确把握顾客的心理状态，可能会成为能否达成交易的关键，其中很重要的一点就是：通过顾客的表情判断其对产品是否满意。要做到这一点并不容易，因为大部分顾客出于"砍价"的需要，即使对产品很满意也不会流露出过多的喜悦之情，这就要考验推销员的本事了。

心理学家珍·登布列曾经请教那些成功的推销员，他们总结的经验是：假如一个顾客嘴巴是放松的，没有抿紧嘴唇或者流露出机械式的笑容，而且下颚微微向前，这就表明他可能会考虑你的提议；假如他注视你的眼睛几秒钟后，嘴角乃至鼻子的部位都带有浅浅的笑意，笑意轻松，而且看起来很热心，这个买卖大概就有戏了。当然，买卖不会马上成功，推销员也需要把握机会，当发现顾客突然双眉上扬，或者眉毛迅速上下活动，这就说明推销员此时已经把话说到顾客心坎里了，他感到心情愉快，对你推荐的东西很感兴

 第五章　喜怒哀乐有不同的表现，分析清楚才能看得透彻

趣。那么，接下来要说出口的，可能就是"那我先试试看吧"。

《蒙娜丽莎的微笑》中那个似笑非笑的表情，留给我们无尽的想象空间。如果我们细加分析的话，还是可以发现蒙娜丽莎内心的情绪应该是愉悦的，只是她的喜悦是矜持的、内敛的。

先从眼睛说起：蒙娜丽莎的眼睛部位虽然没有形成鱼尾纹，但通过上下眼睑的形态，以及眼睛外侧的阴影，可以判断出眼轮匝肌正处于收缩的状态，从而导致眉毛的降低，这样才会在眼睛上方形成类似于"屋檐"的效果。

再看脸颊：颧大肌没有剧烈的变化，所以脸颊部位隆起不明显，没有显得非常饱满、光滑。但仔细观察的话，可以看出右侧脸的颧大肌比左侧收缩力度更大一些，脸颊隆起也更明显。这是因为，轻微的笑意会使脸部呈现出不对称的形态。

最后看嘴角：很明显，蒙娜丽莎的嘴角轻微上扬，这是颧大肌收缩的最明显证据，也是让我们得以看出笑意存在的关键之处。

虽然蒙娜丽莎的笑意十分神秘，但却体现了达·芬奇对人物微表情细致入微的观察，浅浅的笑意真诚而富有吸引力。

然而，有的人却会利用这种不易被人察觉的笑容来蒙蔽对手：

L先生很会走象棋，然而有一次却输给了一个名不见经传的M先生。原来M先生很会察言观色，他知道L先生也很擅长心理战术，所以他就反其道而用之。M先生先是故意在L先生走错棋步时暗暗低下头，用力抿住双唇，但却似乎抑制不住嘴角的上翘和脸颊的隆起。虽然M先生故意显得嘴唇是压抑、紧张的，但还是被L先生看出他在偷笑。于是，L先生觉得自己看穿了对方的诡计，暗自庆幸。在最后决定输赢的关键一步棋时，L先生又发现M先生在偷笑，他立即把已经放在棋盘上拿着棋子的手缩了回来，改走另外一步棋，但这一次，他失算了。原来这次的偷笑，是M先生故意装出来的。

保罗·艾克曼是研究脸部表情的权威学者，他曾用表情专业知识帮助警察部门测谎。艾克曼发现，真正的微笑是很难伪装的，因为大部分人只能自主收

缩眼轮匝肌的一部分,即绷紧眼皮里面的那部分。只有10%的人可以自主收缩眼轮匝肌的其他部分,即在扬起脸颊、把眼睛下方的肌肉往上挤的同时又能使眉毛稍稍下垂。因此,即使一个人刻意掩盖内心的喜悦,仍然会流露出蛛丝马迹。

在现实生活中,如果能够恰如其分地运用好"微笑"这种表情,既不显得张扬,又能让对方看出你愉悦的心情,就能给我们的个人魅力加分。比如,在职场中,在会客时,为了显得优雅、有礼,你不可能整天咧着嘴大笑,但又不能成天紧绷着一张脸,这时我们就要学会适当掩饰内心的喜悦,但又能够让人感受到。

首先,要让你的微笑显得真诚、自然,这样才能让人觉得友善、亲切;其次,你的微笑应该适度、得体,也就是要有分寸,最好是不出声、含而不露地笑;最后,微笑时,放松面部肌肉,保持目光柔和,眉头自然舒展,眉心微微向上扬起。

在人类漫长的进化过程中,各种不同的情绪已经形成了各自独特的表情。因此,当我们处于愉悦的情绪状态下,很难隐藏这份春风拂面的好心情;同样,当我们处于不快乐的情绪中时,也很难表现得阳光灿烂。

自然流露的惊讶:瞠目结舌,对意外感到不可思议

微情绪关键点: 惊讶的情绪表现短暂而强烈,会使人眉毛抬高,眼睛睁大,嘴巴不自觉地张开并快速吸气。在迅速地做出反应之后,我们会很快地根据不同的情况将惊讶之情转变为其他情绪。

《纽约邮报》的摄影师卢·利奥塔曾经因为抓拍到两位意外事件中面露惊

 ## 第五章　喜怒哀乐有不同的表现，分析清楚才能看得透彻

讶的男人而获奖。当时，一幢大厦前正在进行绝技表演，楼顶上，一位女士用牙齿咬住了一根绳索。利奥塔给相机装上了上镜头，这样他就得以近距离观察女士脸上紧张的表情。她的身体在不断旋转，突然，女士因为一个失误开始迅速地下坠，这一幕不仅被利奥塔看到了，也让女士身边的两个男人感到措手不及。现在，我们可以从利奥塔抓拍到的照片中看到这两个男人瞠目结舌的面部表情：两个人的眼睛都睁得特别大，眉毛向上弯曲，下颚下垂，同时双唇分开。如果仔细观察还会发现他们的身体微微倾斜，似乎他们也在下坠一般。

幸运的是，照片中的这位女士活了下来，但是她从16米高的地方坠落到一块木板上，折断了双手手腕和双脚脚踝，脊柱也受伤了。

惊讶情绪从产生到结束往往都是在一瞬间，当意外突然来临时，我们会停下所有的动作，同时激活我们全部的感觉器官，精神高度集中，思维也高速运转。相反，如果一个意外的事件是慢慢发生的，我们就不会感到吃惊。

然而，惊讶是所有情绪中表现过程最迅速的，从面部肌肉开始收缩，到收缩程度最大期间的持续时间非常短暂，内心中真正感到惊讶的那一瞬间约持续1/4秒。而一旦收缩到最大不再继续增大时，表示内心中真正的惊讶情绪已经消失了，接下来，我们的状态会根据让我们所吃惊的事情，转变为恐惧、喜悦、解脱、愤怒、厌恶等其他情绪。比如那两位目睹绝技表演的女演员从自己面前坠落下去的男士，他们在惊讶过后，就会感到恐惧和担忧了。

当然，如果使我们惊讶的事情能够让我们感到强烈的满足和愉悦，那么就是发自内心的惊喜了。

简的20岁生日要到了，她的亲友们打算给她一个惊喜。生日那天，简满心欢喜地以为会有一场生日宴会，因为她的父母曾经答应过她。不料早上她被告知，父母临时要出差，她只能一个人过了。简情绪低落了一天。谁知当她晚上回到家里打开灯时，发现父母和朋友们已经把家里布置得充满生日的气氛，屋子里飘满了五彩缤纷的气球和彩带，桌子上还堆放着各式各样漂亮

而精致的礼盒，大家手捧蜡烛，齐唱"生日快乐"歌，简眼睛睁得大大的，抬起胳膊用双手紧紧捂住嘴巴，倒吸一口气，不知道说什么好。

虽然简被眼前的一切所震撼，但她惊讶的时间很短，她情绪马上就转向了惊喜。现在，让我们将这一刻的时间暂定，再仔细观察一下她的面部表情，就会有新的发现：

惊讶使简的眉毛抬高，因此使得额肌充分收缩，但因为她只有20岁，所以还没有明显的皱纹。如果是个上了年纪的人，就很容易在额头上看到因惊讶而起的纹路。

由于简双眼睁大，使得她上眼睑也大幅提升，露出了虹膜上方的眼白部分。如果是十分明显的惊讶，还会让人很清楚地发现对方眼球也暴露地更多了。因为惊讶是由一种意想不到的情况所诱发的情绪反应，所以眼睛睁大是为了尽可能多地获取视觉信息，帮助人们判断惊讶来源的性质和可能带来的影响。

一般来说，自然流露的惊讶都会不自觉地张开嘴巴，同时有一次快速的吸气，这是为了储存能量而产生的不自觉的生理反应，但这个时候，我们的嘴唇表面的皮肤不会变紧，也不会向两侧拉伸。

在现实生活中，真正不加掩饰的惊讶情绪是很少见的，一来现在科学技术的发展使得全球发生的各种奇闻怪事都可以传遍千家万户，人们轻易不会在面对未知的事物时显得一惊一乍；二来人们习惯于掩饰和隐藏自己的惊讶情绪，毕竟矜持、内敛才是人们心中成熟的表现。但在有些情况下，必要的流露出自己的惊讶反而有助于在谈判中取得主动地位。比如在购买有一定还价空间的商品时，卖家报了一个价格，即便已经在你的心里预期中，也不要轻易表现出赞同的姿态，而是应该瞪大眼睛，张大嘴巴作吃惊状："你的价格这么贵啊，太离谱了。"这时，对方会因为你的惊讶情绪而对价格做一定的让步，否则卖家是不会轻易降价的。

总之，我们既要能够掌握情绪识别的基本要素，又要能够活学活用，将

 第五章　喜怒哀乐有不同的表现，分析清楚才能看得透彻

其运用到生活中去，使之成为一种必要的策略。

刻意掩藏的惊讶：教你捕捉对方心中微妙的波动

> **微情绪关键点**：被我们可以控制的惊讶之情，通常更容易从眼睛中看出来。我们的瞳孔变化与内心的心理状态密切相关，从而可以用来判断一个人是否感到惊讶，瞳孔扩张表达的是兴趣、惊讶和满足。

T是一个出身富裕家庭的男孩，喜欢品尝各种葡萄酒，因此成为了学校品酒会的会员。每年的品酒比赛是由一家葡萄酒庄园赞助的，获胜者可以获得到庄园度假的机会，还可以得到一瓶顶级香槟。

T已经连续赢了两年，而且他认为自己会继续赢下去。但就在这第三年，他遇到了意想不到的对手。

其实比赛规则很简单，就是在40分钟内，对红、白各6瓶葡萄酒进行品尝，然后准确说出每款酒的葡萄品种、所属国家等，接着再具体说出其口感、香气和成分，由评审根据每个参赛者的表现计分，决出胜负。

T状态很好，他挨个品尝了所有的葡萄酒，然后像往年一样说出酒的颜色、香气、酸度、甜度等信息。结果出来了，他输了，因为有人的舌头比他更加精细，尝出了最难判断的那瓶酒的成分，而T因为漏说了一个成分而败北。

得知结果的刹那，T似乎没有太大的反应，但站在他身边的好友知道，他是很吃惊的，因为他的眉毛挑动了一下，眼睛也微微睁大了。虽然良好的

教养让他习惯了喜怒不形于色,但他还是不能完全控制自己。接下来,T的瞳孔似乎放大了,因为当天比赛的"最佳品酒者"是一个女孩子,她的父母都是高级酿造师,从小在葡萄酒庄园长大。T微微露出了笑意,他向手捧香槟的女孩走了过去。

惊讶的表情转瞬即逝,即使没有刻意掩饰也已经很难捕捉,更何况在有意掩藏的情况下。不过,既然是一种情绪,就总有办法捕捉到。一般来说,眉毛和眼睛是人们很难控制的,这就为我们捕捉惊讶情绪找到了切入点。比如T遇到了自己意想不到的对手,他不自觉地抬起了眉毛,虽然可能时间很短,也可能仅仅是微微抖动了一下。

除了眉毛,瞳孔的变化也非常关键。人们瞳孔的大小,除了随光线的强弱变化外,还与内心深处的心理状态密切相关。当一个人看到感兴趣的东西时,瞳孔的变化会非常明显。这是因为瞳孔的开合是由植物神经控制的,不能进行掩饰。

美国心理学家爱德华·海兹曾经观察到一个现象:读书入迷的人和对某些事物感到浓烈兴趣的人,他们的瞳孔都会不同程度地放大,于是他就大胆作出了假设:眼神与心理存在着密切的联系。为了证明自己的假设,海兹做了一个有趣的实验:

海兹把婴儿、婴儿的母亲、男子的裸照、女子的裸照、风景幻灯片分别发给参加实验的人看,然后开始记录他们瞳孔的变化。

结果是:接受测试的人里边,男女在看到异性的裸照时瞳孔都会明显地放大;在看到婴儿和婴儿的母亲时,全体女性和有孩子的男性瞳孔会明显地放大;看到风景照的时候,男女的反应都很小,瞳孔的变化也几乎没有。因此,在无意识中,眼睛瞳孔的变化就会暴露出一个人内心真实的想法。当我们在与他人谈话时,要学会仔细观察一个人瞳孔的变化,这样就可以很精确地明白对方的心理导向和变化。

海兹的试验还说明,瞳孔既可以扩张也可以收缩,它的变化代表了不同

 第五章　喜怒哀乐有不同的表现，分析清楚才能看得透彻

的含义：当人们进行亲密交谈或者谈兴正浓的时候，瞳孔就会扩张。当人们走神或者对正在谈的话题不感兴趣的时候，瞳孔就会收缩。

瞳孔的这一微妙变化被赌徒用来判断是否需要加筹码的依据：刚开始赌博时，他们通常会先用小金额的资金下赌注，并且密切观察坐庄人的反应。当坐庄人的眼睛瞳孔突然扩大时，他们就会立即紧跟加大筹码，这样赢的几率将很大。

对于我们来说，在跟别人交流想法或者是谈判时，也要学会好好看着对方的瞳孔，因为瞳孔会把他们心中最真实的感受告诉你。一般来说，瞳孔扩张表达的是一种兴趣、惊喜或者满足，而这些积极情绪产生之前，都会有时间很短的惊讶情绪的存在。这种情况下，大脑仿佛在说："我喜欢现在看到的东西，让我看得再清楚些吧。"同样的道理，当看到别人瞳孔收缩，你就该想想如何改变战略来调动对方的积极性了，因为对方可能根本没有感到惊讶，这也就意味着他的内心没有起任何波澜。

毫无掩饰的悲恸：泣涕涟涟，一泻千里的悲伤

> **微情绪关键点**：当某个人号啕大哭时，会双眼紧闭、嘴角向两侧拉伸并下垂，由此使得下嘴唇的曲线呈现出"W"形，这是悲恸情绪所独有的，持续的时间也较长。

林菱从小就饱尝孤独的滋味，她没有见过妈妈，父亲也很快和别人组建了家庭。他们都将林菱视为失败婚姻的拖累品。祖父母去世后，父亲就将她

送到了全托幼儿园，然后是全日制小学、封闭式中学、寄宿制高中……

也许是林菱良心未泯的父母觉得亏欠她，所以赡养费从来都是往多了给，也许只有那样做，父母亲才能安心过属于他们自己的日子。但林菱除了留下必要的学费和生活费外，没有用过多余的一分钱，她将这些钱攒了起来，自己咬紧牙关靠打工支撑自己的生活。

林菱十八岁了，她永远记得那一天，那是个阴天，她的生日。她第一次主动联系了父母亲，在那个林菱打工的小饭店里，曾经的一家三口坐在了一张饭桌上。

林菱平静地在犹如陌生人一般的父母面前吃完了一碗阳春面，然后将两个信封放在他们面前，他们打开信封时的表情是那样震惊和恐惧。林菱又一言不发地带了父母去出生地派出所，要求将自己的户口从父亲现在的家庭中剥离出来，同时，改了自己的姓氏。

做完了这所有的一切，林菱向父母亲深深地鞠了一躬，然后，转身离开。

坐上公交车后，之前所有的伪装全部分崩离析，她浑身止不住地颤抖，她感到头晕、恶心。林菱身边的人奇怪地看着这个哭得稀里哗啦的女孩，只见她双眉紧紧皱起，两只眼睛紧紧闭上，嘴角向两侧裂开，使得嘴唇看上去那么单薄，下嘴唇甚至还出现了"W"的形状。她哭得那样伤心，以至于一旁的人都能听到她因呼吸不均匀而导致的打嗝声。林菱感到自己憋了一天的热泪就像崩闸的洪水一样汹涌而出，泪水模糊了她的视线。她看不清车厢内众人的表情，只知道那天的那辆车，异常安静。

再没有什么比被父母抛弃更让人悲伤的了，公交车上的人都能看出与父母脱离关系后的林菱所经受的痛苦，从她表情中，人们似乎能够听到她的心在哭泣。林菱没有打算控制自己的情绪，因为这十几年来，她有太多的辛酸需要宣泄。

哭，是悲伤情绪最典型的表达，在这个过程中，我们将调动全身的能量，全身心地投入到这种情感的宣泄中。与喜极而泣不同，悲伤导致的痛哭有着

第五章　喜怒哀乐有不同的表现，分析清楚才能看得透彻

独特的表情识别密码，这主要体现在眼部和嘴部的肌肉动作。

林菱痛哭时眉毛呈现出紧皱和下压，从而使眉头间产生纵向的皱纹，这是由于眼轮匝肌和皱眉肌同时收缩造成的。虽然这种扭曲的眉毛形态在恐惧等标签中也会出现，但因为悲伤时眼轮匝肌的收缩，使眉毛扭曲的程度更为严重。

林菱哭泣时双眼紧闭，因此造成眼角外侧形成了鱼尾纹，这也是眼轮匝肌和皱眉肌收缩导致的，哭得越是厉害，眼球周围的收缩就越是明显。

哭泣时，嘴角往往是向两侧拉伸的，而且因为受到脸颊的挤压，形成法令纹；嘴角拉伸的同时还会往下拉，使下唇整体下拉，甚至露出下齿。

至于有人看到林菱下嘴唇曲线所呈现出的"W"形，那是痛苦表情所独有的。这是因为两侧嘴角下拉，而下嘴唇中部却往上推起，从而形成了这样高低不平的嘴唇曲线。整个口型大体上接近蹄形，这样最有利于在痛苦时发出气息充沛的声音来发泄情绪。

悲恸的情绪多数是源于失去：亲人的离去，朋友的背叛，工作的失去，珍贵物品的遗失，等等，都会带来悲伤和痛苦。这种情绪是一种较为持久的情绪，体现在表情上也不会是稍纵即逝的，可能在程度上时而强烈时而舒缓。但在面对重大损失时，往往都会有潜在的悲伤涌动在内心深处，无论如何压抑都会表现出来。

对于林菱而言，她除了对失去天伦之乐的无奈以外，更多的还有一种对父母不认可、不相信的心理状态，但她如此伤心的深层原因还在于，她的内心深处还有后悔、不甘，对自己想努力改变现状却又无能为力的不满和隐隐的期望。这种极度痛苦的心理状态，越是压抑，越有可能导致我们内心失衡。所以，以一种毫无掩饰的状态发泄出来，反而是一种压力的释放。这些痛苦和忧愁，会随着我们的眼泪喷薄而出，逐渐被稀释。因此，这种不加控制的表达悲恸的方式，并非意味着软弱，它只是一种自我复原的必经过程而已。

主动控制的悲恸：教你看穿对方难以言说的伤痛

> **微情绪关键点：** 许多情况下，人们即使极度痛苦，也并不愿意示之于人。不过，人的悲痛是很难被掩饰的，即使内心再强大的人，悲痛情绪也会以各种外在形式表现出来。即使你强忍着苦中作乐，也会露出难过的痕迹。

1969年的一天，一个名叫玛丽的重度抑郁症患者告诉她的主治医生，她想回家看看自己之前种的剑兰怎么样了，顺便照料一下自己的那只大花猫。据主治医生回忆，她提出要求的时候，神情显得十分愉悦，整个人都是放松的，还时不时眯起眼睛对着医生微笑，似乎在撒娇。主治医生觉得让她回到自己熟悉的环境中去，对她的病症会有帮助，就同意让她回去待半天。可是，令人意想不到的事情发生了，玛丽回家以后，尝试了三种不同的方法自杀，但都没有成功。这件事情震惊了整个医院，主治医生百思不得其解。于是，医院请来了美国著名的心理学家保罗·艾克曼，艾克曼要求调出监控摄像，将玛丽与医生对话的那个视频反复播放，并且用慢镜头仔细观察，突然在两帧图像之间，艾克曼捕捉到了玛丽脸上一个稍纵即逝的表情，那是一个生动而又强烈的极度痛苦的表情——她的嘴唇呈现出了一个倒"U"形，但只持续了不到1/15秒。因为玛丽将自己情绪掩盖得很好，不仔细观察，就很容易被忽视。这次的事情对艾克曼的触动很大，并提出了"微表情"的概念。

玛丽作为一名重度抑郁症的患者，在主治医生脑海里她表现出来的应该

 第五章 喜怒哀乐有不同的表现，分析清楚才能看得透彻

是忧伤的、消沉的，所以一旦她伪装出愉快的表情，就很容易蒙蔽了医生的眼睛，但她对情绪的隐藏还是没有逃过心理学家的眼睛。

在成年人的世界里，不太有机会允许他们像婴儿那样痛哭，绝大多数人都会选择将悲恸掩藏在心底。虽然内心的崩溃不一定体现在号啕大哭上，但我们还是可以从表情中判断出来。不过，在这种情况下，眉毛、眼睛和嘴巴就会以不易察觉的形态特征来表达情绪。

眉毛：此时的眼睛不再紧闭，但内心的痛楚没有减轻分毫，这就使得眉毛向下压后再从眉头处向上提升，幅度则比闭着眼睛痛苦时要大得多。无论是何种程度的悲伤，眉毛都会显得扭曲。眉头的扭曲程度，往往也会与内心的纠结程度成正比。

眼睛：张开的眼睛被扭曲的眉毛压迫到上眼睑，所以皮肤会形成一层褶皱，但不会很明显。眼睛虽然睁开，但下眼睑还是会有所提升，导致比正常时要更多地遮住眼球下部。这样一来，眼睛就不会像惊讶时那样瞪出来，也减弱了黑白对比，使眼神失去了光彩。

嘴巴：由于有意识的压抑情绪，所以嘴巴不会像痛哭时那样张开，更多的是闭紧嘴巴。这时很明显的特征是下颌部位隆起成表面凹凸不平的球状，同时将下嘴唇向上推。由于上下嘴唇闭拢造成的上嘴唇对下嘴唇的阻力，使下唇不会出现发泄痛苦时的那种中部凸起的情况，基本保持平直，但下唇会有部分向外凸出，这就形成了艾克曼所发现的玛丽嘴唇呈现的那种倒"U"形。如果我们对着镜子试图做出隐藏或挤压嘴唇的动作，你会发现即使能够将嘴唇抿成一条线，也很难做出倒"U"的口型，只有我们的内心真正感到悲痛时，它才会出现。

如果我们仔细观察法院开庭时的那些受害者或者家属，就会发现他们总是习惯性地把嘴唇藏起来，这种对嘴唇的挤压就是消极情感的一种反映，仿佛是大脑在告诉我们：闭上嘴巴，也躲避外界对我们的干扰，只想自己一个人慢慢消化内心的痛楚。

除了面部表情，肢体语言也能帮助我们识别对方的情绪：

当一个人因为失去所爱的亲人而悲恸欲绝时，就会看到这样的场面：伤心的人噙着泪水，两手紧抱胸口，身体不自觉地摇晃着，极力忍耐内心的伤痛。这种两手交叠抱胸的姿势，就反映了一种拒绝与外界发生联系，表达了自我保护的意识。

另外，我们常常会说一个遭受打击的人如同"垮了一般"，意思就是指内心悲恸的人，他们的身体整体会呈现出下坠的趋势，身体无法继续保持挺直，不仅会垂下头，甚至连面部肌肉都呈现出一种松弛、下垂之感。

在生活中，学会辨别他人内心隐藏的伤痛，对我们的人际交往很有好处。在他人拼命地压抑自己的愁苦时，我们可以不动声色地对其表示关心，并更加注意我们的言行，避免说出打击人的话。也许只凭这些小小的举动，他人就会因为我们的关怀而感到内心温暖。

胆战心惊：因极度恐惧而失控

> **微情绪关键点**：人的恐惧很难被控制，当我们遇到令自己害怕的事物时，随着恐惧的不断加深，我们的生理会产生一系列的变化，从心率变化、汗毛竖立、手心出汗到失去理智，作出疯狂的举动，比如尖叫、逃跑、撕咬等。

"我说，我们真的要在这里过夜吗？"托德抚了抚手臂上的鸡皮疙瘩，战战兢兢地问这次活动的发起人唐尼。

"哈哈，托德，你是不是害怕了，瞧你那小样。每次我们探险小组搞活动，你小子总是临阵脱逃，这次唐尼好不容易把你拉进来，你可不许扫大家

第五章 喜怒哀乐有不同的表现，分析清楚才能看得透彻

的兴啊！"一旁的本坏笑着。

"谁……谁害怕了，走就走！"托德鼓起勇气，和大家一起走进了这座英国中世纪的古堡中。

原来，托德、唐尼和本是英国一所大学探险俱乐部的成员，每周末他们都会去荒村、古堡、山林中探险，托德刚刚加入不久，而唐尼是小组的队长。这次，他们选择的是爱丁堡以南有名的乡村闹鬼古堡旅馆，打算住一晚，体验一下里面的气氛。

据说古堡主人年仅18岁的女儿因为不慎落入庭院中的一口老井溺水身亡，从此以后就有关于古堡各种诡异事件的传说，后来这里开辟成为一家旅馆，以"闹鬼"而远近闻名。托德他们到达旅馆的时候已经是傍晚时分，铸铁大门上锈迹斑驳，凹凸不平的花岗岩墙体在昏暗的灯光映射下显得十分狰狞。

进了旅馆，发现里面的家具、饰品都是中世纪的原物，而服务员也穿着中世纪的服装。办好入住手续，三人前往房间，一路上灯光晦暗，托德感到自己心脏跳得很快，脚步虚浮，呼吸也急促起来，只想快点到房间。打开房门，托德想要摸灯的开关，谁知怎么摸都摸不到，他手心急得出汗。突然，他摸到一根绳子，赶紧拉了一下，一阵巨大的"哗哗"声从这间黑暗的房间传出，"啊！"托德吓得踉跄从房门口窜出，隔壁的唐尼听到声音赶紧出来，仔细一看才知道原来托德是摸到了抽水马桶的开关，而托德已经吓得半天站不起来。

晚餐时间到了，惊魂未定的托德手里拿着一瓶水，紧紧跟着唐尼和本前往餐厅，他惶恐地左看右看，觉得四周的石雕人都像是在盯着他看，他不敢再东张西望，只顾盯着眼前的地板。在走廊的转角处，一个沙哑的声音对着托德说："你好！"托德没有防备，吓得把手中的瓶子往声音来源砸去，自己紧紧抱着头蹲了下来，带着哭腔叫道："不要过来！不要过来！"唐尼他们转身看过来，发现原来是一名服务员，服务员揉着被水瓶砸中的肩膀尴尬地笑着。托德说什么也不打算在这里过夜了，他冲向服务台，逼着前台给他叫出租车，他要连夜回家去。

托德刚刚到古堡的时候,他的恐惧还只是停留在一般的程度,比如他感到心跳加快、汗毛竖立、手心出汗等。随着之后一系列的事情发生,他的恐惧程度逐渐升级,使他丧失了对当前情况的理智判断,并最终导致了将水瓶扔向服务员的失常举动。这就如同发生地震时,人们会慌不择路地从房屋内往外跑,甚至还会跳楼等,是一种受到极度刺激下的失控反应。

芬妮是一名记者,她住在一幢公寓的底楼。一个周末,她躺在床上午睡,突然听到很奇怪的声音,接着她就从床上摔了下来,她感觉到地板也在震动,房间里的东西乒乒乓乓相互撞到一起。这个场景简直让她吓呆了,她颤抖着双手把床上的羽绒被拖下来盖住头,抖动使她无法站稳,她只能匍匐着爬向客厅的方桌,整个人蜷缩在里面。整个房子都在摇晃,外面不时传来撕心裂肺的叫声。漫长的5分钟过去了,她幸存了下来,但是后来得知的情况让她震惊:这幢楼里的人不完全是被水泥板压死或者窒息而死,而是活活吓死的。有些幸存者说,当他们从房间里逃出来时,在楼梯上看到有人因为脸色铁青、双手紧捂着胸口,浑身颤抖,即使有人拉他们,他们也挪不动步子;还有的人仓促之间辨不清方向,径直从楼上跳了下来丧了命。

恐惧作为一种古老的情绪,我们每个人都曾经历过。但只有在面对生死存亡的时刻,我们才会表现百分之一百的恐惧表情。无论是在诡异古堡被吓得崩溃的托德,还是饱受地震威胁的芬妮,我们的脸上流露出的是最真实的恐惧:眉头向中间聚拢并上扬;嘴巴大张,但因为害怕而不断深深地吸气;眼睛紧闭,试图逃避面前的威胁。

当人们极度恐惧时,还会发出惊声尖叫以缓解内心的压力,同时手会无意识地握成拳准备对抗威胁,这些都是在进化中积累下的攻击手段:虽然害怕,但还是做好反击的准备。处于这种心境下的人,对外在环境已经失去了理智的判断和回应,也不会理睬周围人的安慰和帮助。

 第五章　喜怒哀乐有不同的表现，分析清楚才能看得透彻

惶恐不安：难以掩饰的心魔

> **微情绪关键点：** 人在并非极度恐惧时，对自己的情绪是能够加以控制的，但他们并不像自己想象得那么镇定。他们微妙的反应会向人们泄露自己的机密："我很害怕。"比如，内心恐惧的人会不自觉地抓挠后颈、啃手指、面部表情僵硬、呼吸急促，同时双眉紧皱，两眼圆睁。

让我们来设想一下：你正坐在飞机上，透过舷窗看着窗外的云海。忽然，晴朗的天空不见了，飞机进入了一片气流不稳的云团，而且更加可怕的是，飞机开始在气旋中不时地突然下沉。空乘人员步履匆匆，系上安全带的警示灯亮起，这时，你会是什么表情呢？

这时，你的孩子正坐在你身边，你不能流露出太多内心的恐慌，免得吓到孩子，你只能轻声叮嘱他系好安全带，乖乖坐在位子上。你告诉自己：深呼吸，一切都会过去的，这是飞行中的自然现象，机组人员肯定能够对付这些的。但是，当你看到舷窗玻璃上你的脸时，你就会知道：你没有你想象的那么镇定。

此时的你正睁大了双眼，上眼睑抬起，但下眼睑显得十分紧张；嘴巴微微张开，嘴唇横向展开，下颌呈悬挂状；你的双眉也紧紧皱了起来，额头已经产生了皱纹。

你的双手变冷，呼吸更深也更急促；你的后背已经开始出汗，还有些颤抖；你的双臂和双腿肌肉变得硬梆梆的，你的头或身体开始靠向椅背。你的

两手在不自觉中已经交握在一起，这是一种心理暗示，意味着一只代表了自己，另一只代表了友人或亲人的手。人在紧张不安的时候，会自己握着自己的手，这充分表露出想要得到扶助力量的强烈冲动。尤其是在非常害怕的时候，使劲交握着的双手甚至会青筋暴露，血色尽失。

夜色浓重，304女生寝室早早关了灯，点上了四只蜡烛，四个女孩围坐在一起，准备开始她们每周一次的夜话会。今天的主题是：午夜恐怖故事会。

珍、安妮、多娜和琳达每人披着一条毯子，大家既紧张又期待。午夜12点到了，珍先开始讲。她故意压低了声音，渲染出了一种令人毛骨悚然的气氛，随着剧情的展开，最靠窗坐着的安妮不自觉地挪了挪身子，她拢了拢身上的毯子，试图往多娜身边靠。

一个故事讲完，大家都松了一口气，但大家都逞强说没什么好怕的。现在轮到安妮讲，但安妮干巴巴的故事没有引起大家的兴趣，很快，轮到了多娜。多娜讲的恐怖故事就发生在女生寝室里，安妮现在不敢往多娜身边靠了，她裹紧毯子，眼睛直愣愣地大睁着，不自觉地啃起了手指。多娜越讲越吓人，安妮眉头紧紧地皱了起来，她下意识地抓挠起了后颈。

"安妮。"

"啊……什么？"

"你是不是害怕了？"

"没……没有，你哪只眼睛看出我害怕了。"

"你眉头皱那么紧干什么，放松点，还有，别动来动去的。"

坐在安妮另一边的珍故意对安妮说，安妮点了点头，无意识地抚了抚自己的手臂。

其实，珍已经看出了安妮的恐慌，虽然安妮试图掩盖这一切。安全局探员的读心术告诉我们：当一个人听到或看到让他害怕的事情时，他脖子后面

 第五章 喜怒哀乐有不同的表现，分析清楚才能看得透彻

微小的肌肉组织会出现凸显状，也就是我们常说的鸡皮疙瘩。安妮听着恐怖故事，她身上已经汗毛竖起、浑身起了鸡皮疙瘩，这时，她身上有一种刺痛、发痒的感觉，所以她才会下意识地抓挠后颈。这个动作其实是她自我安慰的动作，以此来抚平内心的不适感。

安妮的眉头虽然紧皱，但呈现出的是水平线的状态，她两眼呆呆地睁着而不是惊恐地紧闭起来，是因为恐怖故事并没有真正威胁到她，她只是心里感到害怕，下意识地感觉有威胁在迫近，所以下眼皮很紧张。

安妮抚摸自己的手臂，也是寻求安全的无意识行为，正如人类学家阿希礼·蒙太古曾写的那样："人人都需要被抚摸。"当孩子在母亲的怀抱中被轻轻抚摸时，就能让他感到安全，并且安静下来。随着年龄的增长，这种需求仍然存在，尤其是在遇到惊吓或者感到恐惧时，他人或者自我的抚摸将是非常必要的安抚方式。

安妮啃手指的行为看上去十分幼稚，但这却说明安妮的人格发展有一定的停滞，她的内心十分脆弱，总是比较悲观、渴望被别人照顾。平时可能她会有意识地克制自己这么做，但是在恐怖故事的氛围中，她又不自主地做这个动作了。

恐慌情绪其实是很难掩饰的，它如同一种心魔紧紧缠绕着我们，总是会在人们意识不到的地方流露出来。善于观察、识别这种情绪，对于从事公安工作的人来说也十分重要，比如一些逃犯在逃跑过程中，会出现眼神迷离没有聚焦点；手指交缠在一起，会不时捏住衣角；神情慌乱，左右撇嘴角……这些表情可能连发出者自己都不知道，但警察却能通过这些细节来判断这人是不是"心中有鬼"。

歇斯底里的爆发：无法压抑的愤怒表现

> **微情绪关键点：** 愤怒爆发时，人会因此而颤抖，双目圆睁、鼻孔剧烈扩张、脸部通红、双手紧握、伸直；还会因此而做出过激举动，如辱骂、殴打、踢踹、嘶吼等。

你正在开车，突然一辆车子快速超过你的车，而且几乎是贴着你的车子呼啸而过，你当时的反应可能是："你这个混蛋！怎么开车的！"至于你的怒气接下来如何发展，则要看你的想法是否偏向愤怒与报复的方向。如果你想的是："这家伙差点撞到我，绝不能放过他！"这时你可能因抓紧方向盘而指节发白，仿佛正掐着那个人的脖子；你的身体进入准备战斗的状态，微微颤抖，额头冒汗，心跳加速，满脸怒容。如果这时恰好后面有辆车子因为你速度减慢而猛按喇叭，你的怒气很可能转移到这个新对象。你可能会将怒火发泄在后面这辆"不识相"的车子身上，就像我们经常在马路上看到的那样，你不是猛踩油门，就是停下车，打开车门冲到后面那辆车的司机面前。然后，一切就不可收拾了。

愤怒到达一定临界点时，就会通过突然爆发的方式宣泄出来，虽然真正的愤怒情绪很难长时间持续，但是与其他情绪相比，彻底被激怒的人很少只通过面部表情来表达情绪，他们往往还有肢体动作的紧密配合。

约翰是一家公司的人事部经理，一天，他正在和下属交代工作的时候，

 第五章　喜怒哀乐有不同的表现，分析清楚才能看得透彻

有个曾经因犯错被开除的人从门外走进来——他已经连续好几个星期来找约翰了——这一次，他还是希望约翰能够重新录用他。

"朋友，听我说，你这样没用的，回去吧，我帮不了你。"

这一次，那个人显得十分生气，他开始无礼地指着约翰大骂，饶是约翰再好的脾气也无法再忍受下去了，他脸色涨得通红，盯着那个人看了一会后，慢慢地站起身来。

他不动声色地走到这个三番五次来骚扰他的人面前，一把揪起他的衣领，将他拖到门口，猛地把他推倒在门外，然后关上门，回到座位上。那个人爬起来推开门，大声地叫："把我的材料还给我！"约翰回身抓起桌子上的文件，走到门口，把那些东西扔了出去，又关上了门。后来，那个人再也没有来过。

在生活中，能够引发愤怒的事情数不胜数，约翰一开始并不想与来人发生冲突，但来人一再地骚扰使约翰的愤怒终于爆发了，但我们可以看出，约翰的爆发更多的是体现在肢体语言上。

洗衣机转动时发出奇怪的声音已经有半个小时了，现在竟然冒出烟来了。卡洛琳不得不钻到桌子底下切断电源。这是一台还在保修期内的洗衣机，卡洛琳根据保修卡上的电话拨过去，就是没有人接听。卡洛琳感到有些恼火了，她双眉紧皱、下压，眼睛死死地盯着保修卡，紧绷的面孔使得额头隐隐抽痛。

卡洛琳不想继续浪费时间，她把电话调到免提后，就将衣服从洗衣机里捞出来开始手洗。她刚刚用沾满肥皂的手开始搓洗衣服，电话响了。

"该死！"卡洛琳咒骂了一句，来不及洗手就冲到电话前，但通话后才知道，其实电话只是通知她现在修理部很忙，要她耐心等待。卡洛琳扎着两只满是泡沫的手，脸涨得通红，她张大嘴巴，上唇绷紧，压低了下巴，咬牙切齿地对着电话说："我绝对要投诉你们，混蛋！一帮官僚主义的家伙！"她回身，狠狠踢了洗衣机一脚，她感觉自己手心发热，心跳也跳得厉害。

卡洛琳的愤怒爆发时，面部表情是很丰富的，从眼睛、鼻子、嘴巴等处都可以看出来。首先是表现出一种怒视，通过抬高上眼睑、紧绷下眼睑，同时压低眉毛，从而在上眼睑皮肤上形成了斜线的皮肤皱褶；鼻孔因剧烈的呼吸而扩张，这是为了保持呼气通道的畅通，与此同时鼻翼也向上提升，在鼻翼两侧形成深深的沟纹，脸颊也因此而轻微隆起；因为面对的是电话，无法通过肢体语言向对方提出威胁，所以卡洛琳采取张大嘴巴对着电话嘶吼的方式，表达内心的怒火。

塞涅卡说："怒气有如重物，将破碎于它所坠落之处。"盛怒中的人往往会因为失去理智而做出极端的事情来，这时候不恰当的斥责、劝阻反而会加剧愤怒的情绪。通过对愤怒情绪的识别，有助于我们判断对方的愤怒是否已经到达危险、失控的境地，尽早采取行动加以调解比在愤怒爆发时灭火更有意义。

隐忍的逼视：对方生气了，你能轻易看出来吗？

微情绪关键点：在社会交往中，人们通常在感到不满时对自己的情绪表达加以克制，以此体现个人修养。这个时候，如何判断对方是否生气，就显得十分重要了——你可千万别因为不知道对方生气，而火上浇油。

伊丽莎白到现在都还记得她6岁时发生的那件事情。那天，父亲带她去钓鱼，她很兴奋，一路上蹦蹦跳跳地跟着父亲后面。等待鱼上钩的时间是漫长的，一个多小时后，就在伊丽莎白快要不耐烦时，一个鱼饵开始拉紧，父女俩都集中注意力，眼睛紧紧盯着钓线的动静。伊丽莎白看着父亲开始转动

 第五章　喜怒哀乐有不同的表现，分析清楚才能看得透彻

绕线圈并将鱼竿向上挑起，她猜想着一定是一条大鱼，因为强壮的父亲必须使出全力才将鱼钓出水面——这是一条非常棒的梭鲈。

父亲将扭动着的大鱼甩到一个大塑料盆中，好奇的伊丽莎白弯下身去看大鱼，谁知她只顾盯着盆中的鱼，却没有注意脚下，她被地上的一摊水滑倒，将盆碰翻了，大盆连鱼一起掉到河中，鱼瞬间消失在水中。伊丽莎白呆呆地看着父亲，她将永远不会忘记他当时的表情：因生气涨红的面孔紧抽着，双眼死死地盯着伊丽莎白，牙关紧闭，双拳紧缩。很明显，父亲正在控制自己不至于将拳头朝向女儿。伊丽莎白反应过来，吓得大叫一声，同时用双手抱住脑袋。可是，什么也没有发生。当她睁开眼时，发现父亲正背向她，并在树丛中使劲地踹着一棵树。

虽然伊丽莎白的父亲没有责备、大骂只有6岁的女儿，但是伊丽莎白还是从父亲的眼神中看出了他心中的怒火。这种情况，我们在生活中也经常会碰到，出于某种原因必须克制内心的愤怒，但这种隐忍仍然会通过其他方式表现出来。

我们该如何判断对方正处于生气状态，从而避免惹火上身呢？首先我们要了解到，情绪也是一种能量，情绪高昂时，能量蕴藏的紧张度就会增加，这种紧张会通过眼神、眉毛、鼻子、嘴巴、肢体动作乃至全身的肌肉状态来表现。

出于社交礼仪，我们在愤怒时很少能不受束缚地大声嘶吼，因为需要克制，所以在更多情况下要紧闭嘴唇，通过嘴唇闭合的力度可以看出对方心中否定意义的强烈程度。然而，这种样子却能让人感觉到一种威慑力和压迫感，比大吼大叫更让对方感到害怕。

我们常常会发现，有些人在快要气疯时，牙齿会发出"嘎吱嘎吱"的声音，这说明他的牙齿在互相咬合，上下颚通过咬牙切齿保持紧紧的闭合状态，这种不自然的姿态是要告诉对方：我正在非常用力地生气。

光有抿紧的嘴唇、嘎吱作响的牙齿还不能完全确定此人是否正在发怒，眼睛也是很关键的表现因素。让我们来看一张名为《愤怒的丘吉尔》的经典摄影作品。

加拿大摄影记者约瑟夫·卡什非常擅于为各界名人拍摄肖像照，"二战"

期间，他应邀为英国首相丘吉尔拍摄艺术肖像。据卡什回忆，当时他手捧相机等在书房，丘吉尔首相走出了会议室漫步走进来。一开始，摄影师让丘吉尔站在椅子旁，左手扶着椅背，右手插入裤袋，嘴里含着雪茄烟。但很快卡什就发现，这样的形象只能拍摄出丘吉尔首相温和自然的性格，缺乏足够的张力。他灵机一动，上前一把夺下丘吉尔嘴上的雪茄，这个举动出乎所有人的意料，只见丘吉尔瞪大了眼睛，眉毛下沉、扭曲，眉头聚拢，压住了向上抬起的上眼睑，露出了被激怒的神情，卡什当机立断抓拍到了这一稍纵即逝的瞬间。谁能想到，就是这张题名为《愤怒的丘吉尔》的照片，被各大报纸刊登，极大地鼓舞了全世界人民反法西斯战争的决心和斗志。

《愤怒的丘吉尔》之所以能够成为人物摄影史上的经典之作，就是因为看过这张照片的人，都会对丘吉尔那咄咄逼人的眼神记忆深刻。现在，让我们来仔细分析一下这张照片上体现出愤怒的几个细节：

1. 由于皱眉肌剧烈收缩，眼轮匝肌收紧，使得双眉皱紧并往下压，眉毛内侧三分之一处强烈扭曲。

2. 眼睛大睁，同时受到眉毛下压的阻力，因此上眼睑便后，下眼睑绷紧并微微向两侧拉扯。

3. 上下嘴唇紧紧抿在一起，嘴唇变薄，下唇吐出。嘴角下垂得十分明显。

4. 虽然是面无表情的压抑和克制，但整张脸显得紧张、僵硬，鼻孔扩张，似乎在粗重的呼吸。

除了面部表情，还有一种在心理学上被称为"武装姿势"的肢体语言，同样表达一种敌对态度。如果对方做出握拳的动作，表示他想向对方提出挑衅，尤其是将关节弄响，将会给对方带来无声的威胁。

在交谈过程中，如果你发现对方两手握拳时间比较长，尤其是两手握拳于身后呈叉腰状，或者他的坐姿呈现为双手抱胸，手掌也是呈现出紧握状时，你就要有心理准备了：对方可能已经有隐隐的不愉快，这时，你千万不要自讨没趣了，还是赶紧换话题，或者想办法补救吧。

 第五章 喜怒哀乐有不同的表现，分析清楚才能看得透彻

极度厌恶：对某些人和事物唯恐避之而不及

微情绪关键点： 当我们对某些人和事物感到厌恶时，会迫不及待地想要远离，并会因为想要呕吐而紧捂嘴巴，双眉紧皱，眼角和鼻子两侧出现明显的皱纹。我们通常会以这种很夸张的表情来表达自己的不满和厌烦。

现在，让我们在桌上放一面镜子，然后开始想象某种会引起我们恶心反感的东西：可能是类似于臭鸡蛋味道的那种难闻的气味，可能是鼻涕虫那样黏糊糊的虫子，也可能是鲜血或者外科手术。当我们仅仅是在脑海中浮现出这样的画面时，我们的脸上就已经不自觉地浮现出某种表情，表示出我们的厌恶之情。

在心理学治疗中，有一种"厌恶疗法"，指的是运用图片、视频、舆论等手段，使患者在做出不良行为的同时产生一种社会制约感，从而在心理上造成威慑作用。例如，一位强迫性偷窃的大学生，他其实并不缺钱，但一见到钱就要偷，偷来后也只是放在钱夹中欣赏，自得其乐。心理医生对他的治疗方法就是让他反复观看电视录像中，小偷偷窃时被当场捕获的情景，同时在屏幕上用特写镜头着重渲染被偷者及周围群众对小偷所表现出的厌恶。经过一段时间后，该学生报告说，当他看到电视中人们对偷窃行为的厌恶表情，就会产生害怕自己偷窃被抓住的感受，警告自己赶快打消偷窃的念头。

无论是我们在镜子中看到的厌恶表情，还是强迫偷窃患者在电视中看到

的人们对盗窃者流露出的厌恶情绪，这种极度的厌恶情绪是未经掩饰的、极其自然的，所以我们很容易就能够判断出这种情绪。

极度厌恶情绪带来的首先是某种生理上的反应，比如走在路上，飘过一阵令人厌恶的恶臭，你会感到恶心，这是最具生理特征的厌恶情绪，随之而来的是胃部不适，会干呕，甚至会真的呕吐。你开始紧皱眉头，用手捂住嘴，还会有明显的面部表情：鼻孔收缩，上嘴唇撅起，下嘴唇外翻，脸颊耸起，双眉下垂，眼角和鼻子两侧都会出现明显的皱纹。所以，只要根据这样的面部表情，我们就能准确判断某人在表示他的厌恶情绪。

厌恶虽然是人类的一种基本情绪，但是常常被人们所忽略，可是达尔文很早就观察到即使是一个婴儿，也会表达这种情绪。他在儿子5个月时就从其脸上观察到了厌恶情绪：一次是对冷水的反应，另一次是看到一堆成熟的樱桃。他是根据儿子的表情推断的：嘴唇以及整个嘴巴所呈现的形状，让人觉得他好像要把嘴里的什么东西吐出来，舌头也好像在往外伸，同时身体有些微微颤抖。

除了面部表情，伴随极度厌恶情绪而来的还有不容忽视的行为方式和肢体语言。如美国电影业大亨哈罗德·休斯就曾像着了魔似的极度厌恶细菌。他雇了一个佣人，专门负责他的个人卫生：他在日常生活中有一系列严格规定，例如打开橱柜门要用15张纸包住把手；仆人递给他调羹时，调羹柄也要用纸包好。他对细菌的厌恶发展成为对人和外界环境的厌恶，最终，他过着与世隔绝的生活。

会议室里正在开着会，讨论进入白热化的阶段时，经理助理一边重重地咳嗽一边走进来，她递给经理一份合同，然后又擤着鼻涕走出去。参会者发现经理的身体不自觉地往后倾，手指摩挲着合同的一角，然后慢慢地放到桌面上，眉头紧皱，眼睛下垂，等助理走出去后，他轻轻舒了口气，然后轻声嘀咕道："谁能告诉我哪里有卖抗病毒的药。"谁都看得出来，经理对重感冒的助理充满了厌恶情绪。

 第五章 喜怒哀乐有不同的表现，分析清楚才能看得透彻

一般来说，厌恶的产生往往是由于当前的人或事物违背了一个人的需要和愿望而产生的心理抗拒，当这种情绪十分强烈时，我们不仅仅会表现出眉毛上翘、眼睛微眯并成弯月状、嘴巴瘪起，还总是力图逃避当前厌恶刺激的侵扰，远离引起我们厌恶的人或事。总的来说，厌恶之情只是我们对引起自己反感或不安的人、事物的一种自然而然的抵抗和排斥，它是为了提醒我们远离威胁。

轻度厌恶：识破别人对你的看法，别自讨没趣

> **微情绪关键点：** 他人对我们的真实看法通常并不会直接表现出来，那么，我们如何知道对方对我们是否有好感呢？产生厌恶之情的人，即使故意表现得很热情，但还是会有不满的情绪表露：交叉手臂或双腿，玩弄手边的物品，沉默寡言，慢半拍的回应，以及眉头、眼部肌肉的轻度收缩，嘴巴向上撅起，这些都是内心厌恶的体现。

福田夫人已经耐着性子陪芳子小姐从2点半聊到快4点了，这个时候正是大多数家庭主妇准备迎接丈夫、孩子归来，高高兴兴准备晚饭，或者上街买菜的时候。可是芳子仍然稳稳当当坐在那里，看起来依然很尽兴，话匣子一点都没有打算关上的迹象。

福田夫人已经不再主动找话说了，她不开口，芳子就会端起茶杯喝一口，她一点都没有察觉福田夫人的内心想法："我的话已经说完了，您该回去了

吧。"她只是觉得奇怪，一向优雅的福田夫人原来放在椅子扶手上的手指开始像弹钢琴那样，敲起扶手来了。两条匀称的腿开始不断变换着姿势，不时地移动一下位子，或者起身挪一下桌子上的东西。总之，福田夫人开始坐立不安了。

确实，福田夫人心里急得不得了："丈夫快回来了，到现在我连晚饭都还没有准备好。这个人到底打算黏糊到什么时候呢？她是打算在这里吃晚饭吗？那就直说嘛……让我想想，鳗鱼饭太贵了，但人家好不容易来一趟，不招待似乎说不过去。那就吃面吧，简单点……不行，还是随便煮点什么吧，主菜配什么呢？"这些想法占据了福田夫人的脑海，她越发心不在焉了。

"我说福田夫人？……福田夫人？"

"呃，啊？芳子小姐说什么？"

芳子笑了笑，什么也没说，又开始低头喝茶。福田夫人实在是忍耐不住她对芳子的厌烦了，她不再是时不时看看墙上的钟了，而是目不转睛地盯着钟看。察觉到芳子的视线，她慢腾腾地站起来说："再添点茶吧。你看，家里也没什么准备。"

芳子仿佛如梦初醒一般，"啊，实在抱歉，已经这个时间了，太叨扰了，我该告辞了。"

福田夫人笑容满面地说："哪里哪里，是我怠慢了。"

芳子终于走了，福田夫人脸上一点笑容都看不见了，满满的只有疲惫之色。

福田夫人出于礼貌和教养，没有直接对芳子小姐下逐客令，也没有在脸上流露出来，但她对芳子的厌恶还是从其肢体语言中表现了出来。人的情绪总要找个发泄的出口，不是在此处，就是在彼处。一般来说，人要是想隐藏面部表情时，就很容易引起手和脚的活动，我们可以把这种现象理解为感情表露的能量转换成了活动能量。因此，厌烦陪伴他人久坐而产生的焦急心情就从福田夫人的手指和两腿的姿势变换中体现了出来。

 第五章　喜怒哀乐有不同的表现，分析清楚才能看得透彻

在谈判中，对方的肢体语言尤其需要引起我们的注意，比如以下几点可能会透露出对方的态度：

1. 交叉双臂或双腿：双臂交叉抱于胸前，这个动作似乎正传达着"我不赞成你的意见"、"无论你如何表现，我就是不欣赏你这个人"。当对方将双臂交叉抱于胸前与你交谈时，即使不断地点头，其内心也可能对你或者你所说的事情没有好感。双腿交叉同样呈现出一种封闭的姿态，这时，无论继续谈论什么，他们可能都不为所动。所以，不妨暂时中止交谈，或者用新的方式来继续。

2. 心不在焉地玩弄物品：对话时，如果对方开始玩弄手中的物品，如纸或笔，甚至自己的头发，表明他对谈论的话题已经失去了积极主动的心态，认为这场交流很乏味，希望尽快结束。

3. 沉默地吸烟：如果对方不再说话，而是沉默地吸烟，并不停地磕烟灰，说明对方内心有矛盾或者冲突。他内心的厌恶和烦躁，使他以此作为发泄的途径。

4. 用手托着下巴：当对方把手放在脸颊的一侧，身体力量集中在手上，用手托着脸部，呈现出一副不耐烦的样子，看清楚了，他可并没有装可爱，他只是表达了自己"不抵抗，也不想合作"的态度。

5. 回应慢半拍：当对方已经对你的话题不感兴趣，但又要给你留点面子时，你就会发现，对方的响应往往是"啥？哦，那个啊……""不好意思，我刚刚没听清楚……"当这类反应慢半拍又急于补救的词汇说明，他们刚才绝对没在听你说话。

厌恶的程度并不十分强烈时，很少会直接通过面部表情来体现，但这并不是说我们就一点都看不出端倪了。当对方感到不满时，皱眉肌会轻微收缩，造成很浅的皱眉纹；眼轮匝肌也会有轻度紧张，造成双眉微微下压；鼻翼两侧形成浅浅的沟纹；下唇没有明显的形态变化，但上唇的提起可以说是最突出的特征了。嘴向上撅起，表明对方对你提出的建议很不满，是表达异议的一种方式。成年人在商务场合做出这种动作就像是在说："哄孩子呢，这种提

议我可不满意!"请注意,这时,他们通常不会答应任何条件,而是等着对方调整策略。

在人际交往中,我们一定要对他人有可能的不满情绪有所察觉,适时地采取行动,或者转换话题。否则,别人感到不高兴了,你还毫不自知、一意孤行,这样只会更加惹人厌烦!

第六章

挖掘自己的积极情绪，你比想象中更有力量

你的人生是欣欣向荣，还是衰败凋零？这完全取决于你内心的情绪状态。积极情绪能够扩展我们的思维和视野，吸纳帮助我们走向成功的各项资源。在积极情绪的引导下，我们才能够对事情做出正确的判断，对生活产生由衷的兴趣。可以这样说，积极情绪就是我们的内在源泉。最重要的是，我们都可以通过努力来提高自身的积极情绪，挖掘自己的力量。

 第六章 挖掘自己的积极情绪，你比想象中更有力量

爱：所有积极情绪的基础

> **微情绪关键点**：人只有内心充满了爱，才能感受和表达诸如喜悦、希望、感激等其他积极情绪，爱是所有积极情绪的基本色调。因为有爱，我们才能真正地感知这个世界的美好之处，感受人与人之间的温暖，并感觉到美好的情绪体验。

尤金老师在社会学课上与孩子们探讨人与社会的关系，并让他们讨论"做一件能改变世界的事情"。孩子们的方案当然是五花八门的。特雷佛的方案则显得十分有意思：每个人帮助另外三个人做一件好事，解决他们不能解决的问题。然后这三个人再分别传给其他三个人，于是一传三，三传九，依次类推，这样世界将变得越来越美好。可是，他的这种"把爱传出去"的方法在同学们眼里简直是天方夜谭，可他不知道，他的想法已经触动了尤金老师的内心。尤金从小生长在家庭暴力之下，他不敢与人亲近，更不敢爱或被爱，但他心底里却仍然渴望着这份温情，让人抱一丝人生希望，这也是他选择研究社会与人的原因。

特雷佛开始了他改变世界的行动，他的脑中已经产生了几何式发展的爱，他相信爱并且开始传递着爱。骑着单车的他展开了更多的寻爱之旅，传递着爱的行动和信息。他试图让吸毒的流浪汉戒了毒品，并且得到了重生；他试图让自己的母亲不再借酒消愁，开始接受爱，付出爱，并且开始原谅自己的母亲，使积怨多年的关系重归于好；他试图让自己的老师尤金在爱的鼓励下，

一点点走出心灵重创的阴影，不再只活在自己的世界里。当这份不设防的爱叩开了许多麻木已久的心灵，甚至变成一个"积聚善的力量"的运动时，特雷佛也遇到了许许多多的困难，最令他悲哀的是，他帮助三个人的行动似乎都以失败告终。可就在特雷佛垂头丧气之时，一个远在洛杉矶、受益于"积聚善的力量"运动的记者开始了他追本溯源的行动。爱的力量在特雷佛意想不到的地方闪烁发光，两条线索同时展开，既让我们看到了爱的传递，也让我们明白传递爱的艰难与意义。

11岁的小特雷佛的纯真和执着让我们为之动容。一直以来，爱，都是我们生活中永恒不变的话题，可就像特雷佛说的那样，在这个传递过程中，如果不能坚持下去，那么每个人都会成为失败者。正是因为小特雷佛的爱，以及他所发起的"爱的传递"活动，使更多的人感受到爱所带来的力量，这种力量可以使任何人重新获得对人生的希望，对他人的信任，对自己的重新审视，直至自己也成为爱的传递者。

爱所带给我们的，就是被人们称为积极情绪的无穷力量。罗素认为："积极情绪就是当事情进展顺利时，你想微笑时产生的那种好的感受。"弗瑞迪克森则认为："积极情绪是对工人有意义的事情的独特即时反应，是一种暂时的愉悦。"因此，积极情绪是指由能够满足个体需要的事件引起的、伴随愉快体验的情绪状态。

国外研究表明，通常所说的积极情绪一般包括兴趣、快乐、期望、希望、爱等。虽然目前没有明确的标准，但是许多理论家都认为爱不是一种单一的情绪，通常人们体验的都是各种不同的爱，有伴侣之间的爱，有朋友之间的爱，有父母子女之间的爱，等等。因此，对不同的爱的关系和体验要有所区分，因为爱的体验往往指向不同的个体，也就是说爱具有特定性。可是无论对象如何不同，爱是不同积极情绪的基础，它也可以由许多积极情绪所组成，是积极情绪的基本色调。它包含了欢乐、高兴、兴趣、满意等诸多积极情绪，是各种积极情绪的大融合。

 **第六章 挖掘自己的积极情绪,你比想象中更有力量**

由爱激起的相互作用毫无疑问地有助于建立和加强社会联系和依恋,爱和各种在爱的关系中的积极情绪体验(如兴趣、满意、愉悦)都能建立和加强一个人的社会资源,这种资源可以积累和传递。

在科学技术日益发达的今天,那种最原始、最单纯的爱去了哪里?人们开始不再去思考是否还需要爱,毕竟它不能给我们带来某种可触可感的东西。可正是因为爱的缺失,导致了我们在一次次遭受到欺骗以后,将心门关上,不再愿意相信陌生人之间还有爱。爱转而成了一种手段,一种工具。人们渐渐开始迷失自己,遗忘了一些最初的美好,随着爱的消失,许多负面情绪便在我们的生活中如影随形。我们很痛苦,却不知路在何方。

"我们都不是最伟大的人,但我们可以用伟大的爱来做生活中每一件最平凡的事,活着就是为了爱。"特蕾莎修女这样诠释了她心目中的爱。

1979年,特蕾莎修女获得了诺贝尔和平奖,获奖主题是"爱"。在特蕾莎修女心中,没有穷人与富人之分,只有爱与被爱的人之分。她把一切都献给了穷人、病人、孤儿、孤独者、无家可归者和垂死临终者;她从12岁起,直到87岁去世,从来不为自己、而只为受苦受难的人活着。特蕾莎修女以博爱的精神,关爱着贫穷的人,使他们感受到尊重、关怀和爱。特蕾莎修女没有高深的哲理,只用诚恳、服务而有行动的爱,来医治人类最严重的病源:自私、贪婪、享受、冷漠、残暴、剥削等恶行;也为通往社会正义和世界和平,开辟了一条新的道路。

特蕾莎修女曾经说过:"饥饿的人所渴求的,不单是食物;赤身的人所要求的,不单是衣服;露宿者所渴望的,不单是牢固的房子。就算是那些物质丰裕的人,都在渴望爱、关心、接纳及认同。"

作为所有积极情绪基础的爱,能够促进我们密切人际联系,扩大人际资源。如果我们能够以这种积极情绪应对在社会上遇到的事情,就为我们争取到更加广泛的社会资源创造了条件。因此,从个体发展的角度来看,爱对个体的健康成长也是非常重要的。

爱不需要任何的修饰,纯粹是心与心的对话,这份亘古不变的珍贵情感始终在我们内心深处,我们要做的,就是激活它、感受它、传递它。

逗趣:用自己的快乐感染身边的人

微情绪关键点:逗趣是一种能够让人发自内心感到快乐的积极情绪,它的感染力极强,能够在给人带来快乐的同时纾解内心的烦闷。习惯并擅长逗趣的人,通常具有十分吸引人的幽默感,也有着十分乐观的心态。

中国有一家公司的老板接到了一单跨国大生意,中午要宴请合作方吃饭。那个时候,外国人与中国合伙做生意的还不多,所以,老板非常紧张。

谁知,外国客人一见到老板就表示,陪同自己的翻译因为身体原因无法出席,这下老板可傻眼了。

大家落座后,菜一道又一道地上来,老外却迟迟不肯动筷子,原来,他们在等着人介绍菜的内容。坐在老板旁边的经理对着服务员连连使眼色,服务员的英语也仅限于普通交流水准,要他介绍菜的具体内容,可真是难为他了。

十几双眼睛都盯着服务员,怎么办呢?他看着桌上的冷盘龙虾肉片,灵机一动,向客人介绍道:"这是虾子……虾子……的祖父,you know very big……"他连说带比划。"Oh, lobster!"一位女性外国客人笑道。

第二道上来的是四喜丸子,他想了半天不知如何表达,只好故技重施。

 第六章　挖掘自己的积极情绪，你比想象中更有力量

"这是 four glad meatballs……非常欢乐的肉丸。"他很得意地说。老板和经理已经在捂着嘴笑了，而外国客人们竟然还都听懂了，其中一个好奇地夹起一个，想尝尝这个让人快乐的丸子。

第三道菜又端上来了，是清炖母鸡。服务员已经熟练了这种表达方法，于是礼貌地对客人们说："这是 cock's wife！"听到这里，所有人都笑翻了，原本严肃、尴尬的场面在服务员逗趣地报菜名后给巧妙地化解了。老板和经理对着服务员连连抱拳，而这个服务员后来也得到了嘉奖。

逗趣能够以愉快的方式引发人们的喜悦之情，给人们带来欢乐、欣慰。它不仅可以减轻生活压力，调节人际关系，也可以消除紧张情绪，增加生活的乐趣。它可以使紧张和矛盾得到缓解，帮助我们赢得诚实的朋友。它还可以使人精神振奋，信心倍增，超越不愉快的困境。

钢琴家波基有一次在美国密执安州的福特林城演奏，发现剧场的上座率还不到50%，他当然十分失望。于是他走上舞台对听众说："福林特这个城市一定十分富有。我看到你们每个人都买了两三个座位的票。"于是，剧场里充满了笑声。

善于逗趣的人都能自由自在地表现自己，勇敢地应付困难的挑战，显出与众不同的个性和风采。逗趣就是通过语言、肢体等表达形式将自己快乐的情绪感染别人，消除他人的紧张情绪，增强生命的活力。

生活中总是有欢乐也有愁闷，而我们总感觉快乐的时间太短，不开心的事情则似乎总是如影随形。一大早起来，我们就要面对各种烦心事：孩子在哭闹，锅里的菜散发出糊味，学生不听从老师的批评教育，消费者抱怨买到的是过期食品，推销员正在为完不成推销指标而发愁，老板拉长了脸，职员生了一肚子闷气……好像什么事都不顺！

对于这些情况，你可以有两种选择：

当你睡过头醒来时又闻到早饭烧煳的味道，这时你面临抉择：埋怨妻子没有叫醒你，责怪她总是摆不平早饭；或者选择逗趣的方式调动你的积极情绪，问妻子："好吧，今天早上看你拿什么东西扔进我的笼子里来喂我。"

一个刮着刺骨寒风的冬日清晨，你正准备出门去上班，忽然听到邻居愤怒的大吼声。原来，昨天晚上加班的你停车时，把车停在紧靠这位邻居的车前面，使他的车无法挪动。现在你再次面临抉择：对你的邻居说："我爱停哪儿就停哪儿，这又不是你家的停车位！"或者笑道："对不起！昨天晚上太冷了，我的车子挨着你的车子那是为了方便取暖呢。"

你推开办公室的门，就看见老板正对着堆积如山的文件发火。这时，聪明的你还是可以用逗趣来平息、缓和这一局面："老大，您今天穿的这套西装简直帅呆了，直逼贝克汉姆！要是把眉头舒展开来，笑一个，那就成为完美'男神'啦！"

当我们感觉到心烦意乱、疲倦不堪时，总是以为这是身体的生理状态，其实，它更多的是心理和情绪上不快的表现。逗趣能够通过调动人们的积极情绪，使人减轻压力、精神振奋。

事实上，逗趣效果的好坏取决于我们的情绪，而不在于理智。当你以愉快的方式来逗趣，人们可以感受到你的真诚、开朗和善良的本意，它不是讽刺，而是发自内心的喜爱。逗趣看似微不足道，却在细枝末节中帮助我们把自己与他人紧密联系在一起。

还记得儿时街面上传来的各种吆喝声吗？文人墨客给这种声音起了一个文雅的名字："市声"。这种声音千变万化，内容各异，但都有一个共同的特点：充满趣味，让你感到愉悦和快乐，激起你购买的欲望。例如夏天卖冰酪的吆唤道："冰琪林，雪花酪，桂花糖，搁得多，又甜又凉又解渴。"这就让人听着感到趣味了。还有像秋冬季节卖大花生的，他喊着："落花生，香来个脆啦，芝麻酱的味儿啦。"即使再小的买卖，通过逗趣的吆喝声，都能让人不知不觉就被做买卖人的快乐所感染：卖馄饨的吆喝着第一句是"馄饨开锅"，接着唱道："馄饨开锅……自己称面自己和，自己剁馅自己包，虾米香菜又白

 第六章 挖掘自己的积极情绪，你比想象中更有力量

饶。吆唤了半天，一个子儿没卖着，没留神啰去了我两把勺。"

逗趣的形式千变万化，双关语、俏皮话、格言、警句、漫画、讽刺画、故事，等等，不管是有声还是无声的举动，共同之处就是：有趣。这种有趣的不在于举动本身，而在于人用属于自己的、有趣的方式去看它，它与人们当时的情绪息息相关。

因此，逗趣的魅力就在于它取决于是否能够通过影响你的情绪而使你精神放松，使你感觉良好，让你享受到快乐。

感激：当你被爱，被关心……

微情绪关键点： 当人感到被他人爱护和关心时，内心涌起的舒适感就是感激之情。这种强烈的情感可以化解人们的负面情绪，激起对未来的希望，并且促使人们付诸行动。

"现实并不那么美好，但也不是总那么糟。"

北漂一族安雅在自己的微博上这样写道。

初到北京找工作的安雅孤身一人，租住在便宜但狭小潮湿的单人间里，花了整整两个月的时间，在偌大的京城里为工作而忙碌。一家一家地面试，反反复复地接到电话、面试、等通知。到后来，她已经快麻木了，对周围的一切似乎都失去了感知力。

又是无功而返的一天，安雅拖着疲惫的身心到楼下小店里买晚饭。她要了一碗馄饨，看到旁边的烧饼，犹豫了一下，问老板娘多少钱一个。

老板娘把满满的、撒着葱花和香菜的馄饨递给她，然后笑着说："烧饼不要钱，吃吧姑娘。"

安雅只感到鼻腔里一股酸意涌上眼眶，在这个寒冷的冬夜，一个烧饼让整整两个月没有感到丝毫温暖的她浑身发热，她低低道了声"谢谢"，抓起烧饼就哽咽着咬了起来。吃饱喝足的她走出小店，抬头望着黑沉沉的天空，第一次感到不那么压抑了，似乎又能感受到新鲜的空气灌进胸腔的舒爽和畅快了。

后来，安雅和老板娘一家熟悉了起来，他们也经常照顾安雅。过了不久，安雅顺利找到了一份工作。一出公司，安雅就迫不及待地赶回老板娘那里，深深鞠了一躬，对他们的感激之情无以言表。安雅感谢他们，因为正是他们的那份温暖支撑着她坚持了下去。

现在的安雅，已经有了稳定的工作，并且还在为即将到来的婚礼做准备。然而，无论工作和生活多么忙碌，无论遇到多大的困扰，她都始终记得那个冬夜老板娘给她的那个温暖烧饼。她会在公交地铁上给老人孕妇让座，会耐心倾听朋友的烦恼，会在麻烦完别人说真诚地道一声"谢谢"。她将这份感激之情深埋心底，并希望能做些小事，让世界因为她而添一份温暖。

当美好的事物来临时，我们很自然地会产生一种感动，我们会感到，世界是如此美好。帮助过我们的人给予我们爱、力量、勇气，和对未来的无限期待。这种因为别人的好意或帮助而产生的好感就是感激，感激本身能够使人保持一种积极向上的情绪，使人处于知足的安详之境。

感激情绪的力量也有着作用力与反作用力，我们产生的感激就是一种力量的释放，它会到达我们内心所指向的那个地方。我们的情绪越是坚定、持久，这种力量的反作用力就会越强烈和持久，而伴随我们的积极情绪也会时常陪伴在我们左右。

然而，真正懂得感激的人必然是一个懂得爱和知足的人。感激的价值不仅仅在于给我们带来一时的好运，它还会由内而外地让我们整个人积极起来，

 第六章 挖掘自己的积极情绪,你比想象中更有力量

充满希望。反之,缺乏对爱的感知和知足的心境,会使我们把别人的关心和爱护看作一种理所应当,从而陷入失意和不满足的烦恼中而无法自拔。这样一来,帮助你的人,反而助长了你的贪婪;爱护你的人,反而催生了你的狂气。

因此,感激之情并不是对别人说一声"谢谢"那么简单,这种感动必然是发自内心的,并且应该成为我们生活和工作的无穷动力。

周五的早晨,杰克闯祸了。

起因是那只罢工的闹钟,等杰克睁开迷蒙的眼睛定神一瞧,"哎呀,完了完了!"杰克从床上弹跳起来,只来得及匆匆漱了漱口,擦了把脸,就提着公事包飞也似地冲下了楼。在楼梯间,还差点撞到了遛弯回来的邻居老比尔。老比尔看着风风火火的杰克,笑着摇了摇头,还不忘冲着杰克喊道:"杰克,慢点,路上小心啊!"杰克头也不回,心想:"我哪有那个功夫搭理你啊……"

由于公寓的车库正在改建,所以包括杰克和老比尔的车子在内的部分车辆只能停在临时划出的停车位上,车子与车子紧挨着。如果时间宽裕,杰克还能有足够的耐心小心地将车子开出来,可是今天如此混乱的局面导致老比尔在楼上听到了刺耳的碰撞声。

老比尔从楼上窗户往下探头一看:得,自家的宝贝车被杰克那个冒失鬼给狠狠地"亲"了一口!

"哦,我的上帝!"老比尔忍不住扶额叹息了一声。只见杰克艰难地将车子倒了出来,然后慌慌张张地下了车,他不自觉地抬头看向比尔家窗户的方向,然后沮丧抱头蹲了下去。

老比尔努力压制住心里的怒火下楼来,当他站在自家车子面前时,发现保险杠摇摇欲坠,车身瘪进去了好大一块。他叹了口气,回过身来看着已经呈泥塑状的杰克,却是什么责备的话都说不出来了。事已至此,发火也没用了,而且看这小子已经完全没了主意。

"我说,杰克老弟,这下你打算怎么赔我这辆宝贝车子啊。"老比尔故意

板着脸说。

"比尔大叔，实在是太抱歉了，车子的修理费我来承担好了……"杰克边说边打量着老比尔的脸色，看他黑着一张脸，说话声音渐渐听不见了。

可惜杰克低着头，不然他现在一定能发现老比尔坏笑的表情。

"今天是我退休的第一天，辛苦了30多年，终于不用再那么早开车去上班了。其实，这几天我一直在考虑买新车。杰克，我还要谢谢你让我下定这个决心呢！"

过了好长时间，杰克才回过神来。他不知道这是邻居的真心话，还是故意安慰自己。老比尔让他什么也别说了，赶紧上班去吧。直到杰克坐在办公室里，才想起他忘记对老比尔说一声"谢谢"了。

杰克永远忘不了撞车的那个早晨，更忘不了老比尔对他说的那声"谢谢"。听到"谢谢"的那一刻，窘迫的汤姆感觉这是世界上最动听、最美丽的语言。终于有一天，当杰克再次经过老比尔新换的拉风房车前，他停下了脚步，胸中涌动的暖意驱使他笔直地站在了车子面前，对着车里面露惊讶看着他的老比尔，认认真真地说了一句"谢谢！"

两个男人相视而笑，这句迟到的"谢谢"拉近的，正是彼此心与心的距离。

生活在爱与感动中的人一定是懂得爱的人，而懂得爱的人必是能善待一切事物的人，善待一切事物的人就会懂得感激。感激父母赋予我们生命，感激朋友对我们的关怀，感激老师传授我们知识，感激造化让我们能够来到世间体验各种酸甜苦辣。

没有感激的生命是干涸的生命，现代社会太多的利益与欲望交织碰撞，使我们少了关怀，也少了感动，更缺失了感激的力量，这是最残酷的事情。许多人在呼吁生命的回归，呼吁爱和感激，因为人的本性是善良单纯的，只要有阳光的照耀，它必会恢复自然的艳丽色彩。

 第六章 挖掘自己的积极情绪，你比想象中更有力量

敬佩：被高贵和伟大征服

> **微情绪关键点：**当我们被高贵、伟大的对象所折服时，就会与之产生情感上的共鸣，进而反省自身，最后受其激励，超越自我。敬佩之情是一种极具力量的情绪，它能够带给我们无形的力量。

一千多年前，唐代僧人玄奘独自一人，冒着生命危险西行求法。他跋涉沙漠，翻越雪山，行程几万公里，历时19年，历经56国，西行到达印度的那烂陀寺取经。他舍身求法的献身精神和坚韧不拔的意志，使他成为了家喻户晓、举世敬仰的伟人。

被人们誉为"当代徐霞客"的山东汉子李振华，自2008年3月开始，从家乡乳山市出发，在西安大雁塔前正式踏上了重走玄奘取经之路的旅程。他沿着当年唐僧取经走过的路，在中国境内独自走过山东、河南、陕西、山西、甘肃、宁夏、青海、内蒙古、新疆等省、区，并且成功穿越了塔克拉玛干大沙漠；在境外走过吉尔吉斯斯坦、乌兹别克斯坦、巴基斯坦、印度、尼泊尔五个国家，历时九个月行程二万八千余公里，完成了重走一千三百多年前唐代玄奘大师西游取经路的梦想。

在这段漫长的重走取经路上，他深入到国内外许多边远的乡村，一路探访到了恒河的岸边。他印证了玄奘大师在《大唐西域记》中的许多记载，也发现了不少古今的差异。他更是深切体会到了玄奘大师当年不畏艰险、舍身求法的精神。

敬佩，从字面意思上理解，就是对他人的敬重和佩服之情，这种情绪必然是触动到了我们内心深处才能产生的。敬佩是一种不可思议的力量，它会给我们带来让我们自己都无法想象的感动和共鸣，这种积极情绪会促使我们以让我们敬佩的人为榜样，不断地激励自己做得更好。

敬佩的情绪是一个非常复杂的情感体验，一般来说，它包含了三个层次的含义：共鸣、自省、激励，这三种感情是互相交融、层层递进的，整个过程的完成也是悄无声息的，也许你很难觉察到。

如果没有感情的共鸣，敬佩之情就没有产生的基础。

《陈纳德与陈香梅》向我们讲述了"飞虎将军"陈纳德与中国女子陈香梅的一段忘年情缘。作为美国空军将军的陈纳德是惟一的、自始至终参加中国抗战的美国将军。出身名门的陈香梅，是当时中央社的第一位女记者，她对陈纳德在指挥"飞虎队"打击日本侵略军的辉煌战绩，以及陈纳德本人独特的个人魅力产生了强烈的感情共鸣，她敬重陈纳德的英勇，也佩服他的为人。最后，22岁的陈香梅冲破世俗和家族的重重阻力，毅然与年长自己33岁的美国将军结合。陈纳德去世后，她独自抚养两个女儿，同时步入美国政坛，先后任肯尼迪政府难民救助总署主席、尼克松政府共和党行政委员和财务副主席。

每个人的心灵都有着原始的、最初的情感共鸣，当我们不给内心设置任何障碍和限制，那么外界所发生的事情和情景就会激发我们情感上的共鸣。这种共鸣需要有积极情绪去不断滋润它，才能使我们的进入"内省"的环节。

内省时，我们就不会急于从周围的人或事中获得肯定、尊重，而是将情绪中还存有的坚硬、顽固、消沉的因素去除，通过高贵、伟大的事例对我们心灵的激荡，实现自我对心灵的净化。

第六章　挖掘自己的积极情绪，你比想象中更有力量

对于白领小王而言，年初的以色列之旅让她记忆犹新，难以忘怀。吸引她的不仅仅是传奇的犹太传统，古老的圣经神迹，以及那遥远神秘的异域风情，还有以色列这个国家和民族对书籍的热爱和崇敬。

小王在前往以色列的飞机上，翻阅旅游指南时看到这样一句话："人不能只靠面包活着。"这句话出自《圣经》，是以色列人激励自己的名言。导游告诉她，当犹太人在战火中移居到以色列时，所有人内心都清楚：读书，与粮食和空气一样重要。

"等你到了以色列，就能知道书籍对于这个国家意味着什么了。"导游意味深长地说。

当小王漫步在特拉维夫商业街头，她惊讶地发现这里到处都是大大小小、风格各异的书店。她走进其中一家兼营咖啡馆的书店，挑了一个位子坐下后，在咖啡氤氲的香气中慢慢观察周围的人们。他们大都手捧一本书静静地阅读着，时而啜饮一口咖啡，看到会心处，脸上不由地露出淡淡的笑容。环顾四周，小王发现这家小小的咖啡馆书店高高地立着几个大书柜，上面满满当当都是书，虽然语言不通，但是身处这样的氛围中，小王已经深深感受到了当地人对书的热爱与痴迷。

小王拿起书柜上的一本画册，随意翻阅起来，时间一点一滴过去，不知不觉间，她已经在这里消磨了两个小时。天色暗了下来，她将书随手放在了沙发上，正准备买单时，店主走过来，拿起那本书放回到了原处。小王一下子脸涨得通红，店主只是善意地笑了笑，没有说什么。

晚上吃饭的时候，小王说起了这个小插曲，导游告诉她，犹太人不仅有着近乎痴狂的读书传统，而且在犹太人家里，书的摆放也是很有讲究的。他们有一个世代相承的习俗：书橱一定要放在床头，不能摆在床尾。书是神圣高洁之物，摆错了位置，就是对书的不敬。

回到旅馆的房间，小王的内心还久久不能平静。虽然没有深入到以色列人的生活中，但是从这些点点滴滴的小事，她已经能够明白为什么说世界上读书最多的民族是犹太人了，她也明白了为什么人们总是说犹太人是充满智

慧的民族。这样一个热爱书、尊重书的民族，让她既敬佩又惭愧。她想想自己曾经也是一个非常喜欢看书的人，可是从学校毕业以后，除了工作和考试的需要，何曾再静静心心地看过一本书？一时间，她觉得自己真的如古人所说，变得言语乏味、面目可憎了。

回国后的小王有一种脱胎换骨的感觉，她开始为自己的生活重新做了规划，每天留出一小时的时间读书。渐渐地，她发现自己没有过去那么浮躁了，这一小时是读书时间，也成为了她自我沟通、内省的净化时间。

内省是敬佩之情中一种积极的情绪体验，它促使我们进一步的自我认知、调节和完善。内省让我们在面对他人的成功时，得以摆脱自满、自傲、自负的消极情绪，产生寻求健康、积极的情感、坚强的意志和成熟的个性的渴望。真正充满智慧的人，正是通过内省来认识自我，从而进入超越自我的"激励"环节。

敬佩情绪是一种具有强烈感染力的情感体验，通过共鸣、自省和激励，让我们得以与所敬佩的对象产生情感的联系，进而受其影响，完成自我超越。

激励：让人有自我超越的冲动

微情绪关键点：激励情绪可以将一个沉沦在低谷中的人唤醒，并且通过各种刺激手段让他重新鼓起前进的动力和勇气，使之变得更好、更强。

"为什么不能是我这种人？他们有什么特别之处？是因为他们的出身？我

# 第六章 挖掘自己的积极情绪，你比想象中更有力量

尽力拼搏，不让自己沦落到社会底层。如果，如果我更加努力呢？我现在离那层膜很近，触手可及。"利兹站在哈佛大学的草坪上，这样说道。

环视着来来往往的学子们，他们是那么开朗、自信，她羡慕地看着他们，一动不动。"这需要努力，但不是不可能。"她的老师来到她身边说道。

利兹的父母都是瘾君子，母亲患了精神分裂症，双眼失明，后来死于AIDS。利兹独自一人过着颠沛流离的生活：她住过收容所，睡过地铁站，捡拾过垃圾。在她身边的多半也是遭遇不幸的人：暴力、性虐待和精神疾病。她活在一个没有希望和梦想的世界里，直到母亲去世，无助的她在雨中无声地抽泣。

她知道，她必须读书，她不愿意让母亲的今天成为她的明天。一所高中的校长被她的真诚所感动，接纳了基础极差的利兹。然后，她一边打工一边上学，用两年时间学完了高中四年的课程。校长为了激励同学们，带他们参观哈佛大学等名校。利兹的心中燃起了熊熊的渴望，她心里想道："我希望能去哈佛，接受良好教育，读遍所有好书……我是不是该发挥自己的每一分潜力呢？我必须成功，别无选择。"最后，她用一篇感人肺腑的演讲征服了纽约时报奖学金的所有评委，她终于能够进入哈佛大学成就自己的梦想。

她在那篇演讲中这样说道："生活的残酷会让人不知所措，于是有人终日沉浸在彷徨迷茫之中，不愿意睁大双眼看清形势，不愿去想是哪些细小的因素累积起来，造成了这样的局面。"

芭芭拉·安吉丽思的《逆境祝福书》中这样写道："在人生的某个时刻，每个人都会发现，自己陷入始料未及的困境。我们遇到了一个未曾料到会有的经历，碰到了未曾料到会碰到的阻碍，感受到未曾料到会感受的情绪。"当我们面对工作、健康、婚姻、家庭、人际关系的背叛时，我们是沉沦其中，将自己淹没在挥散不去的负面情绪之中，抑或是激励自己，脱困重生，创造崭新的局面？

激励是通过某种刺激因素，激发人们某种思想、愿望和行为产生的积极

情绪，它可以帮助我们渡过难关，调整心态，以全新的态度迎接未来，达到人生的顶峰。

心理学中把激励因素分为外在激励和内在激励。所谓外在激励是指人们努力去获取存在于他们行动过程之外的外在目标。如有的青年积极工作是为了获得晋升，或者获取别人的夸奖和尊重等。内在激励则是指自身产生的发自内心的一种激励力量，如对工作的浓厚兴趣，或者想要获得改变而产生的自我激励等。

外在的激励中赞许、奖赏、晋升都是十分常见的激励方式，会使受到激励的人产生积极向上的正效应情绪；内在激励则包括认同感、义务感、责任感。每个人都渴望能够得到外界对我们精神或者物质上的激励，但是，实际上，真正激发我们积极情绪的源泉来自我们自身。外界因素或许可以改变我们的外部境况，给予有利于我们发展的一些空间，但是只有我们自己才能找到自身内在的激励因素，使它发挥作用，激发活力。

当老板安排安娜和琳达一起接手一项任务并要立即出差时，安娜的第一反应就是赶紧找借口推脱。因为，那时候的安娜刚刚经历了一场失败的恋情，而且还是被自己最要好的朋友背叛；她之前的一个任务也因为自己的疏忽而受到上司的责备和同事们的嘲笑，她实在没有勇气接受这个新的任务。她想做的就是把自己裹成一个茧，谁也别来打扰她，她也不想理睬任何人。

"安娜，如果这次你不去，明天你就不用来上班了，我不是在开玩笑。"老板冷酷无情的话让安娜只能面对现实。

安娜对琳达并不是很熟，只知道她总是笑眯眯的，对工作永远充满了热情。这次的任务老板安排安娜作为琳达的助手，所以安娜有更多的时间观察琳达。第一天的会晤并不是太顺利，合作方提出的要求很苛刻，看得出琳达也十分苦恼。第二天早上，安娜正在刷牙，突然听到琳达像打了鸡血一样在阳台上唱歌、跳舞。看着她活蹦乱跳疯狂的样子，牙膏滴到了地上安娜都毫无察觉。

早餐的时候，安娜小心翼翼地问琳达刚才这是在做什么，琳达豪放地给

 第六章 挖掘自己的积极情绪，你比想象中更有力量

面包抹上黄油，笑着对安娜说："因为每天如果都有一个美好的开始，这样整天都会心情好了呀。"琳达说，这是她的早晨效应。

接下来的几天，琳达和安娜都在与合作方的软磨硬泡中度过，琳达充满朝气的形象、开朗大方的谈吐获得了合作方的好感，谈判最终获得了成功。

回到公司后，安娜旁敲侧击才了解到，琳达看似毫不气馁的笑容背后其实也隐藏了许多忧伤和痛苦，她就是靠着像"早晨效应"那样的自我激励使自己勇敢地走下去。

"安娜，学着点儿，如果你连那么点小痛苦都对付不了，我将会对你十分失望。"老板敲敲安娜的桌子，意味深长地对她说。"是，我明白了！"安娜笑着对老板说道。她已经从琳达身上学到了自己目前最需要的东西，她对自己的未来忽然有了信心。

激励自己可以让我们生活地更从容、更有尊严，但激励带给我们的积极情绪是有时间期限的，不要期待一个刺激就可以顺利地改变我们。一个人的动力归根结底只能来源于自己，只有换着法子地激励自己，直到它变成你血液的一部分；只有不停跌倒，才能学会怎样用自己的力量站在大地上。

如何才能使自己不断有自我超越的冲动呢？我们来看看下面几种你可能会遇到的情况：

当你认为你出色地完成了一项工作的时候，记得犒劳你自己，然后不断提醒自己，这是结束，也是新的开始。

当你感到你的工作没有出路的时候，去参加一个可能完全不同于你的日常工作的项目，或者参加一次全新的课程，你可能会在其他方面找到出路，重新振奋起来，充满自信。

当你不看好自己的工作前景时，提出你自己的看法，然后寻找任务来促进工作的发展。

当你感到周围的环境充满了对你不利的因素，那就找出公司里毫无怨言的人出来。相信每一个公司都有这样的人，你会惊讶地发现，当他们在你身

边的时候你会感觉好得多。

激励可以使人面对玫瑰时不得意，面对荆棘时不气馁。能够通过激励自己不断超越自我的人必然是一个善于管理自己情绪的人，一个懂得如何不断向新的目标迈进的人。

宁静：内心深处的淡然和安稳

> **微情绪关键点**：内心的宁静，能够让我们身处闹市也能坦然自若；在积极进取时，始终心怀感恩的心，知道自己内心追求的是什么并为之努力，不会迷失自我。

有一个人，一生都生活在紧张、忙碌中，感到十分痛苦。他死了以后见到了上帝，就对上帝说："万能的主啊，请教教我如何才能摆脱让我紧张、痛苦的情绪吧。"

于是，上帝给他分派了一个任务：让他牵一只蜗牛出去散步。他照做了。在途中，他走得很慢，尽管蜗牛已经在尽力地爬，可每次总是才能挪动那一点点距离。于是，他开始不停地催促它，吓唬它，责备它。

每次，蜗牛也只是用抱歉的眼光看着他，仿佛说自己已经尽力了。他恼怒了，就不停地拉它，扯它，甚至想踢它，蜗牛也只是受着伤，喘着气，卖力地往前爬。

他想：这真是太奇怪了，为什么上帝要自己牵一只蜗牛去散步呢？于是，他开始仰天望着上帝，天空一片安静。他想："反正上帝都不管它了，我还管

 第六章 挖掘自己的积极情绪，你比想象中更有力量

它干什么？"于是，他任由蜗牛慢慢往前爬，他也放慢了脚步，静下心来……忽然，他闻到了花香，原来这边有个花园，他感到微风吹来，第一次发现原来风也可以如此温柔。

他终于明白了，自己犯了一个错误：事实上，是上帝叫蜗牛牵着他来散步，让他找到了久违了的宁静与安然。

现实生活中，很多人做事有时候会漫无目的，只是为了做事而做事，为了填充心中的空虚和恐慌而忙碌。到头来，时间过去了，精力付出了，却没有得到很好的效果，心情越来越紧张，甚至将事情越弄越复杂。

宁静的情绪让我们对凡事都不会刻意强求，心中保持着清静与平和，因为内心的安定与淡然使我们能够拥有超脱的生活态度。但顺其自然并非消极等待，更不是听从命运的摆布，这种积极情绪能够让我们感受到生活的乐趣与意义，欣赏到生命中精彩的部分，切实地活出真我的色彩。

当一个人的内心失去了宁静，那么他就会被各种条件和现象所迷惑，无法从容镇定、心无旁骛地付诸所有的努力去实现那个既定的目标。

美国曾有一个著名的杂技演员叫华伦达，他最拿手的杂技是高空走钢索。每次华伦达走在高空钢索上，都可以用"如履平地"来形容。然而，就是这样一个经验丰富、技艺高超的杂技演员，在一次重大的表演中不幸失足身亡。

那次观看表演的观众都是美国的知名人物，如果演出成功不仅可以奠定华伦达在演技界的地位，还会给他的表演团带来滚滚财源。十几年的梦想终于近在咫尺，华伦达的内心在翻腾，他在后台不断搓着手来回踱步，口中不断地喃喃自语："这次表演太重要了，我一定要走好，绝不能失败。"

悲剧发生后，华伦达的妻子说："我知道他这次一定要出事，因为他太在乎这次表演了，使得他的心完全乱了，不再像以前那么宁静。他把太多精力用在避免掉下来上，而不是只关心走钢索这件事本身。"

华伦达的悲剧并不是个例，在体育界流传着一个叫"埃蒙斯魔咒"的说法，美国射击名将埃蒙斯连续两年在男子 50 米步枪 3×40 决赛最后一枪打出 4.4 环，这个令全世界观众感到匪夷所思的成绩同样也是埃蒙斯的噩梦。心理学家认为，这都是埃蒙斯太想成功造成的过度紧张。实际上，很多普通人也存在这一心理现象，对于成功的渴望和焦虑，是让多数人在关键时刻"掉链子"的主要原因。

每个人在生活中都会面对各种压力带给我们的负面情绪，为什么有的人不仅没有愁眉苦脸、恐慌烦躁，反而能够在压力之下活得轻松自在，并且成就梦想呢？其实，这些人如你我一样，都是普普通通的老百姓。只不过，他们能时刻保持一颗淡定的心，懂得自己释放内心的压力，能戒除焦虑、紧张、恐惧等负面情绪，使自己不受其害，进而保持健康的身心。我们把压力是当做绊脚石还是垫脚石的差别就在于：我们是否能够静下心来，放宽心态，恢复自身的生命节奏。

既然我们已经知道了宁静的情绪是多么重要，那么如何才能亲身体验到它们？如何才能让自己觉察到负面情绪并且有效地释放它们，重新获得内心的宁静？

理性面对：遇到问题的时候，先别急着乱了方寸，调整呼吸频率，找出问题的根由。当我们在思考的时候，我们自身的情绪就已经得到了调整。一旦发现症结所在，我们的内心就会恢复安然与淡定。

偶尔"阿 Q"："阿 Q 精神"意味着自我安慰，通过让步、理解等一系列积极的心理反应来获得心理满足，保持精神优胜，从而缓解、平复负面情绪。它可以医治我们失衡的心理，让我们的心态获得宁静平和，精神恢复到安然与舒适的状态。

学会冥想：除了遇到大事、急事外，平时各种小矛盾、小冲突也会经常骚扰我们的情绪，因此，每天花点时间进行冥想可以让我们的情绪得到规律性的放松。想象的内容有很多，这里要介绍的是想象与心脏跳动频率一致的

 第六章 挖掘自己的积极情绪，你比想象中更有力量

击鼓声：遥远的喜马拉雅山，隔世独立的寺庙，深沉、缓慢的击鼓声。当我们内心的激荡频率与冥想中的击鼓声一致时，我们就如同置身于茫茫宇宙中。等再次睁开眼睛就会发现，再大的事情也显得如此渺小。

简单重复：采摘浆果会让我们的内心得以平静，虽然这项工作并不是那么轻松，但当我们集中精力重复同一件事情时，我们的大脑就会放空，但副交感神经系统却会受到刺激，从而让我们的情绪得到放松。这与哄哭闹的婴儿入睡是一个道理，你用轻柔的手拍抚着孩子，让孩子渐渐放松，最后沉入梦想。因此，如果想要使自己恢复平静，就选择做一些类似织毛衣、折纸等简单的、不用动太多脑子的事情。

当我们能够让内心保持淡然和安稳时，我们就能够寻找到真正的自我。那时，我们不再寄希望于他人对自己的救赎，因为我们已经知道，内心真正的宁静才是对自己最大的救赎。

希望：灾难中的动力和源泉

> **微情绪关键点**：如果你身处黑暗之中，能够让你继续生活下去的理由，就是希望！希望所改变的是我们的思维方式。一个满怀希望的人，无论是对自己，还是对别人，都比一般人更加宽容，他们的生活态度也更加乐观。

你能想象一个还在读大学的女孩子，每天只能待在无菌的房间里，喝着蒸馏水，吃的是没有任何化学成分的食物是什么情景吗？很多年里，她都无法感觉到阳光、风和植物。她的汗水会因为毒性而让她的背部形成一块块疤

痕，她的尿液呈现的是可怕的绿色。她甚至不能哭泣，因为眼泪和汗液一样有毒。

她就是美国女孩辛蒂，当时她还在医科大学念书。在一次为蚜虫去除化学污染的实验里，杀虫剂里的化学物质破坏了她的免疫系统，使她患上了常人难以忍受且无药可治的"多重化学物质过敏症"。这种病使她对香水、洗发水以及日常生活中接触的一切化学物质过敏，连空气也可能使她的支气管发炎。她的人生陷入了一场灾难中。

坚强的辛蒂撑了下来，作为一名学医者，她的心中始终有一股信念支撑着她，那就是为所有与她一样受到化学污染物侵害的人争取权益。在灾难降临后的一年，病情趋于稳定的她创立了一个专业网站，以便为那些致力于此类病症研究的人士提供一个窗口。8年后，辛蒂又与另一家组织合作，创建了化学物质伤害资讯网，为人们免受化学物质的威胁而努力。目前，这一资讯网已有来自32个国家的5000多名会员，网站不仅发行了刊物，还得到美国、欧盟及联合国的大力支持。在面对记者的采访时，辛蒂说："如果是曾经的苦难换回了今天的成绩，那么我所承受的一切痛苦都是值得的。"

希腊神话中，潘多拉无意打开一个魔盒，将所有邪恶——贪婪、虚无、诽谤、嫉妒、痛苦等释放到人间。还好她及时关闭了魔盒，唯独将希望留在了里面。于是，人类靠着这份希望与邪恶作斗争，它是支撑人类意志的一股无形力量。

希望是一种情绪体验，一种当我们处于逆境或困境时能支撑我们坚持美好信念的特定情绪。艾维里尔等心理学家认为，希望是一种与人们目标紧密相连时产生的情绪体验，当目标是可达到的、可控制的、并且具有一定的重要意义时，人们就会产生希望这种情绪体验。

希望能够让我们富有热情，这种强有力的、稳固而深厚的情感体验不像激情那样短暂，它能够推动、激励我们不断向前迈进。

 **第六章 挖掘自己的积极情绪，你比想象中更有力量**

19世纪中叶，美国加州发现金矿，淘金者蜂拥而至。人越来越多，导致后来者不再像之前的人那么容易淘到金砂了。这对那些变卖家产、到此一博的人来说不啻一场噩梦。不少人因为失望打了退堂鼓，但是有一个年轻人却不这么想，他觉得在美国生活下去还是大有希望的。这种积极的状态激励着他用心去思考，不久后，他发现淘金的地方因为缺少干净的饮用水而常常发生冲突，于是他放弃淘金，改行做起了卖水的生意。几年过去了，这个卖水的年轻人赚了很多钱。

希望能够让人保持乐观的积极态度，当人充满希望时，人体内会产生一种化学物质——"因道啡"。在一般情况下，人体内的"因道啡"浓度不高；但如果将其提取出来，以较大剂量注入骨髓及大脑中时，会使人感到轻松，产生"笑感"。美国宾州大学心理学教授马丁·沙里曼在连续几年研究乐观心态激励人心的重要性时发现，对保险公司业务员来说，内心总是充满希望的业务员的业绩在第一年比悲观型业务员超出了21%，第二年就超出了57%。因为，遭遇了一次次的失败后，悲观的人总是会在心里告诉自己："这行对我来说太难了，我肯定干不下去了。"而乐观的人就会告诉自己："没事，还有下一次呢，我要做的就是吸取经验。"

维多利亚·莫杰斯塔出生那年，因为助产士的失职，在生产过程中把她的小腿和大腿全都扯脱臼了，刚出生6周的她就绑上了石膏，结果，这一绑就阻止了她左腿的生长。此后的十几年里，她总共接受了大大小小15次矫正手术，直到她12岁时，仍然没能解决问题。

当时，在她的国家里，残疾人受到很大的歧视。当医生们意识到她的腿无法纠正了之后，甚至建议她父母把她放进儿童福利院里去，永远不要走出社会。虽然在父母的呵护下，她得以在家里成长，但是她仍然无法避免地以一个"残疾女孩"的身份在学校里遭受他人的嘲笑。

后来，她的父母带着她移民到伦敦，但是情况并没有改善，她遇到了同样的待遇。最后不得不在 14 岁退学。

离开学校之后,她开始真正能够专注于自己喜欢的事情:音乐、时尚。她找回了自信,但却因为无法穿裙子、高跟鞋而使她总是无法成为一个时尚人士。

她下定决心要改变自己,办法只有一个:把小腿截掉!

一开始,很多外科大夫都拒绝了她的要求,最终,她找到了一个被她说服的医生,同意为她截肢。

她对医生说:"你一定听说过变性手术,那是因为有人活在一个自认为不属于自己的躯体里,希望变成那个属于自己的躯体。我的情况也是一样,我不想要这只废腿了。"

成功截肢之后,她感受到了解脱……

她高兴地说:"我觉得我整个人生前半段所有的负面情绪,都随着这条废腿一起被截去了,迎接我的将是全新的一面!"

她开始满怀希望地投入她的假肢制作和时尚音乐中去了,她把她失去的小腿当成了她的优势。

终于,她被英国 Channel 4 电视台看中,专门花了 20 万英镑为她制作出了第一个 MV,并安排在了英国最黄金的时段里插播。

她一炮走红,超过 800 万人通过各种平台看了这段视频。

希望是行动的源泉,但如果不付诸行动,那么希望就只能成为一个美好的幻想。当我们有了实现的目标后,希望作为一种积极情绪可以帮助我们不断地进行尝试,失败了也不气馁。但前提是,你是否去做了。

美国心理学家马丁·塞利格曼发现,对生活充满希望的人总倾向于相信任何好事都源于他们的性格,是他们努力争取来的,因而是可以不断重复的;而坏事只是一次偶然的失误,不足以破坏他们整个人生。这样的心态成了他们永不放弃的动力源泉。

因此,当我们面对各种艰难困苦时,不要寄希望于所有问题都能一下子

 第六章 挖掘自己的积极情绪，你比想象中更有力量

解决，而是要把目光放在一个个具体的问题上面，衡量轻重缓急，然后逐个击破，这样才不会使我们的信心遭受打击。

一般来说，面对困难，我们可以从下面三方面因素来思考：

1. 判断事情是由你自己引起的，还是由外界原因引起的？
2. 事情是偶然的，还是必然的？
3. 事情是临时的，还是反复出现的？

通过这三方面因素的判断，你会发现，那些原本看起来复杂的、令人绝望的问题，并没有想象中那么吓人，你完全可以有针对性地去解决它们。

面对玫瑰花，有人只看到玫瑰上的刺，有人却陶醉于玫瑰的芳香。生活或许也是一朵带刺的玫瑰，它是否美好，取决于你如何看待。悲观的人仰望天空说，月亮背面也有阴影；而乐观的人会说，每一颗星都闪动着一个希望。一个女人拥有的心态是消极或积极，将决定她的一生是成功还是失败。

喜悦：由内而外的宁静与满足

> **微情绪关键点：** 喜悦的情绪不仅仅依赖于外在因素给我们造成的情感刺激，更是来源于我们内心，来源于我们对事物的看法。当我们经常性地感到喜悦时，就说明我们的心理状态已经变得非常积极了。

还有什么比在好时巧克力工厂工作更让人快乐的事情呢？因为工厂不仅仅生产巧克力、产生经济效益，而且，还给人们的生活带来喜悦和满足。

1897年，米尔顿·好时，这个从小在乳制品农场长大的人，将巧克力这

种欧洲上层社会才能享用的奢侈品引进到美国。他将全部的心血转移到宾州德利郡的一个农场,在那里建立他的"好时巧克力"王国。1907年,被誉为美国巧克力工业标志的好时 kisses 巧克力诞生,这种小巧可爱、口感丝滑柔顺的食品象征着喜悦与甜蜜,一下子征服了美国人的味蕾,它是好时先生带给人们的幸福和快乐。有趣的是,不同的 kisses 巧克力还代表了不同的意义,比如特浓纯奶巧克力代表"浓烈的爱",杏仁巧克力代表"深厚的爱",1颗 kisses 代表"你是唯一",2颗 kisses 代表"你侬我侬",等等,这些带有强烈喜悦情感的附加值使人们对 kisses 巧克力更加喜爱。

20世纪初,好时先生的员工能够在小镇上感受到公司所带来的归属感和认同感,享受到与大城市一样的便捷与舒适,镇上的一切公共设施如医院、剧院、游乐场、银行、学校等都是好时公司修建的,镇上的主干道名为"巧克力大道"和"可可大道"。除此之外,好时先生每年还引进和举办许多大型演出活动,让人们享受与好时公司在一起的生活。这样的经营方式有效地调动起了人们的积极情绪,让他们在快乐、愉悦的心情中与公司一起向前发展。

现代心理学家告诉我们,情绪是伴随着认知和意识过程产生的对外界事物的态度,是对客观事物和主体需求之间关系的反应,简单地说就是人对客观事物所持有的态度体验。这意味着我们的情绪是受外界影响的,我们的喜悦之情也往往是来自于外在所发生的事情。

如果我们观察初生的婴儿就会发现,婴儿表现出喜悦情绪时总是在他们的生理需求得到满足的时候,他们所期望的事情还是非常简单的,只要喝奶、排泄的需求得到满足,自然就会流露出喜悦的情绪,大人也会根据他们的情绪表现来判断孩子的感觉是否舒适。

对于成年人来讲,情绪的反应形式就十分多样了,《礼记》把人的情绪分为七大类,称为"七情",分别是:喜、怒、哀、惧、爱、恶、欲。当今心理学家们则把喜悦、愤怒、悲哀、恐惧列为情绪的四种基本形式。可见,喜悦情绪是最基本的积极情绪。喜悦情绪的产生,是伴随着人的成长逐渐从单一到多元的。

 **第六章 挖掘自己的积极情绪，你比想象中更有力量**

成年人的喜悦情绪不仅来源于生理满足，还往往伴随着社会心理的满足。

著名作家丰子恺先生曾经写过一篇《中举人》的散文，文章回忆了他的父亲中举前后的整个过程。丰家从祖父一辈开始经营染坊店，祖父早死，祖母是一个坚强、开明的女性，人称丰八娘娘。她将自己的全部希望都寄托在儿子丰斛泉的仕途上。斛泉从26岁开始参加举人大比，当时是3年一次，连考了两次都没有考中，丰斛泉心中总是充满了焦虑。因为祖母虽然开明，但是也十分要强，总是对人说："坟上不立旗杆，我是不去的。"所谓"立旗杆"，是光宗耀祖的事情，只有考中举人才可以在祖坟上立两个旗杆。也就是说，丰斛泉必须在母亲生前中举人。可想他的压力有多大。

第三次考完回家，斛泉每天都闷闷不乐，茶饭无心，祖母则因为年老体弱，已经缠绵病榻。放榜的时候到了，染店里的管账先生突然心血来潮要去等"报事船"，一到码头，就见远处有船驶来，锣声阵阵，船上人报的名字就是丰斛泉。管账先生激动地拔腿就跑，冲到斛泉床前大叫："斛泉中了！斛泉中了！"斛泉不相信，蒙头不理他。等到锣声敲到家里，斛泉才真的相信自己中举了。丰八娘娘闻讯，也高兴地扶病起床。街坊邻居们全都涌进来，大家都争着看新举人。接着，丰家上下张灯结彩，人人喜气洋洋，连摆了三天的"贺席"，斛泉因为内心的喜悦无法言表，即使应酬再多也不觉得劳累，而祖母的病似乎都好了很多。

祖母经过这一番劳累，病势日渐沉重，斛泉连忙到坟上立了旗杆，祖母弥留之际问斛泉："旗杆立好了吗？"斛泉回答："立好了。"祖母含笑而逝。

在现实生活中，喜悦情绪常常就是这种盼望已久的目标达到之后，或者是从极度紧张中解脱出来之后的一种情绪体验。但愉悦情绪并不会是持久的，或者说，我们普通人的喜悦情绪总是来自于对外界所发生的事情。一旦事情不符合我们的期望，情绪就会低落、消沉。丰子恺的父亲丰斛泉中举可以说是他人生中最辉煌的时刻，可是他考中的是"恩政并科"，是最后一次科举考试,之后科举就被废除,办学堂了。如果是以前,举人被叫做金门槛,跨进去后进士就不难考中,就可以做官了,但现在斛泉只能在家里设私塾坐冷板凳了。斛泉36岁中举,42岁就死于肺病,在丰子恺的回忆中,后面这五六年间他的父亲总是十分寂寥、苦闷。

现在,我们有了一个疑问,我们是否真的只能向外界寻找喜悦呢?我们是否应该停下来想一想,喜悦究竟是什么?它来自何方?

曾经有人说过:"喜悦就是内心的宁静与内在的完整感,是在你度过这一天时发出的内在的声音。"也就是说,喜悦是一种发自内在的感受,只要让心静下来,认真体会,我们就能感受到喜悦。我们之所以会对某些事情产生愉悦的情绪,归根结底还是因为我们内心对某些事物价值的判断,所以不同的人对不同事情的情绪感受是不同的。这就为我们化解负面情绪、保持积极情绪指明了方向。

人世的悲欢离合常常会引起很大的情绪波动,人们因害怕或极力避免这些情况的出现而患得患失,从而影响了自己的生活。此类想法一旦积蓄太久太多,就会引来很多负能量。无论是喜悦还是痛苦,这些情绪并不会使我们变好或者变坏,也不能真正影响到我们的本性,真正影响的是我们自己对事物的看法。

孔子曾经这样评价颜回:"一箪食,一瓢饮,在陋巷。人不堪其忧,回也不改其乐。"说的就是颜回并不会因为物质条件的不丰裕而消沉,相反,他的内心依然充满喜悦。宋代程颢的《秋日偶成》这样写道:"闲来无事不从容,睡觉东窗日已红;万物静观皆自得,四时佳兴与人同。道通天地有形外,思入风云变态中;富贵不淫贫贱乐,男儿到此是豪雄。"这种发自内心的喜悦和满足,并不是外界的悲欢离合能够带走的。

当我们对外界事物有了重新的认识,当我们能够不再将喜悦与物质条件联系起来,使之成为一种内在的稳定状态,那么不管遭遇灾难还是打击,无论生活是贫穷还是富贵,我们都能时常感受到这种由内向外绽放的强大能量所带给我们的幸福。

 第六章 挖掘自己的积极情绪，你比想象中更有力量

兴趣：对新鲜事物的渴望与追寻

> **微情绪关键点**：兴趣源于我们对未知事物发自内心的需求感，这种感情促使我们不断地了解、探索我们感兴趣的事物，并且在不断的追寻中完成一种自我价值的认同与实现。

在朱莉娅·查尔德改变世界之前，她只是一个平凡的生活在法国的美国女人。她是跟随身为政府官员的丈夫来到法国巴黎的。初到法兰西的日子让她感觉什么都是新鲜有趣的，但日子长了，她就想找点事情来做，因为在那个有限的交际圈中，那些妇人们所谈的话题茱莉亚一句也插不上嘴，这让她感觉很挫败。

她参加了学做法式礼帽的培训班，还参加了桥牌课程，可这些都不是她想要的。这天，她照例和丈夫共进午餐，只有吃进嘴里的牛排才能让她精神一振。

"你说，我该学点什么呢？"

"亲爱的，你还是没想好要干什么吗？"

"没有，这里的一切对我来说都是那么陌生。"

"那你喜欢什么呢？"

"我喜欢吃！"茱莉亚赌气地说，可马上她自己就"咯咯"笑开了。

过了一会儿，她心有所悟地说"对啊，我喜欢吃，那我为什么不去学做菜呢，这里可是法兰西啊，法国菜可是出了名的精致、美味！"

她感觉她的心灵觉醒了。从最基本的切洋葱开始学起，她的生活一下子变得有趣而充实起来。她在蓝带课程班里，从对美食一无所知的人变成了将烤鹧鸪、

勃艮第红酒炖牛肉、法式咸派、香煎鲷鱼、酥皮派等佳肴美馔信手拈来的厨艺高手。最终,她在法国的美食天堂里找到了自己的一席之地,并将自己的经验分享成一本厚厚的《掌握烹饪法国菜的艺术》。她将法式美食制作方法和烹饪通过书籍和电视传播到了美国,对美国乃至世界的饮食文化产生了深远的影响。

心理学认为,兴趣就是力求探究某种事物或从事某种活动的心理倾向,它能使我们对某事物和相应的活动表现出积极的接受和深入的探究,并且总是伴随着快乐、欢喜、满意等肯定的或积极的情绪体验。

兴趣是在"需要"的基础上产生和发展的。所谓需要,其实就是我们在生活中感到某种欠缺而力求获得满足的一种内心状态,强烈的需要就会变成渴望,它激励人们采取积极行动来满足自身的需要。

兴趣的起点是好奇心。爱因斯坦把儿童时期的好奇心称为"纯真的好奇心",因为儿童对世界上的一切事物都感到新鲜。然而,之所以说好奇心只是起点,而不是兴趣本身,那是因为好奇心比较广泛,没有明确的方向,我们可以对任何吸引我们注意力的东西或事物感到好奇;而兴趣则有明确的方向,即使是兴趣广泛的人,也只是对其中几种真正感兴趣,从而会激励自己展开进一步的探寻。

5岁时,他收到人生中第一份生日礼物——一摞厚厚的《上下五千年》,从此爱上了阅读历史。大学毕业后,他考取了公务员。白天,他是普通科员;晚上,他就摇身一变,成为俯瞰300年明史的巨人。每天晚上4到6个小时的写作有时候是极其枯燥的,他甚至要用洗澡来缓解压力,但他笔下流泻出的却是那么轻松诙谐的文字。

直到他的那部《明朝那些事儿》一炮走红之后,他身边的同事都还无法把这个内向、话不多的科员与网络红人"当年明月"联系在一起。这个并非科班出身的写史高手其实爱好并不多,据他自己说,从7岁到11岁,他把那本《上下五千年》读了7遍,从此便一发不可收。他开始涉猎《二十四史》、

 第六章 挖掘自己的积极情绪,你比想象中更有力量

《资治通鉴》、《明实录》、《清实录》、《明史纪事本末》、《明通鉴》、《明汇典》和《纲目三编》等等。

考上大学后,读的是他并不喜欢的法律,这让他感到苦闷、压抑。于是,他开始更加痴迷地读史书,开始广泛地阅读各种历史杂谈、笔记和实录,有时候在图书馆一坐就是一整天。虽然别人不能理解自己,但他感觉很充实。但有时候,他也会厌烦,感觉为什么历史读来读去都是这样枯燥乏味。2006年3月的一天,他在下班回家的路上,手里正翻着一本《明实录》,看着看着,他脑海里突然冒出了一连串的反问句:难道我要永远翻着这些枯燥的文字到终老?我为什么不能重写明史?!自此,《明朝那些事儿》开始在网上连载,并迅速受到众多"明矾"的追捧。当《明朝那些事儿——朱元璋卷》首次出版时,马上销售一空,加印20万册后,又被读者一抢而光。后来,《明朝那些事儿》(2、3、4)相继出版,销量依然空前高涨。

兴趣就是这样一种在探索和认识某种事物的活动中产生的乐趣。这种乐趣能使人们得到极大的满足,从而促使人们的注意力高度集中,甚至达到忘我的程度。当一个人对某种事物产生兴趣时,便会主动趋向于接近、认识和掌握这种事物,并从中体验到愉快和心理上的满足。随着兴趣活动的进行,兴趣的满足并不会使这种兴趣消失,而是会使兴趣丰富、深入和强化。

那些能够掌控自己命运的人,都是能够找到自己擅长并喜爱的工作的人。他们能够充分发挥兴趣的效能,而不只是停留在观望和等待状态,或者只是口头讲讲,很少有具体行动。一个效能高的兴趣能够推动人们勇于探索,坚持不懈地为实现目标而奋斗。总之,兴趣是人们进行创新活动的心理推动力之一,它能够使创新者感知力敏锐,思维活跃,想象丰富,从而提高探寻的效率,增强克服困难的信心和勇气。

不喜欢的事情,就不值得去做,否则就是对生命的一种浪费,也会给人们带来许多负面情绪。只有做喜欢的工作,我们才能保持积极的情绪,才能在快乐中获得成功。即使再苦再累,兴趣也会成为我们坚持下去的信念和力量。

微情绪心理学全集

自豪：令人感觉良好的自我意识

> **微情绪关键点**：自豪是一种对自我能力和价值的极大认同感，它发自内心且有着持久的影响力，让我们感觉自己拥有力量，并促使我们不断超越自我，达到人生新的高峰。

已经奔三的朱莉窝在狭小的办公空间里，每天的工作就是接起电话，用尽量亲和、柔美的语调面对那些在9·11中遭受创伤的人们，他们会提出各种各样的问题，向她抛出一个又一个难题。每天回到家，她都疲惫不堪，瘫在沙发上什么也不想动，除了做饭的时候。

朱莉烧得一手好菜，这一点，她的老公最清楚，也只有在这个时候，朱莉才感觉是为自己而活。她在与同学的沙拉聚会上发现，大家都已经功成名就，成为了令人羡慕的女强人。反观自己，总感觉一事无成。

自己真的已经过了保质期了吗？不！倔强的朱莉也在找着自己的兴趣点，想做一点自己感兴趣又能证明自己的事情。老公鼓励她重新拿起笔来写作，可是曾经半途而废的经历让朱莉没有信心可以重新开始。老公说："那你就写吃吧。你不是很喜欢做饭的吗？"真是一语点醒梦中人。她一下子想起手里有法国蓝带大厨茱莉亚·查尔德食谱的手抄本，她决定用一年的时间，用自己的方式重新将茱莉亚的524道菜全部做一遍，并且在博客上每日更新自己的心得、体会和方法。

第二天，朱莉就付诸行动，她可以说是完全沉浸在这项看似不可能完成的计划中。她宁愿花去自己半个月的工资，购置需要的食材；面对母亲的不理解，她也是一笑置之；工作中的各种烦恼在朱莉看来似乎也不那么严重了，

 第六章 挖掘自己的积极情绪，你比想象中更有力量

因为当她用浓郁的黄油做出美味的焗蘑菇时，一切都变得那么美好。

365天，524道菜，朱莉将自己对美食的兴趣融入到了这一道道菜中，她收获的不仅仅是博客上那许许多多的评论，还有数量日增的粉丝，电话不断的出版商，以及日益充实的生活和自信、积极的心态。

自豪情绪是一种非常强烈的积极情绪，它常常表现为对自己感到骄傲和光荣。与自卑的人相比，自豪的人常常在受到侮辱或者被伤害感情的时候，简明而不冒犯他人地说明自己的观点。如果一个人不能做到对自己感到自豪，那么当他面对负面评价时，容易说一些傻话，或者感到羞愧，甚至会争吵一番，最后也许以怨恨的心情结束。自豪的情绪可以帮助我们以积极、乐观的心态看待自己和他人，而不会随随便便怀疑、否定自己。

就像朱莉在博客上坚持了一年重新制作了年代久远的食谱那样，当一个人深深地为自己的目标感到自豪时，他们通常会发出排山倒海、势不可挡的力量。当你对自己的梦想和目标有一股深切的自豪感时，其实你所有的困难都已经解决了。这就意味着，自豪是对自己所拥有的一种满足情绪。

曾经有一个落魄的推销员，旁人常常笑他是个痴人，因为他的梦想是与爱迪生共事，而不是为爱迪生做事，他常常为自己有这样的想法而深感自豪。但他首先要解决两个问题：第一，他没有去爱迪生所在的新泽西州的车费；第二，他得先认识一下爱迪生长什么样子。

当他辗转来到爱迪生的实验室里时，他已经身无分文了。没有人理睬他"要和这位伟大的发明家合作"的宣言，而只是被安排在爱迪生的公司里做一名勤杂工。但他相信，他已经有了获得成功的机会，虽然当时没有人会把他与爱迪生的商业伙伴联系起来。

他在爱迪生那儿做了几年的清洁工和设备维修工，直到有一天，他听到爱迪生的销售人员在嘲笑一件最新发明物——口述听写机时，他知道机会到了。当时，所有销售人员都认为：为什么不用秘书而要用机器呢？只有他站

出来说道:"我可以把它卖出去!"

他花了一个月时间,跑遍了整个纽约城。一个月之后,他卖了7部口述记录机。当他抱着拟好的全美销售计划回到爱迪生办公室时,爱迪生便与他签了约,由他一手掌管全国的行销配合等事宜,他真的成为了爱迪生的合伙人。

他叫巴纳斯,是爱迪生数千名员工中唯一成为他合伙人的商业奇才。

假如你也属于那些喜欢默默无闻、谦虚谨慎地退守在后面,而对他人表现出来的自豪感嗤之以鼻的人,那么你应该反思一下自己的行为了。假如你认为自己的能力和业绩应该得到更多的尊重;假如你想摆脱经常遇到的不可思议的失败和懦弱性格,那么千万记住:你必须学会为自己自豪。只有感到自豪的人,才不会被他人视而不见。

那么,我们该如何获得自豪感,并且恰如其分地表现自豪感呢?下面有些小的建议,希望对大家有所帮助:

1. 试着"自吹自擂":不要等着老公(或老婆)自己来发现房间打扫得一尘不染,或者等他(她)惊讶地发现你还烹饪了美味的晚餐。你可以尝试着自己把握先机,学会夸赞一下自己:"看,今天我真不错,干了好多事,还及时把晚饭准备好了!"

2. 给自己做广告:想想看自己身上有哪些积极的性格和才能,至少列出5条,例如"我从不轻言放弃"、"我有扎实的语言功底"、"我善于与人打交道",等等。列出来后,站到镜子前大声而清晰地朗读你记录下的内容。是否觉得幼稚可笑?那表明你还不习惯通过赞美自己来激发自豪的情绪。

3. "我是最好的,但我微不足道":自豪情绪的流露要看准时机和场合,如果时时刻刻都显得十分自豪,会让人感觉十分张扬。要知道,你离自己的目标或许还并不是那么近呢。

自豪是发自内心的积极情绪,有时候是情不自禁的,但其实也是可以培养的。当我们能够把自豪情绪带入工作和生活,从而调动积极性和主动性,还用担心自己不成功吗?

第七章

撕破消极情绪的面罩,与自己和解

我们都知道消极情绪的破坏力,也都希望能够远离它。然而,我们必须承认,每种消极情绪都有它存在的理由——它事实上是我们的一种心理防御反应,是为了让我们免于受伤。每个人的人生都是有阳面和阴面构成的,只有正确看待人生中的阴面,对消极情绪有正确的认知,并加以适当的控制,我们才能拥有完整的人生。

 第七章 撕破消极情绪的面罩，与自己和解

猜疑：一种消极的自我保护

微情绪关键点：习惯猜忌的人一般很敏感，总觉得什么事情都与自己有关，对他人的言行过分关注，总是表现得小心翼翼。这种情绪通常会造成人际关系紧张，最后被社会所孤立。

海狸是一种非常聪明的动物，平时喜欢生活在水草茂盛的地方。它有一项绝活儿：修补水泊豁口，这个本领是出于海狸喜欢保持居住地出水量的本能。只要豁口有流水声，它就会循声而来，衔来树枝、泥土等物将豁口堵死，尽力阻止水的流失。

动物学家曾经做过这样一个实验：把录音机放在实际上没有豁口的水泊边，不停地播放流水声。不久，海狸闻声赶来，虽然它们怎么也找不到豁口在哪里，但出于保险起见，它们会在声源附近涂上厚厚的一层泥土，然后才放心离去。当它们返回这里，听到流水声还在时，尽管还是没有找到豁口，但是它们会再次衔来泥土，继续重复着自己的"填补"行为。

海狸的思维是单向的、简单的，它们为了保护自己，尽管并不存在真正的豁口，但仍然一遍遍地填补着莫须有的"豁口"。这种行为是海狸的生存本能，为了安全起见，似乎也是必要的。不过，把这种行为放到我们人类的现实生活中，情况可能就不一样了。你可以问问自己，是否常常感到自己的心中有"豁口"呢？如果是，那么就意味着你产生了一种常见的消极情绪——猜忌。

猜疑，是建立在猜测基础之上的，这种猜测往往缺乏事实根据，只是根据自己的主观臆断毫无逻辑地去推测、怀疑别人的言行。主要表现为过度敏感、多心，易把周围的一切与自己相联系，过多地做悲观的预测，常为小事而耿耿于怀。同猜疑情绪强烈的人相处，对方必须时时提防是否说错话或是有任何让其产生不快的行为，这样的交往由于缺乏信任的基础，岌岌可危，即使开始交往时还算和睦愉快，但由于缺乏真诚的沟通，不久对方就会身心疲惫，对猜疑多心的人敬而远之。

夏吉到现在还清楚地记得发生在那天凌晨的一切："刀子拿在手里的时候，我当时脑子里真是一片空白，是我毁了这个家……"

夏吉离婚后经人介绍与张莹认识，在他眼里，张莹是个温柔端庄、十分有主见的女人。认识一年后，两人在众人的祝福中结婚。可是不久后，曾经的美好慢慢在日常的琐事中瓦解了。

夏吉和张莹是带着各自的子女结合的。夏吉觉得，张莹虽然对自己很好，但是对他的儿子却十分冷淡，可当夏吉批评张莹的儿子时，他觉得张莹就会流露出不快的情绪。这对半路夫妻对子女教育理念的不同，成了两人矛盾的核心点。

张莹的儿子学习成绩不太好，夏吉在教学问题上觉得应该量力而行，但张莹认为孩子只有读重点中学才有前途，每次说到这个事情，两人总是不欢而散。入学模拟考，张莹的儿子考得很差，但考试成绩还是没有让张莹看清事实，她坚持花钱让儿子进私立中学，而张莹也把夏吉的反对归结到他不肯花钱，对她的儿子偏心小气。最终，张莹甩出了一句让夏吉这辈子都会记得的话："我不要你出钱，我有的是钱！"

夏吉开始背着妻子清查家里的资产，结果大大出乎他的意料，经他初步估算，家里至少应该有10万元的存款，但是银行里只有2万元的活期存款，其他钱都不见了。他开始留意妻子的行踪，发现张莹暗地里总是偷偷给自己的儿子买东西。夏吉决定把家庭经济大权夺回来，这样做的结果是进一步加

 第七章 撕破消极情绪的面罩，与自己和解

深了两人的矛盾，最后在吵架中竟然发展到了刀刃相见的地步，酿成了无法挽回的悲剧。

作为在婚姻上都受过伤的两个人，这场悲剧其实是完全可以避免的，他们之间缺少的就是沟通和理解。对于张莹来说，照顾丈夫是她的责任和义务，但是她对丈夫的儿子比较冷淡，或许也有她自己的无奈，比如她可能认为，既然是男方的孩子，自己不便过多参与教育。这也是她会在自己儿子的教育问题上与夏吉产生矛盾的原因，她觉得夏吉也不应该过多插手自己对孩子的教育。对此，男方应当通过正面或侧面沟通，了解老婆内心想法。如果只是一味抱怨、指责妻子，这样只会让妻子越走越远。张莹在整件事情中也有一定的责任，既然已经成了夫妻，在财产使用上就不应该瞒着丈夫，否则只会加深猜忌，使事情变得越来越糟。

猜忌心理如果不能及时消除的话，就会发展成处处神经过敏，事事捕风捉影。不仅对他人失去信任，就是对自己也会心生疑窦。久而久之，因为这种过度缺乏安全感的情绪作用，猜疑者自己也会陷入挣扎中。当多心者被孤立后，往往会变本加厉，更确信自己之前的猜忌是理所应当的。如果任猜疑蔓延发展，还会形成攻击型变态人格，引发一场悲剧。莎士比亚著名的悲剧《奥赛罗》就写了这么一个悲剧：勇敢诚实的摩尔人统帅奥赛罗，中了狡猾残忍的埃古的奸计，误认妻子苔丝德蒙娜不贞，猜疑之火在埃古的煽动下，越烧越旺，致使丧失理智，将妻子杀死，酿成恶果。在证实了妻子的清白后，奥赛罗悔恨交加，自刎而死。猜疑，断送了一个美好的家庭，同时也断送了一个英雄的事业。

法国有句谚语：和睦可以建造大厦，而猜疑却会毁掉它。要想消除猜疑情绪，关键词就是：信任！信任他人，也相信自己。

曾经有心理学家对德国孩子独立活动能力做过研究，他们发现：德国家长对于孩子的监控要远远少于英、美国家的家长。德国家长之所以放心让孩子在户外独自玩耍，原因之一是他们相信其他成年人会帮忙留心照看自己的

孩子。德国的家长知道，在孩子独自出门的时候，街上的成年人会自发地监督照看他们，在必要时还会像父母一样行事。在公园里、公交车和电车上，在去任何目的地的路上，都会有成年人注意他们，当他们的行为不好的时候还会给他们指出来。正是由于这样一套强大的信任机制，使德国家长们放心让孩子独立活动。

既然彼此信任才是克服猜疑情绪的关键，那我们该如何做呢？

1. 敞开心扉。猜疑情绪往往来源于人为设置的心理屏障。当我们对人或事有疑问或者顾虑时，别默默地胡思乱想了，不如将心灵深处的疑虑公之于众，或者面对面地与被猜疑者推心置腹地交谈，彼此认真沟通，以此增加心灵的透明度，争取能够消除隔阂，排释误会。

2. 培养自信心。每个人都应当看到自己的长处，培养起自信心，相信自己会与周围处理好人际关系，会给别人留下良好的印象。这样，当人们充满信心地进行工作和生活时，就不用担心自己的行为，也不会随便怀疑别人是否会挑剔、为难自己了。

3. 消除偏见。一个人对他人的偏见越多，越容易产生猜疑情绪。所以，不要将自己头脑中固有的标准去衡量和推断他人的行为。不仅要用眼睛去看，更要用耳朵听，用头脑去思考，多站在别人的立场上考虑问题。

4. 冷静处理。产生了猜疑之后，不要过分表现出来。你完全可以在提高警惕性的同时，保持"胸有惊雷，面若平湖"的状态。培根曾经在《论猜疑》中就曾这样说："如果你产生了猜疑，有所警惕，可以在保护自己的同时，不要形之于外。这样，即使这种猜疑是有道理的，因为你已经预先做好了准备，所以也不会受到危害；而当这种猜疑没有道理时，你又可以避免因此而误会了好人。"

容易猜忌的人，往往心胸狭窄，于人于己都会产生伤害。只有打破固有的成见，以开放、平和的心态对待人和事，才能突破猜疑的魔咒，建立良好的人际关系。

 第七章 撕破消极情绪的面罩，与自己和解

妒忌："他/她有什么了不起！"

> **微情绪关键点**：有的人在遇到比自己更优秀的人时，会产生羡慕之情，这是一种积极的情绪；有的人在遇到这种情况时，则会生出愤懑、不满之情，这就是妒忌。妒忌是意识到别人拥有自己所缺乏的优势时体验到的一种消极情绪，往往表现为自卑、羞愧、愤怒和怨恨，甚至会刺激人做出一些极端事情。

杜克是一个作家，当编辑告诉他，他最新出版的那本书已经列入畅销书排行榜时，他并没有太多的激动。中午，他与编辑共进午餐时，编辑问他："我说，昨天电话里你好像一点都不激动啊！"

杜克抿了一口葡萄酒，对疑惑的编辑道："其实，我当时只是感到脑子里一片空白。但我似乎总是这样，不喜欢对好的事情流露出太多的情感。"

"什么意思？"

"我母亲曾经说过：'不要在清晨歌唱，否则你将在夜晚哭泣'。但我想，真正影响我的还是我的姐姐。"

"你姐姐怎么了？以前没听你说过。"

杜克用餐巾拭了拭嘴角，将自己完全放松在靠椅上。他眯起了眼睛，似乎沉浸在了往事中。

"你知道，我不是独生子，我有个大我6岁的姐姐，因为我母亲的缘故，我和姐姐的关系一直……怎么说呢……很难相处到一起。"

"你父母可能更喜欢男孩子吧。"

"对于姐姐来说，6年独生女的生活因为我的到来完全颠覆了。小时候我就感觉自己是个王子，而我姐姐则被父母丢在一边不管。我曾经因为父亲送我一辆轿车而高兴得睡不着觉，可是第二天发现，轮胎全都被扎破了，结果，我姐姐被父亲打了一顿。"

"你姐姐这是出于妒忌才会这样吧。"

"虽然后来我姐姐很早就出嫁了，但我已经养成了在她面前不流露出任何快乐情绪的习惯。"

美国著名的人类学家乔治·福斯特指出：在全世界所有的文化中，任何出头鸟都会被一样地看待。也就是说，任何人的成功都会引起周围人的妒忌。这种情绪的潜台词就是：如果你得到的多，我所得的自然就会少。所以被妒忌的人就会有意弱化自己得到的好处，以避免引起别人的愤怒。

妒忌是典型的不良情绪。妒忌者对别人的每一次成功都感到痛苦——尽管有的时候这种成功实际上对自己并无损害。这种情绪比较多的会出现在竞争对手之间，比如诸葛亮"草船借箭"的成功，对周瑜非但无害，而且有益；"祭风"的成功，更对周瑜"火烧赤壁"起了决定性的作用。但是，这些都换不来周瑜对诸葛亮的喜爱、尊敬或钦佩，而总是激起他的仇视。这种痛苦心情使得妒忌者烦躁、忧愁、不安，从而影响到身心健康。妒忌者为了摆脱这种痛苦，就从心底里希望别人远离成功，对别人的失败幸灾乐祸。妒忌心特别严重的人甚至会不择手段地施行破坏，欲将被妒忌的人置于死地而后快。

另一种妒忌情绪则反映在男女感情问题上，英语jealousy（妒忌）一词源于法语词jalousie，原意是"百叶窗"。设想，街上有个男人在他女友的窗前徘徊，因为他怀疑女友在欺骗他。他看见有个男人走进那幢公寓，心里想：现在已是深夜，为什么她房间里的灯还亮着？是不是在等那个男人？接着，他看见有个影子在窗口晃了一下，又会想：那是谁？是不是那个男

 第七章 撕破消极情绪的面罩，与自己和解

人进去了？他们在干什么？接着，他看见他女友来到窗前，朝下面的人行道匆匆看了一眼，便"哗"的一声拉下了百叶窗——顿时，那扇窗变得黑洞洞的，什么也看不见了。百叶窗后面究竟在发生什么，只能任凭他去想象了。但不管他怎么想象，有一点是肯定的，他心里有一种说不出的难受滋味。

玛蒂尔达和丈夫菲勒蒙在家里吃晚饭，他们住在南非黑人聚居区里。除了他们坐的两把椅子，旁边还有第三把椅子，上面放着一件男式外套。奇怪的是，玛蒂尔达正神情紧张地在给这件外套喂饭，菲勒蒙则在一旁监视她，因为这是菲勒蒙对妻子的惩罚。过去，菲勒蒙一直被人认为是个好男人，但他在家里偶然发现，他每天外出干活时，好像总有别的男人到他家里来过。有一天，他突然在上午回家，结果发现妻子正和一个男人在床上。慌乱之中，那个男人穿着衬衣夺门而出，把他的外套留在了床边。接下来，菲勒蒙就开始用那件外套惩罚他妻子。他强迫妻子整天都带着那件外套，吃饭时还要给那件外套喂饭，就是星期天出去散步，也要妻子捧着那件外套在大街上走。如果妻子不肯，他就威胁说会杀了她。玛蒂尔达反复表示，自己愿意悔过自新，她希望他们的婚姻能维持下去。但不管她怎么努力，菲勒蒙就是不肯原谅她。几个月后，玛蒂尔达正和新朋友们在一起聚会，菲勒蒙突然闯了进来，手里拿着那件外套，还强迫玛蒂尔达把外套的来历讲给在场的每一个人听。这样羞辱了妻子之后，菲勒蒙又去酒吧借酒消愁，等他醉醺醺地回到家里，发现玛蒂尔达躺在床上，已经死了……

这个故事来源于坎·希巴的现代剧《外套》，酿成悲剧的原因就是妒忌。我们可以看到，妒忌是一种复杂情感，其中含有恐惧、愤怒、悲伤、焦虑和绝望等多种因素。此外，妒忌通常是因为怀疑自己的心爱之人而引起的，所以它既有可能使人觉得内疚，又有可能使人感到怨恨。虽然人们时常会说到自己的各种不愉快感受，但却极少有人会承认自己在妒忌他人。

一个妒忌心强的人总是会觉得自己有理,对于他来说,别人没有道理。尤其是在男女交往中,他们认为对方只属于自己,常常会一方面害怕他们的伴侣觉得别人比他们更有吸引力,另一方面又从心底里看不起那个可能会夺走自己伴侣的人。因此,妒忌的根源归根结底在于他们对自己的态度。正因为妒忌的人对于自己的价值既怀疑又自负,因此他们就会不断地寻找这样的证据来让自己失衡的心态得到安慰。为了防止伴侣离开他们,他们经常都会问"你是否仍然爱我",会因为嫉妒而与他们大声争吵,会拒绝和伴侣发生亲密关系,会辱骂他,会监听他的电话,会仔细检查他的衣服上是否留有陌生人的头发或者口红印,还会翻看他的口袋和皮包,等等。

培根说:"嫉妒这恶魔总是在暗暗地、悄悄地'毁掉人间的好东西'"。妒忌情绪不仅容易使人们产生偏见,还能影响人际关系。所以,要正确看待妒忌心理,积极地对它进行疏导和克服。

1. 适当宣泄:不要将自己妒忌情绪压抑在心里,要认识到妒忌也是一种正常的负面情绪,没什么不好承认的。最好能找知心朋友、亲人痛痛快快地说个够,他们能帮助你阻止妒忌朝着更深的程度发展。

2. 客观评价:当意识到自己产生了妒忌的情绪时,要积极主动地调整自己的意识和行为,冷静地分析自己,找差距和问题。

3. 看到长处:学会扬长避短,自己的长处同样也可能是别人的短处,充分发挥自身的潜能,这样在一定程度上减弱妒忌的情绪。

4. 加强沟通:伴侣之间适度的妒忌心可以有助于牢固彼此的关系,但也要注意把握分寸。要时常彼此交流,解除不必要的误会和麻烦。

妒忌情绪几乎人人都有,如果能够对自己这种情绪加以适当控制,不但可以减弱乃至消除这种情绪,还有助于充分发挥自身潜能,化妒忌为动力。

 第七章　撕破消极情绪的面罩，与自己和解

愤慨：熊熊燃烧的怒火

> **微情绪关键点**：当外在处境与自我认知之间发生矛盾和冲突时，我们就会产生敌对情绪，进而刺激我们采取消极的方式来对待与自身愿望不相符的现实。在这种情况下，由于情绪失控，我们有可能会出现各种极端的行为。

儿童时期，我们通过哭泣来使自己的心愿得逞，如果一开始没有引起大人的注意，哭声的音量就会陡然增高；如果仍然没有效果，就会通过摔东西、蹬腿、撕毁能见到的任何纸张，同时伴随着大哭大闹来表达心中的愤懑情绪。这一招通常都很有效，大多数父母最终都会妥协，乖乖地答应孩子的要求。长大以后，很多人仍然用这种情绪来驱使别人满足他的要求，以使自己心情愉快。因此，愤慨作为一种消极情绪，来自于外在的刺激与自我认知之间的矛盾。愤怒不会凭空消失，也非与生俱来，它是我们幼年时经过学习而来的，我们潜意识里认为，只要愤怒，心理就能得到满足，于是它慢慢演变成我们的一种常规的消极情绪。

不同的人对于愤慨情绪有着不同的表现，但其驱动这种情绪产生的心理状态却是很相似的：首先是感觉到不公平，往往通过夸大自己所受到的不公平待遇而怒火冲天；其次是认为错都在别人身上，而又没有得到道歉；还有就是将许多微不足道的事情无限放大，认为自己不应该忍受"这个"或者"那个"。

耶鲁大学的西格尔·C.巴塞德教授最近所做的一项研究表明，1/4 的人在工作中会产生轻微的怒气，包括上下班往返奔波的路程较长而产生的厌烦情绪。在这 1/4 的人当中，有的人很容易被激怒，一触即发；有的人永远一副受气包的模样，实际上是把愤怒压在心底；有的人在这里受了气，却到别处发；有的人明明是自己错了，却先冲别人发火，以转嫁责任和掩饰内心害怕、软弱的感觉。

在一个盛夏的傍晚，当吉米回家时，太太告诉他制冷机坏了。天气热得令人无法忍受，房中闷热的环境让吉米脑子一团乱糟糟，他心中有个声音说："真正的男人都应懂得如何修理机械。"然而他却不会修理任何东西，平时甚至连制冷机在哪儿都弄不清楚，他觉得自己很笨。乱七八糟的想法塞满了他的脑袋，他的心中开始燃起熊熊的怒火，冲着太太吼道："你到底是怎么把它弄坏的？你真是让人无法信任！"他感觉，将自己心中愤慨的情绪吼出来让他感觉自己很有力量，似乎他就可以逃避某种责任了。

人们的情绪总是会影响其行为，行为的结果又会使人的情绪加强或减弱。当我们表现出愤慨的举止时，我们就会有相应的情绪体验；同时，我们表现得越愤慨，我们就越是举止失控，而且这种感觉也会持续得更长久一些。

丰子恺在《桐庐负暄》中描述过一件在抗战期间，他们举家乘船逃难时发生的事：

半夜，船停了。船老大诘问平玉："到桐庐你给我多少钱？"平玉回答："不是讲好二十五块钱吗？已经付你十五块，到桐庐再付你十块！""哪个同我讲到？二十五块钱怎么到桐庐？""那位警察同你讲到。我们在六和塔下当场付你十五块钱！""那钱是你们给他的，我没有得到！""啊哟……""你们要到桐庐，究竟出多少钱？""二十五块！已经付你十五块！""二十

 第七章 撕破消极情绪的面罩，与自己和解

五块？现在什么时候？我不去了！"说着，船老大就上岸去了。"此时，从船上望去，黑暗中只能依稀看出岸边的几株小树和船老大可怕的黑影。我愤懑填胸，关不住了，就发泄出来。我厉声向船老大说："喂，我们明明讲好的，你怎么没信用！你想敲竹杠，欺侮我们逃难的人！你这……"平玉连忙阻住了我，低声下气地对船老大说："喂，船老大，有话好讲！现在的确不比平常时候，你要多少，总可商量。不过我们家里已被鬼子打掉，现在只剩这几条命了。你要多少，我们到了桐庐，一定向亲戚朋友借来送你。不过你既然载了我们，请你一定送到，总算救救我们的命！"我佩服平玉的机警，自惭太老实，几乎闯祸，于是也压住了一肚子气，把语气从强硬转到哀婉，说了些好话。船老大风凉地说道："我撑不动了，锅子里有饭，你们吃吃饱吧！"……最后的结论是，到桐庐送他四十五块钱，六和塔下付的十五块钱作废。平玉满口好话，于是，船又开了。……平玉向我耳语："我已用草柴在岸边的小树上打了一个圈。万一有事，我们可向这记号的地方去追究，他的伙伴一定在这里头。"我佩服他，究竟是老江湖。在我，做梦也不会想到这种策略。

当我们被激怒时，往往很难保持思维清晰，甚至那些相对冷静的人，也很难抵得住反击的冲动。然而，"老江湖"平玉凭着对怒火的及时克制，化解了眼前的危机。当然，愤怒情绪并非一无是处的，我们有权利愤怒，因为它是自我肯定的表示，也是一个人对待外界不满时的正常情绪表现。如果一个人从来不敢愤怒，就会失去表达自己想法和需要的勇气。我们需要注意的是，一定要"怒"之有度，并选择合适的发泄方式与渠道，否则对我们的身心都会造成不良的后果，还会影响到我们的工作和生活。

从生理上说，怒也是紧张情绪的一种，人在盛怒之中，交感神经过于兴奋，导致心跳加速，血压升高。这样多次反复，便会导致高血压病或冠心病。盛怒还能扰乱胃肠蠕动和消化腺的分泌，导致胃溃疡或溃疡性结肠炎，肺癌和乳腺癌的患者也多半有压抑的愤怒情绪。有项调查证明：不爱生气的人中，

有67%的人每天早晨醒来时会感到精力充沛、头脑清醒；而与此相反，那些经常生气的人只有33%有这样的感觉。当被问及是否有过愤怒后疲乏不堪的感觉时，而高达78%的爱生气的人说有。

如果，我们只是在工作和生活中偶尔发怒，影响并不会很大，因为愤怒毕竟是为自己争取权益的最直截了当的方式。但是，如果这样的事情如果一而再、再而三地重复发生，最终你将会到处树敌，并为你所处的环境设置重重障碍。因此，我们要学会扑灭心中燃烧的怒火，用正确的眼光看待问题。

1. 学会大事化小：不要把情况想得太过严重，要记住这只是让你不快的小事，而不是世界末日。

2. 学会换位思考：不要只想着指责别人，要试着从别人的角度看问题。一旦你开始指责另外一个人，就很容易使你的愤怒升级。

3. 学会反向思考：不要放大你的愤怒情绪，也不要在心中反复重复让你愤怒的事情，这样只会让你变得怒不可遏。我们要告诉自己：如果我心情不这样糟糕，遇到这种情况我会怎样做？然后照着所想的去做，相信怒火很快就会熄灭。

4. 不在愤怒时做决定：人在愤怒时，很难理智与客观地看待问题和处理事情，作出的决定也是轻率的。这些决定，可能会让你后悔终生，也可能让你丢失生命中最宝贵的东西。

当我们察觉到自己被愤慨的情绪所控制时，告诉自己：在这个世界上，不可能每个人都同意我的感觉、思维和行为。学会从自身寻找原因，而不是用愤慨来折磨自己。

 第七章 撕破消极情绪的面罩,与自己和解

焦虑:日夜煎熬,忧心忡忡

微情绪关键点: 未雨绸缪是值得认可的,但是对于未来可能会发生或者根本不会发生的事情感到莫名的担心,不相信自己的能力,并为此心烦意乱、情绪紧张,就可能会让自己的生活变得一团糟。

你是否只要在走廊里遇见自己的老板,就会感到极度紧张不安?在接下一项新任务后,你会不会担心自己可能无法胜任,因此每日茶饭不思,每晚辗转反侧?甚至有时候没有任何事情发生,你有可能还是觉得隐隐的焦虑,这时候你会想:接下来不知道会发生什么事情,我是不是能够解决?一旦你形成了这种惯性思维,你的大脑就只会把这个世界看成一个可怕而不友好的地方,而那些你还不确信的信念最终会变成事实,从而使你失去自己的力量和自由。

马克是一个非常成功的企业高管,他对自己一向有着极高的期许。一家猎头公司打算以高价把他挖走,他现在的老板为了留住他便决定给他升职、加薪。按理说,马克该感到心满意足了,可是,事情恰恰开始偏离马克的预想了。

上任新职位后,在做第一次业务报告时,马克就在伙伴们面前出了丑。他显得很慌乱,好几次说错了数据。他以为这只是自己没有睡好的原因,但是尴尬的事情接二连三发生,他甚至找不到自己已经做好的文件了。他意识

到情况不妙了,就去询问了心理医生。医生告诉他,他的健康没有问题,只是他的精神压力太大,太过于焦虑了。

"什么?焦虑?你说的是我吗?这怎么可能!"马克大吃一惊。在商界已经身经百战的他一向是以冷静、沉稳著称的,他的团队也总是把他看成主心骨,更何况升职是好事儿,他怎么可能焦虑?

事实上,焦虑很多时候并不为我们所察觉,它似乎很容易就成为我们习以为常的感觉。适当的焦虑并不是一件坏事情,可是当它开始影响我们正常的工作和生活时,情况就不妙了。对于工作一向顺利,即使压力再大也成竹在胸的马克来说,他无法想象焦虑会对他产生那么大的影响,他甚至不知道自己是处于焦虑的状态中的。那么,马克的问题出在哪儿了呢?

心理医生告诉马克,原来,正是他的晋职惹的麻烦。过去马克之所以没有这方面的困扰,是因为他觉得自己的成绩是建立在自己百分百的努力、付出上的,他得到晋升和加薪也是理所当然的。但现在,马克潜意识里总认为他得到这个职位完全是因为老板不想让他去另一家公司,这让他不再像以前那样心安理得了。一开始,他内心的不安、忐忑并没有被他察觉到,但等到具体接触业务时,焦虑就将原本自信的他给打败了,因此,他才频频出错。

现在,让我们来进一步认识焦虑对我们而言究竟意味着什么,我们又该如何对待它。

虽然焦虑情绪让人充满了矛盾,但也正是这种情绪让我们保持清醒,完善自身。一定程度的焦虑可以帮助你走向成功:迫在眉睫的最后期限,同事带来的压力,苛刻的老板,财政危机等都会成为促使我们采取行动的强大动机。从这个意义上说,适度的焦虑是有益的,因为它可以促使我们调动所有的能力和资源来避免陷入危险的境地。但遗憾的是,很多人并不能很好地把

 第七章 撕破消极情绪的面罩，与自己和解

握焦虑情绪的度，不但没有将这种情绪变成强大的催化剂，反而让它消耗我们的精神和心情，最后让自己感到不安和无力。

焦虑本身意味着一种矛盾和冲突，就像马克那样：原先的他认为自己只是一个靠自己的能力成功的高管，可是一旦当他认为除了自己的努力，还有别的因素掺杂其中时，矛盾就产生了。我们也和马克一样，每天都在扮演着不同的角色：在孩子面前，我们是父母，在上司面前，我们是下属，而对我们自己来说，自己就是一切。当潜意识里的任意两个角色开始争论"怎么样才是最好"时，就会产生内心的冲突。因此，我们首先要做的，是能够觉察到自己的焦虑，然后想办法寻找焦虑的根由。

当你把老板一次轻轻的皱眉理解为自己即将被解雇的信号，你就要开始当心了，因为这说明你已经太过频繁地激活"焦虑"的应激反应，把遭受意外情况时简单的心理变化转变成焦虑了。

现在，让我们来看一下你是否有下列症状：

1. 消极地躲避假定的危险情况；2. 总是对情况做最坏的设想；3. 总是心神不宁、情绪紧张或烦躁不安；4. 容易疲劳；5. 精力难以集中或大脑出现空白；6. 易怒；7. 肌肉僵硬；8. 睡眠失调（难以入睡、睡不踏实或感觉睡不够）。

在生理上，长期的焦虑还会导致严重的健康问题，如高血压、慢性疼痛、肥胖、心脏病、糖尿病、自身免疫性疾病甚至癌症。

美国心理学家卡罗尔·伊萨尔德指出，情感筛选我们的知觉。他写道，当一个人感到很幸福的时候，他则透过玫瑰色的眼镜感知世界。他以轻盈的、矫健的步伐欢度人生，并且能够用一些最普通的办法来保持平静的心态，仿佛日落时分野花的芬芳和鸟儿的翱翔。而当他惶惶不安、担惊受怕时，他则在阴暗的色调中感知一切，并且会在根本不存在危险和恐吓的地方发现危险和恐吓。

有个人在日记里记录了这样一件事：

有个朋友在公司里的人缘很好,他性情宽厚、待人和善,虽然他在单位里的工作压力并不小,但几乎没人看他生气过。有一次我经过他家,顺道去看看他,却发现他正在顶楼上对着天上飞过来的飞机吼叫,我好奇地问他原因。他说:"我住的地方靠近机场,每当飞机起落时都会听到巨大的噪音。后来,当我心情不好或是受了委屈,遇到挫折,想要发脾气时,我就会跑上顶楼,等待飞机飞过,然后对着飞机放声大吼。等飞机飞走了,我的不快、怨气也被飞机一并带走了!然后你会发现,顶楼看日落真是棒极了!"回家的路上,我不禁想着,怪不得他总是能保持良好的情绪,从来不见他愁眉苦脸。原来,他通过情绪的释放让自己重新获得积极的情绪。

通过情绪的宣泄来化焦虑为动力,这不失为一个好办法,既然待在原地让你充满了焦虑情绪,那么就往前迈出一步吧,因为与其忍受焦虑,不如接受改变。虽然你可以付出了最大的努力,迎接你的还是失败,但是还有什么比自己做出选择并付诸行动更有价值呢?

除此之外,要想摆脱焦虑的煎熬,还可以试试以下几种办法:

选择性忽视:相信自己的力量,不要总是为外部环境所左右,比如你可以选择忽略领导对你的看法,更多地专注于自己的工作,建立属于自己的信心。

选择积极词汇:罗列出令你焦虑的事情,所有这些都是你渴望改变的。我们要做的,不是以否定性语言来强逼自己改变思维,恰恰相反,我们要用积极的方式来陈述这些观点。比如,我们越是告诉自己"不要紧张",结果我们反而可能满脑子都是"紧张";这时,我们应该对自己说"放松",我们会感到,肩膀马上松弛了下来。没错,就是这样,我们要试着将更多的注意力集中在"冷静"、"自信"这样的积极词汇上。

释放积极的情绪资源:回忆让我们感受到积极、愉悦感觉的场景。如某个周末的下午,我们从酣畅甜美的午睡中醒来,不自觉地露出笑容;毕业典礼上,你从校长手中接过证书时的自信;第一眼看到自己孩子时的激动与满足;当你看到宠物那湿漉漉的、毫无保留地爱你的眼神时,感到被需要和被信任。

 第七章 撕破消极情绪的面罩，与自己和解

只要我们重温并再次投入到那样积极的情绪中去，就能够从中汲取能量。

每个人都会有焦虑情绪，只有善于调节的人，才能应对纷繁复杂的外在社会，才能让自己处于忙而不乱的境地。

绝望：面对苦难的无力感

微情绪关键点：内心绝望的人是因为长期处于情绪低落的状态，内心极度脆弱，对当下或未来看不到一点希望，因此充满了消极悲观的情绪。绝望是一种非常消极的情绪，它的程度比悲伤更深，也可以说，它是悲伤的产物。

该如何形容绝望的感觉呢？让我们先来看看文学家对"绝望"的声音和色彩的描写，通过文字体验一下绝望的情绪：

1929年7月，茅盾流亡日本时创作的文艺作品有《自杀》等十几篇短篇小说，这些作品都不同程度地表现了他的绝望情绪。他对声调的描写是沉闷的："那低叹暗泣似的声调"，"像是闷在瓮中，像是透过重压而挣扎出来的地下的声音"。色彩的描述是阴暗的："光是那样的淡弱"，"让白茫茫的浓雾吞噬了一切，包围了大地。""窗缝中透进了寒光，我知道这是肃杀的严霜的光。"当时的茅盾，经历了动乱的中国，客居国外、远离故土，没有一个朋友。他的内心充满了幻灭感："梦中的诗样的情趣，金色的泡沫，全都消散了，只有灰暗沉重的现实，压在他的心灵。""我看见理想的泡沫一个一个破灭，我像在巨浪中滚着，感觉到一种昏晕的苦闷。"

很多时候，我们对自己的绝望情绪并不自知，人们认为自己仅仅是失望。但心理学家认为，当一个人对失望的反应强烈而持久，并且远远超出其应该有的正常尺度时，就会沦入绝望。最初，它可能仅仅是发源于青春时期的失恋、朋友的背叛、失去工作、婚姻破裂等，随着这些不幸经历的累积，内心的郁闷无法驱散，就可能会造成更深沉的失望。

另一种不容忽视的绝望情绪表现为老是沉迷于对未来的猜想和预见之中，这是因为，失望的人感到靠自身的力量已经对当下的处境无能为力了，只能将希望寄托于未来。虽然表面上这像是一般性的对生活的焦虑，并且在失望的同时还潜藏着一些希望，然而，当这种观念是基于一种悲观色彩时，就会让人总是关注生活的黑暗面而不是光明面。

所谓"哀莫大于心死"，绝望是消极情绪的极端表现。以往认为绝望情绪代表了抑郁的一种极端形式，而最新研究成果则认为绝望给人带来的损害程度比抑郁要严重得多。绝望的人要么选择轻生，要么其自身的机体免疫系统会受到严重破坏，加速人体衰老，也会导致严重的疾病。

美国的两位心理分析专家托马斯·霍姆斯和理查德·雷赫博士设计了一种把情绪变化强度转化为量来计算的"生活琐事调查表"，他们把人类日常生活的遭遇和情绪压迫的关系用数字（点）来衡量。根据他们的分析：配偶死亡是100点，离婚是73点，家属死亡是63点，结婚是50点，失业是47点，家属生病是44点，性生活不一致是39点，职位调动是36点，职位升降是29点，与亲戚发生纠纷是29点，与上司发生摩擦是23点，迁居、转校是20点。如果同时遭受几种变化的冲击，则其所受到的"压迫"强度便是这几种变化所造成的"压迫"强度之和。

据他们调查，一年内遭遇到300点以上变化的人，89%会陷入绝望的情绪之中，而他们中的大多数患有胃溃疡、高血压、偏头痛和肠统痛。长期的悲观、忧愁、绝望甚至是癌症的"催化剂"。

索伦·克尔凯郭尔已经对绝望情绪作了深刻的回答，他说所有的绝望根本上都是为不能真正成为我们自己而感到失望。另一位学者约翰·麦克马雷

# 第七章 撕破消极情绪的面罩,与自己和解

的话可以为索伦的话做一个注脚:我们的存在除了意味着充分地、彻底地成为我们自己而外,还可能有什么别的意义?当现实中的处境与我们期望中的处境相差甚远,产生了剧烈的冲突,这种绝望情绪就会逐渐产生。这个时候,想办法祛除绝望的情绪,对我们来说是极为关键的。

"德克萨斯公牛"——自行车赛选手兰斯·阿姆斯特朗在25岁生日宴会上,突然感觉头痛欲裂。几天后,兰斯从医生口中得知,自己患了睾丸癌,而且癌细胞已经扩散了。听到这个消息,几个小时前还生龙活虎的硬汉顿时浑身发抖。在驾车回家的路上,他甚至害怕到停下车,在车里放声大哭。一时间,后面的车堵成了长龙,他感觉那些急促的喇叭声就像是为他敲响的丧钟。

由于化疗已经不能遏制癌细胞的扩散,朋友为兰斯找到了睾丸癌专家尼克斯。尼克斯设计了一系列的治疗方案来挽救兰斯,但兰斯的治愈概率只有3%。连续的化疗将兰斯折磨得不成人样,剧烈的疼痛和恶心不分昼夜地扑来,让兰斯感觉自己好像遇到了环法赛上最艰难的爬坡,唯一不同的是,这次的退出就意味着死亡。

兰斯在绝望中挣扎,但父母、病友、医生、护士们对他的鼓励以及他自己顽强的意志力使他得以重新找回乐观的心态,熬过了4个艰难的疗程。最终,兰斯的肿瘤指标开始下降,渐渐地,他可以下床了,后来可以走路,再后来可以做一些低强度的健身运动了……直到有一天,尼克斯大夫微笑着说,你可以骑车了。兰斯愣了一下,然后紧紧拥抱了尼克斯大夫。

勇气+态度+永不放弃+可以治愈+启迪+记住病友们,这就是兰斯给癌症的定义。

绝望是冲突的产物,要想缓解、疏导绝望情绪,如何处理各种"冲突"是关键:

1. 意识 VS 冲突:人的意识能够调节情绪的发生与强弱。巧妙利用积极的自我暗示来化解冲突,用"我应该……"、"我能够……"加上强调内心想

要办的事情来调控情绪。

2. 语言 VS 冲突：对自己说"没什么可怕的"，说出口与在心里说是完全两种情绪感受；还可以在触目可及的地方挂一些激励自己的话，由外而内带动自己产生积极情绪。

3. 注意力 VS 冲突：转移注意力，看一些调节情绪的书、电影，听一些舒缓情绪的音乐，让积极情绪环绕在你的周围。

4. 行动 VS 冲突：开始一段新的恋情，寻找一份新的工作，换一个新的发型，积极配合治疗，总之，采取各种行动让自己从绝望情绪中解脱出来，你只有行动起来才会知道，其实人生可以有另一种活法。

如果某件事情让你绝望，那就不要再纠结在这件事情本身上面，换一种眼光或者方式重新对待它，而不是一味地沉浸在无望、颓废之中。到那时，你才能真正摆脱桎梏，体会到自由的快乐。

没有什么事情能够让你感到绝望，除了你自己。

恐惧：感到前所未有的惊慌

微情绪关键点： 恐惧是人类最原始的消极情绪之一，是我们在真实或想象的危险中深刻感受到的一种强烈而压抑的情感状态，它让我们内心充满害怕，注意力无法集中，脑中一片空白，无法继续正常的工作与生活。

设想一下：晚上，你正独自一人在家里看书，忽然隔壁传来怪异的挠墙声。接下来，你的情绪会发生什么变化呢？我们的大脑在接收到声波信息后，

 第七章 撕破消极情绪的面罩，与自己和解

马上转化为脑部能理解的语言，告知你进入警戒状态。我们大脑的记忆库会很快地将这个声音与以前听过的声音作比对，如果结论令你安心，你的警戒状态就会随之消除，但如果你仍觉得无法确定，我们会开始陷入不安的情绪；如果始终找不到令你安心的答案，你的脸上就会露出害怕的表情，使你变得紧张而易被惊吓；进而，你的肌肉活动会变得僵凝，心跳加快，血压上升，呼吸变缓。所有的注意力集中在声音的来源，让肌肉进入备战状态，让眼睛专心注意一切危险事物。

当发生了这些变化，意味着恐惧情绪已经悄然成形。你还会感觉到胃部抽紧，肩颈肌肉僵硬，四肢颤抖。你会仔细聆听任何声音，脑中飞速盘算可能的危险与应变之道。这整个过程，从惊讶到不确定，再到恐惧，可能只在一两秒之内就已经完成。

在所有动物身上都有恐惧的反应，虽然面对危险时的表现不尽相同，有的逃跑，有的静止不动，有的展开战斗，但这些都是动物用的克服恐惧的不同途径和方法。对于人来说，恐惧是植根于心底的一种复杂的情绪，我们希望通过本能的自我保护来增加存活的机会。适当的恐惧可以帮助人们趋利避害，保护自己免受伤害。

曾经有一名探险家这样描述过他战胜恐惧的例子：

有一次，他一个人在森林中探险，突然发现林中有三匹饥饿的狼在暗中窥视他，绿幽幽的眼睛散发着冷酷的光芒。他首先感到自己的心脏开始急速地跳起来，然后感觉自己的手、脚的血管都在紧张地收缩。但他的大脑却无比清醒，他告诉自己，除了拼死一战没有其他任何办法。深呼吸之后，他将全身心都调动起来，暗暗摸索出身上的打火机，将背包中的毛毯取出，一下子点燃了毛毯，一边挥舞着燃烧着的毛毯，一边发出怒吼声，三头狼被他的气势给吓跑了。

由此可见，恐惧的情绪反应是一种具有自我防护、回避危害、保证生命

安全的心理防卫功能，人人都有。那么，从什么时候开始，恐惧成为了负面情绪，并开始影响到我们的生活的呢？当恐惧扼杀了我们的勇气、信心，让我们心力衰弱，志气消退时，恐惧就成了来自我们内心的魔鬼。因为恐惧，使我们对事物或环境产生一种无理性的、不恰当的惧怕的感觉，由此给我们带来了一系列的麻烦。

设想一下，2个月之后，害羞、内向的你要在一个重要场合上作一次演讲。从确定演讲的那天开始，你一想到公开演讲这件事，就会有一种莫名的、充满焦虑的和存在于潜意识中的恐惧感来困扰你。然后，你意识到自己开始计算距离举行演讲的星期数、天数和小时数。那么此时，你也就正在经历维克多·雨果曾生动地描述为"一个即将受惩罚者的最后几小时"的那种精神上的痛苦。这种害怕和恐惧，从第一个星期开始，就会在你的心中不断地变得越来越明确，痛苦不断增加，直到那个折磨你的演讲时刻的前夕。

于是，你睡不着了，你没有了食欲，你甚至不喜欢任何事。你试图摆脱它，但无论你做什么，那即将走进的会场场景依然浮现在你眼前，你看到了各种各样可怕的可能性。你确信你不会获得演讲的成功。你想象着，如果你没有恰当地发挥出自己的水平的话，你自己、你的朋友和家人可能会蒙受耻辱。你在自己的头脑中如此生动地描绘了可能遭受的的失败以及遭受失败后的耻辱，实际上，在你的精神领域已经遭受了比在现实中更为严重的巨大痛苦。

当想像着我们可能遇到的失败、耻辱和不安时，我们实际上已无数次地受到了这样一种折磨，已无数次地感受到了这样一种痛苦！随后，事实上，因为我们在自己的思想中和身体内引入了我们所恐惧、所害怕的东西，这又使得我们所恐惧的事情更有可能在我们身上发生！

美国前总统罗斯福曾经说过："唯一值得恐惧的就是恐惧本身。"但是在生活中，我们却常常犯这样的错误：还没有真正与问题接触，就将其无端放大，以致很快心生恐惧、逃避，最终将自己打败。恐惧扼杀了渴望与雄心，

 第七章 撕破消极情绪的面罩，与自己和解

摧毁了勇气与斗志，使人丧失积极的主动性。

我们还是以那个恐惧演讲为例，说说如何克服恐惧情绪：

1. 充足准备：准备演讲稿是必须的，但演讲稿不是万能的，很多人恐惧的不是演讲本身，而是背不出演讲稿。因此可以准备一张纸，在上面罗列纲领性的句子，然后写一些提示性的关键词。一旦我们肚子里有故事了，就不用担心即兴发挥说不出东西了。对于其他恐惧情绪，这种准备同样有效，在做一件事情前，如果我们将各方面都考虑周全，就可以缓解我们对未知的恐惧。

2. 松弛训练：演讲前坐在一张舒服的座位上，有规律地深呼吸，让全身放松。进入松弛状态后，开始想象演讲的整个过程，可以对自己饱满的精神、流畅的演讲做一个想象体验，这对振奋我们的情绪很有好处。平时，当我们对某件事情或者场景害怕时，也可以找机会多多练习这种松弛训练，这样可以让我们的情绪从害怕、焦虑转移到积极的情绪上来。

3. 情绪共鸣：恐惧情绪往往是一种个体体验，很难让他人分担，但如果长期压抑在心里，就会让这种负面情绪愈演愈烈。找个朋友，对着他进行演讲，如果内心感到恐惧，就告诉他。你会发现，经常倾诉会使我们与他人产生情绪上的共鸣，而他人的积极情绪会缓解、消除我们内心的恐惧，让我们感到，自己不是孤独一人面对这一切。

从根源上来说，恐惧源于无知。因为我们意识不到自己可能达到的神圣高度，所以我们时常感到恐惧；我们只开发出自身力量和潜能的一小部分，而我们体内却存储着更大的力量和财富，它们只是还没有被挖掘出来而已。

偏激：当思维钻入死角

> **微情绪关键点**：偏激的人，看问题总是戴着有色眼镜，以偏概全，固执己见。对他人善意的规劝和商量不听不理，同时喜欢怨天尤人，强词夺理。偏激的人由于思维走向了极端，很难看清事实的真相，通常也不会从大局上去考虑。

在某个小村落，下了一场非常大的雨，洪水开始淹没全村，一位神父还在教堂里祈祷。眼看洪水已经淹到他的膝盖了，一个救生员驾着舢板来到教堂，对神父交道："神父，赶快上来吧！不然洪水会把你淹死的！"

"不！上帝会来救我的，你先去救别人好了。"

又有一个警察开着快艇过来，对勉强站在祭坛上的神父叫道："神父，快上来吧！不然你真的会被淹死的！"

"不，我要守住我的教堂，我相信上帝一定会来救我的。"

洪水把整个教堂淹没了，神父只好紧紧抓住教堂顶端的十字架。一架直升飞机缓缓地飞过来，飞行员丢下了绳梯之后大叫："神父，快上来，这是最后的机会了！"

"不，上帝一定会来救我的！上帝会与我共在的！"

洪水滚滚而来，神父最终被淹死了。

神父上了天堂，见到上帝后跪在他面前道："主啊，我将自己的全部都奉献给了您，战战兢兢地侍奉您，为什么您不肯救我！"上帝说："我怎么不肯

 第七章 撕破消极情绪的面罩，与自己和解

救你？第一次，我派了舢板来救你，你不要，我以为你担心舢板危险；第二次，我又派一只快艇去，你还是不要；第三次，我以国宾的礼仪待你，派出一架直升飞机来救你，结果你还是不愿意接受。所以，我以为你急着想要回到我的身边来呢。"

这个固执的、一根筋的神父真是让人又好气又好笑，他的偏激让他最终丢了性命。

偏激是一种情绪上的偏执，不可忽视的是，人生下来以后，在每一个生长的阶段都会存在着偏激的行为或者现象。有谁能说，我从来没有偏激过？偏激不一定是一件多坏的事情，起码从人的成长经历上讲，这是必然的发展。所以，个性和偏激似乎是相通的，偶尔偏激，可能正是个性张扬和发展的最初表现。但是偏激心理如果不加以正确地引导，就会成为阻碍我们前进和发展的情绪障碍。

偏激的人看待问题往往带有片面性，对他人善意的规劝和商量一概不听也不理。他们总是戴着有色眼镜，怨天尤人，牢骚满腹，成天抱怨生不逢时，怀才不遇。他们容易否定积极面，而一味地关注消极面。

"你偏心眼，就是与我过不去，以大欺小，还有没有领导的样子啊？我要调走，姑奶奶不伺候你们了……"40岁的张姐又与领导大吵大闹起来，一浪高过一浪的声音，把大家干扰得无法办公了。张姐这已经不是第一次与领导吵架了，因为她的丈夫是公司合作方的中层领导，所以她心里总是觉得自己高人一等，面对同事们也是一副不屑一顾的样子。

一次单位开会，会务人员要求大家把手机全部关掉。她只是把手机的铃声变成了振动，结果开会中她的手机的振动声惊扰了周围的同事，她不但没有关掉手机，还低头偷偷接听。领导批评她时，她就与领导顶撞起来，说领导"没有人性，谁没有急事啊"、"振动声音小，也没有干扰开会"，等等，她的行为让身边的同事们都看不过去了。

好景不长，因为她长时间占用单位的电话，同事正常的工作受到了影响，同事们对她有意见，领导出面提醒她注意。她情绪激动地说领导小心眼，还说："大家都用办公室电话，怎么不批评别人，只批评我？"最后竟然摔门走人了。

中午还没有到休息时间，她因为私事离开了单位。她前脚刚走，恰巧领导来找她有事情，同部门的人瞒不住，只好说她有事离开了。领导让人打电话让她回来，谁知她气势汹汹地回来后，硬说自己是公事外出，态度十分蛮横地说部门的人都不配合她，东扯西拉地说了好一通。领导看她的情绪激动，没有与她计较。同事们却在暗中都说她有病。

偏激的人在情绪上的表现还带有冲动性，总是按照个人的好恶和一时的心血来潮去论人论事，缺乏理性的态度和客观的标准，易受他人的暗示和引诱。如果对某人产生了好感，就认为他一切都是好的，明明知道对方也会犯错误，也有缺点，但就是不愿意承认；相反的，如果他们不喜欢某人，那么对方在他们看来就绝对一无是处。

张太太和李太太是在一次搓麻将中认识的，后来张太太邀请李太太到家中做客。李太太到了时，给张太太打了电话，告诉她已经在楼下了。谁知张太太并没有亲自下楼迎客，而是让保姆下来迎接，这让李太太感觉到了不快。进门时，张太太又要求李太太先穿鞋套，已经不太愉快的李太太立即感到自己受到了莫大的侮辱，在做客的过程中也是闷闷不乐，最终不欢而散。李太太回去后，越想越生气，就在网上指名道姓地发帖子，其中还涉及到不少她曾经听别人说的张太太的隐私。一时间，网上口水大战由此开始，而张、李两家的关系也陷入了白热化的状态。

偏激还容易导致莽撞、不顾后果的行动。偏激者往往抓住事情的一个方面就无限地夸大或缩小，自以为看到了事物的全部，极易出现以偏概全的失

 第七章 撕破消极情绪的面罩，与自己和解

真判断，导致错误的结论。

一个夏天的午后，警察局突然接到一位母亲的报案，她说自己上初二的女儿已经一个晚上没有回来了，她担心女儿被拐卖了。后来，经过警察的调查，发现女孩有一个相谈甚欢的QQ网友，并且在聊天记录上得知，女孩不愿意再继续读书了，她觉得父母管得太多，简直是被派来操纵她的"魔鬼"，所以她一心想追求自由。于是，她同意与男孩私奔。等警察和女孩的父母赶到男孩老家时，发现两人在没有领结婚证的情况下竟然已经举行了婚礼，女孩的母亲当场晕了过去。

今天的我们如何才能在充满挑战的社会做出正确的选择和判断，不被偏激情绪蒙蔽了双眼？有没有办法可以减少因不确定性而引起的偏激情绪？

首先，我们要明白，偏激情绪并没有那么可怕，它的产生也不是一朝一夕的事情，我们完全有能力去化解它、克服它。

遇到事情，不要急着去评论什么，也不要马上是说出我们心里的想法。我们要像优秀的棋手一样，总是提前考虑到以后几步的下法：

这件事情究竟是什么问题？

我想达到什么目的？

如果我这样做了，会有哪些积极的影响和哪些消极的后果？

这个决定会涉及其他人吗？

有哪些可供选择的方案？

当然，很多事情可能发生在瞬息之间，不可能有那么多的时间给你考虑，那么就请记住：不说负面的语言，不要急着表态，多从积极的角度思考，多征询他人的意见。

伤痛：应激性精神障碍

> **微情绪关键点：** 由于遭受天灾人祸，我们的内心会受到极大的心理冲击，在之后的很长之间里都可能无法从这种应激性状态中走出来。

"轰"的一声巨响，地动山摇，房倒屋塌，许多鲜活的生命瞬间被夺走……小丽猛地睁开眼睛，浑身僵硬的她过了好一会儿才缓过劲儿来。她微微翻过身子，瞥了一眼闹钟，"又是三点半！"她咕哝了一句，虽然感觉很累，但她再也睡不着了。她的思绪再次不受控制地回到了半年前，那个午后，那间摇晃的寝室。

小丽是名大三的学生，平时寄宿在学校里，那天中午，吃过午饭的她半躺在床上休息。迷迷糊糊当中，她感到床在轻轻地摇晃。一开始她以为是下铺的小王在开玩笑，故意摇床，就没有理睬她。可她好像跟小丽过不去一般，越摇越厉害。小丽"噌"地起来，正要发火时，她惊恐地发现不仅仅是床，还有吊灯、桌椅都在剧烈地摇晃和抖动。

"不好，地震了！"

下铺的同学们都反应过来了，这时，整幢楼都沸腾了，大家都争先恐后地往楼下跑去。只有还在上铺的小丽浑身发抖，怎么也无法从床上下去。就在她刚刚挣扎着要往下爬的时候，双层的床铺竟然向一边倾斜了，小丽发出惊恐的大叫声。路过门口的辅导员看到这一情景，连忙冲进来，一把将小丽抱了下来。两人刚刚离开房间，吊灯就直直地砸向地面，摔了个粉碎。

 第七章 撕破消极情绪的面罩,与自己和解

"快到楼顶上去,不要往楼下跑,那里已经不安全了……"说完,辅导员就跑开了。

浑身颤抖的小丽感觉腿都软了,她感觉这次的地震来势汹汹。她相信辅导员的话,一路往顶楼跑去。许多人对辅导员的话置之不理,都争着往楼下去,只有小丽不停地往顶楼冲去。

到了顶楼,小丽发现,只有寥寥几人待在上面,他们都呆若木鸡地看着下面发生的一切:电线杆都倒下了,砸中了不少人;地面开裂了,许多人惨叫着掉了下去;甚至还有人从窗口往下跳,跌断了骨头……小丽蜷缩成一团,什么也不敢听,不敢想。

最强烈的地震过去了,虽然宿舍的顶楼也倾斜、开裂,但幸运的是,她扒着墙活了下来。可是,这场地震带给她的噩梦还远远没有结束,以后的日子里,她几乎每晚都会陷入噩梦之中……

这些短暂但令人恐惧、使人心碎、不堪回首的一幕让那些有幸存活、目睹灾难现场的人及相关救援人员产生了巨大的心理创伤。面对被毁的家园,想到失去的亲人,看着残疾的身体……这些灾难性体验使他们感到悲痛欲绝,极度恐惧,孤独,绝望,并且变得惊恐不安,有些人甚至在相当长的时间里都不能从灾难的阴影中解脱出来。

人体是一部精密的"机器",危险来临时会立即作出反应,其中最基本的自我保护反应就是条件反射。比如当有两车将要迎面相撞时,两位驾驶员都会下意识地用脚踩向刹车踏板,而在这个过程中,人的身心都进入紧张状态,这种紧张状态在心理学上被称为应激状态。进入应激状态,人体会即时调动各种潜能以应付紧张局面,同时也会出现全身抑制、机体活动受阻、功能失调、行为紊乱、语无伦次或情绪失控等反应。

应激有其积极的一面,它能及时调动人体特殊的自我保卫机能,增强反应能力,使人能够及时摆脱危险,如小丽的自救,就是应激反应的一种。通常,应激反应很快就会过去,但一些重大的灾难性事件,如天灾人祸、亲人

故去、肢体伤残等事件，会给人造成强烈的心理冲击，使人们迟迟不能从强烈而持久的应激状态中恢复过来。这样不仅会损害个人的身心健康，也会影响生活和社会的稳定。

像小丽这样，脑海中总有挥之不去的灾难记忆画面，并且重复地梦到已经过去的事情，那她就已经陷入了被称为应激性精神障碍的伤痛情绪当中。这种情绪会使人精神恍惚，注意力变差，还可能导致无法记起创伤性事件中的一些重要部分；有人会失去原有的活力，出现忧郁、容易对别人发脾气的情形。难以入睡或者睡不安稳是大多数伤痛者共同的问题，他们总是生活在过度紧张之中，一点点异动都会让他们饱受惊吓。

这些症状如果没有及时治疗，有可能会累积成为其他生活方面的问题。比如说，影响到婚姻感情的美满、人际关系的和谐，或是产生酗酒、吃安眠药等不良习惯。尤其是有亲友在同样的灾难现场罹难的幸存者，更有可能会从此长期背负着伤痛、罪恶感，因而引发生活上的各种后遗症。

应激性精神障碍不只发生在台风、地震、洪水等天灾之后，也有可能发生在战争、暴力、性侵害等人祸的受害者身上。

芝加哥大学心理学家巴特·考勒尔和爱里克森研究所主任弗兰·斯托特曾经合作做过一项研究，他们有一个研究对象名叫尼古拉斯，这个小男孩有一个令人毛骨悚然的恶习：他经常在幼儿园课堂上，悄悄趁人不备逐渐接近邻座同学，其动作轻柔文静，似乎毫无恶意；但当他伸出的嘴唇贴近对方脸颊，好像要给邻座一个吻时，就会残忍地露出牙齿咬毫无防备地咬邻座一口。就是这个行为古怪的小男孩引起了考勒尔和斯托特的极大兴趣，他们找来尼古拉斯小时与他那患了精神分裂症的母亲在一起相处时的录像带，惊奇地发现了尼古拉斯古怪行为的根源之处：这个病态的母亲常常对小尼古拉斯做出撕咬脸颊的举动，襁褓中的小尼古拉斯总是在母亲的怀抱中挣扎，这是对他母亲强迫性的"死亡之吻"的直接反应。多年后，他以同样方式表达了因对某人反感而产生的狂暴情绪，因为他无法从幼时的应激性反应中解脱出来，

 第七章 撕破消极情绪的面罩，与自己和解

他的内心深处埋藏着无法言说的伤痛。经过医护人员的有效治疗，尼古拉斯逐渐改掉了"死亡之吻"的恶习，但心理学家们几乎可以肯定，长大成人后的尼古拉斯在恋爱中会遇到麻烦。

虽然危险的事情已经过去，但应激性精神障碍者精神中的一部分仍停留在危机模式中，他们的战斗或逃离反应打开后并没有被关闭，所以他们很容易受惊吓或被激怒。他们逃避使他们记起危险事件的情况。他们趋向于精疲力竭、感觉麻木。

要缓解、消除这种伤痛，就有必要对遭受创伤后的情绪调节过程做一个了解。一般来说，这个过程分为三个阶段：

稳定时期：寻求安全，主动或被动地向他人讲述故事的经过；

再适应时期：哀悼与回忆，通过情绪的反复暴露出自身的心理问题；

成长时期：故事重构，总结，以某种仪式告别过去。

在这个情绪调节过程中，伤痛的程度可能会逐步缓解，但是并不是直线下降的，而是波动式下降的。通过一次"稳定化——再适应——成长"的调节过程，伤痛情绪的程度会有所降低，但是，过一段时间，这个程度还可能升高，又需要调节。例如地震伤者经过心理调节，其心理创伤程度可能会降低，但每年的这个时候，或者偶然听说类似的灾难，心理创伤可能会被重新唤起，心理创伤程度又可能会升高，但已经不如初期高，只须适当调节即可。经过反复的"调节——波动——调节"，伤痛者的情绪和心态才逐步得到康复和成长，最终达到动态平衡的状态。

消沉：整个世界都是灰色的

> **微情绪关键点**：遇到挫折、烦恼时所产生的消极情绪会使人失去斗志，感到厌倦、抑郁，仿佛身处乌云密布之中，看不到一丝阳光。我们在生活中都会遇到这样活那样的困难，只有从消沉的状态中走出来，我们才有可能战胜困难，赢得自己。

瑞贝卡记得很清楚，那是一个潮湿闷热的夏天，她的母亲与她肩并肩坐在诊所门口的台阶上。

"妈妈，我不知道怎么办。我无法想象这会发生在我身上！为什么偏偏是我！"

母亲只是搂紧了瑞贝卡的肩膀，温柔但有力地说："孩子，一切都会过去的。"

瑞贝卡将头深深地埋下去："不，我知道，这次我不一定能撑得下来。"

瑞贝卡是父母的掌上明珠，她曾有一段幸福美满的婚姻，可是一切都被几个月前的空难夺去了。她刚刚走出痛苦的阴霾，一纸诊断书又让她变得不知所措：她怀孕了。

瑞贝卡刚刚拿定主意，要成为一名职业舞蹈家，她还年轻，不想那么快就成为一个母亲。更何况，这个孩子注定没有父亲。瑞贝卡感到，她刚刚燃起的希望又破灭了，她沮丧透了。

生活就是这样，经常以一种意想不到的方式迫使我们不得不面对各种挑战。对于瑞贝卡也是来说，现实和未来是如此暗淡，她不再想做任何新的尝试了。

 第七章 撕破消极情绪的面罩，与自己和解

瑞贝卡的父母坚决不同意她放弃这个孩子，最后，瑞贝卡在父母的鼓励下，意识到不管她未来的方向在哪儿，有一条是始终不会改变的，那就是活在当下，充分地享受生活。

她仍然坚持去学校进修有关舞蹈的专业课程，在某一个慵懒的午后，她进了一家咖啡馆，给自己点了一杯堆着高高奶油的摩卡拿铁，上面还覆盖着一层坚果，同时还加了一个带有奶油糖霜的肉桂卷。当咖啡裹挟着奶油入口的那一刻，瑞贝卡的内心禁不住在欢唱，她又回到了充实、美好的生活中。

瑞贝卡是幸运的，因为她在父母的鼓励下勇敢地面对现实，而不是一味地意志消沉，让自己日渐褪色和萎缩。

消沉是一种心灰意冷、沮丧颓唐的消极情绪。这种萎靡颓废、浑浑噩噩状态往往是由于失去希望和信心造成的。消沉的情绪每个人都经历过，当我们追求的目标脱离实际，最后由于力不从心而导致失败的时候，渴望变成了失望，消沉情绪就自然而然产生了；当我们做事时处处碰壁，感到不顺心、不如意的时候，也会变得灰心失望。

当身边出现这样的声音时，你就可以知道，他们的内心已经充满了消沉的情绪：

"哎！工作太累了，天天都有干不完的活儿，简直连喘口气的机会都没有！"

"我们那个老板一点人情味儿都没有，好像给他打工就是给他当奴隶！"

"我们不会拍马屁，也不会看人眼色，谁看得起我们哪！这辈子将就混吧。"

"为什么别人的孩子都又聪明又听话，就我家那'小祖宗'，他就是来折磨我的！"

"人要是倒霉，喝口凉水都塞牙！我咋就没碰到一个好人呢？"

看，这些都是内心消沉的人说出来的真实感受，他们对生活、对工作、对人物甚至对整个世界吹毛求疵，似乎到处是漆黑一团，毫无希望可言。抱怨、发牢骚成为了他们排解无奈和发泄不满的方式或习惯。当抱怨成了一种本能时，他们可能还没有意识到，是他们的消沉情绪让他们变得如此喋喋不

休。尽管对于他们来说，不是没有机会变得快乐，但因为缺乏积极情绪，使得他们只是茫然地虚度光阴，根本没有想到去跳出消沉的藩篱，最终只能在失落中徘徊。

1929年的某一天，一个脸色阴沉、垂头丧气的年轻人在俄克拉荷马城的火车站等车。他已经在这个气温高达43℃的西部沙漠地区待了好几个月了，目的是为一家公司勘探石油。可就在前几天，他突然得知公司因为无力偿付债务而破产的消息，他知道，自己几个月的辛苦都白费了。无奈之下，他只能收拾设备，准备返程。

车子误点了，年轻人感觉真是事事不顺，这几个小时真是度日如年。为了消磨时间，百无聊赖的他在站台里架起了探矿仪器。突然，仪器上的读数开始疯狂地转动，这表明车站底下蕴藏有石油，况且石油的数量还不小。但心灰意冷的年轻人并不相信这一切，他只是单纯地认为是仪器坏了，并在极度消沉的情绪下砸毁了那些仪器。

不久之后，人们发现俄克拉荷马城地下确实埋有石油，毫不夸张地说，这座城就浮在石油上，只是之前年轻人勘探的地方错误，他从来没有在俄克拉荷马城里面做过测试。就这样，他因为消极心态的影响，将可以让公司起死回生的宝藏拱手相让。

如果一个人长期陷入消沉的情绪，就会将自己封闭起来，不再与外界信息进行有效沟通。这就如同当一个人服用了过量的吗啡时，医生知道这时候睡眠对他来说就意味着死亡，因而会想方设法让他保持清醒，比如使劲地捏、掐病人等。对待消沉的情绪也是这样，有时候必要的严厉手段也能起到作用。然而，他人进行的外部干预或许会在短时期内起到一定的作用，但只有消沉者自己主动认识到问题的所在，才能真正觉察到消沉情绪的弊端，从而不被它所奴役。

我们可以尝试下面几种办法来走出消沉的阴翳：

1. 改变周围环境：一成不变如死水般的生活会加重人们的消沉情绪，因

 第七章 撕破消极情绪的面罩,与自己和解

此不妨对环境做一个调整,增添一些色彩鲜艳的小摆设,将灯光换成暖色调,窗帘要经常拉开。做一番改变后,过去的阴霾也会随着明亮的环境而从你的心底里散去。

2. 全身动起来:Junny Cash 曾有句名言:"情绪不好时,就开始跟上节奏吧。"当人们随着音乐的节拍跳动,或者加入慢跑、健走这样的有氧运动时,随之而来的热情会驱走内心的消沉,让人感觉良好。

3. 休息一天:快节奏的生活方式会让你喘不过气来,久而久之就会对工作和生活产生厌烦,进而变得消沉。不如在一周中选择一天,不要再接触你熟悉的事物,而是去公园、博物馆、咖啡馆中尝试与新鲜的人和物说"Hello!"

4. 站在高处看问题:让我们想象自己从地球外部俯瞰人类社会,你会发现一切都变得那么渺小,相比于亘古不变的宇宙,没人会记得你做过什么或者没做什么。因此重要的是当下,好好珍惜和享受我们活着的每一分钟。

消沉情绪并不可怕,只要能够加以控制和疏导,就可以帮助人们从错误中吸取经验,让人变得更坚强,更有能力接受生活挑战。

自卑:"我什么都比不过别人"

> **微情绪关键点**:每个人都有自己的优点,然而,很多人却不能看到这一点,总觉得自己处处不如人。如果对自身缺乏正确的认识,就会在一次次的自我否定中对自我价值进行不必要的贬低,从而变得软弱、没有主见、缺乏上进心。

很久以前,丛林里有一只小老鼠,它经常感觉自己形象不佳,又没啥本

事，只能生活在社会的最底层，所以每天都郁郁寡欢。在它眼中，猫是最神气的动物，所以它请求上帝把它变成一只猫。上帝经不住它的苦苦哀求，答应了它。于是，这只小老鼠就变成了一只神气的猫。

但它的幸福感并未持续多久，因为它发现它非常害怕狗。于是，它又去求上帝，希望上帝把自己变成一只狗。可谁料，变成了狗以后，它见到狼又浑身哆嗦了。它想狼最怕老虎，于是它请求上帝再把它变成老虎……

好脾气的上帝一次次答应了小老鼠的请求，最后，上帝将小老鼠变成了大象。

只见它昂首阔步，在丛林中如同帝王一样四处巡视，威风凛凛，所有的动物见了它都毕恭毕敬，俯首帖耳，昔日的小老鼠真是高兴坏了。

不料，让小老鼠意想不到的是，大象最怕的竟然是老鼠！因为只有老鼠能钻到大象的鼻子里去，让大象痛不欲生。

上帝看着匍匐在面前浑身颤抖的"大象"，笑道："你看，其实真正强大的还是你自己啊！"

这是一则很有趣的寓言故事，它很有力地讽刺了我们非常常见的一种心理状态——自卑。自卑在日常生活中总是时隐时现，每个人都会遭遇这种情绪，像这只小老鼠一样，对自己加以否定和怀疑。因为自卑，我们常常感到消极和无能为力，很多人不知道该如何面对自卑带给我们的折磨。

心理学意义上的自卑情绪有哪些特征呢？我们来罗列一些表现，大家不妨对照着来了解一下自己是否曾经有过这样的情况：

1. 你常常发现自己在预计最坏的可能，从而使自己不会感到失望吗？
2. 当问你"想要什么"的时候，你经常回答"我不知道"吗？
3. 你经常会援引过去发生过的错误和事故作为避免再冒一次风险的借口吗？
4. 当你在设想一个大目标时，你的脑海中是否会有一个声音说："你干不了"之类的吗？

 第七章 撕破消极情绪的面罩,与自己和解

5. 你对你正在做或者打算做的事情难以保持热情吗?
6. 对着镜子时,你会贬低自己的衣着打扮、发型、妆容吗?
7. 当有人恭维你时,你总是显得冷漠,甚至粗暴地打断别人的话,因为你觉得说这话的人是别有用心?

自卑情绪的产生往往与我们的经历有关,如果经历是积极的,那么我们对自我的信念和看法也会是积极的、正面的;反之,我们的自我信念很有可能就是消极的。如有些从小就体弱多病的孩子,因为长期孤独、压抑,使得他们在很小的时候就有一种自卑感,他们感到自己是不健康的,不能像其他孩子那样自由自在地在阳光下玩耍。所以,消极的自我信念是自卑情绪的本质特征。

自卑的人常常难以表达自己的意见,总是避免接受挑战和机会。而从一些行为中也可以发现自卑情绪的线索:弯腰的姿势,头低垂,避免目光接触,压低嗓音,等等。

王辉是插班生,父亲付了大笔的赞助费让他进了一所私立学校,但是基础薄弱的他无法与同班同学竞争,他的排名总是在班级的倒数。

一个人的时候,王辉总是会胡思乱想:"同学们都在嘲笑我,我好害怕,我考不过他们!"

王辉的自尊心受到了伤害,他选择以谨小慎微、不引起大家注意的方式保护自己。他变得缄默、孤僻,像一只蜗牛一样,藏在自己想象中的"壳"里。他从不主动和人谈话,或者在同学们面前说话。他从不参加任何竞赛,对于学校强制要求参加的活动也是敷衍了事。他是那样的逆来顺受,随遇而安,因为他知道避免"丢脸"的最好方法就是闭嘴、低头。

其实,每一个从学校中走出来的孩子都会对这样的同学有印象,他们总是安安静静地坐在教室里,眼睛垂得低低的,老师对他们的评价总是"羞

怯"、"文静"、"内向",但很少有人能够理解他们真正的情感。人们往往误解他们为傲慢、清高,或者认为他们木讷、孤僻。事实上,他们的头脑里也盘旋着各种想法,他们比一般人在情绪上更加敏感、纤细,他们这样做只是出于自卑而自我保护。

自卑的人总是对批评过于敏感,过分希望取悦他人;他们会避免参加一些会让人品头论足的活动,他们认为自己无法真正放松和享受。

自卑的人不能很好地照料自己,生病时会咬牙挺住,拖延去理发或看牙医,不愿意买新衣服,对酒精、烟有瘾。而且,他们还会花费大量时间去完善日常生活中的细节问题,他们认为这是吸引人的唯一办法。

深陷自卑不能自拔的人更容易患上溃疡、周期性头痛、急性结肠炎以及其他情绪因素导致的疾病。因为他们的情绪总是被压抑着,得不到抒发。而当一个人的自卑感最强烈的时候,他的表现就会从羞怯型转向斗士型,从自卑转向"自尊"。

学会自己尊重自己,是跨出自卑藩篱的第一步,不是每一个人都能坚持做想成为的那个自己。

我家附近有一个老太,头发半白,六七十岁的样子。因为中风的缘故,她的手脚很不利索,走路的姿态是以非常细碎的步子腾挪前进,手和脚的配合也非常不协调,走路的样子看起来十分滑稽可笑。但是她坚持每天一个人在家门前的马路上默默地走着,每天两三次,一次一个多小时。刚开始我偶尔还会听到一些路人在她身后嘲笑她,议论她。就这样,好几个月过去了,她还是一个人默默地走着,不过她的步子可以迈大一些了,走路的样子也比以前协调许多了,再也没有人在她身后嘲笑她。

又过了一段时间,我看到她在路边的绿地上,带领着一群老人做运动手脚的健身操。夕阳西下,阳光洒在老太身上,她的身边站着围成一圈的多位老人,她喊着口令,做着动作,其他的老人看着她,跟随着她一起运动。那场景令人感动和唏嘘不已。

 第七章 撕破消极情绪的面罩，与自己和解

再后来呢，许多因中风而行动不便的老人，在她的带领下逐渐康复了。

大多数人之所以会自卑，就是因为他们都选择随波逐流。这样的心态并不会让他们得到应有的尊重，并且，由于他们没有自我而疲于赶上他人的脚步，一旦发现力不从心，他们就会轻易地放弃。只有那些按照自己的心意好好生活的人，才能够不被自卑的阴影所笼罩，同时还能获得他人的喝彩与赞叹。

摆脱自卑十六字口诀：

昂首挺胸：心理学家认为，人们行走的姿势、步伐的大小与快慢都与心理状态有关。懒散、佝偻的姿态，缓慢、沉重的步伐都反映了某种负面情绪，尤其是自卑的人更是如此。那么现在，我们就通过改变行走的姿势与速度来帮助我们调整心境。

学会微笑：如果你还不敢对着他人微笑，没关系，那就对着镜子里的自己微笑吧。笑能给人自信，它不但能缓解自卑情绪，还能化解别人的敌对情绪。如果你真诚地向一个人展颜微笑，他就会对你产生好感。正如一首诗所说："微笑是疲倦者的休息，沮丧者的白天，悲伤者的阳光，大自然的最佳营养。"

认识自己：这里所说的认识自己并不是在私底下对自己做一次反省，而是找三至四个你所熟悉的人，问问他们对你的看法是什么。他们肯定能够告诉你，你有什么是让他们喜欢的。当你跨出了这一步，就能知道自己并不是那么一无是处了。

尽力就好：我们要重新建立这样一种信念，那就是"我已经尽了力了，这就够了"，尽善尽美的要求对我们来说太过苛刻的，因为你可能永远都不会100%的聪明、有魅力，那么为何要将你的弱点和缺点看作你的全部呢？所以，是时候对自己的价值重新进行评价了。

其实，世界上并不存在生来就自卑的人，这种情绪是人在后天的成长过程中因为某些经历诱发生成的。因此，要善于挖掘和发展自己的优势，卸下自卑的沉重包袱，如此，才能给自己一个更美好的未来。

第八章

事情的好坏在于认知的不同，情绪逃不出思维的牢笼

莎士比亚说："世界并无好坏之分，全看我们如何去想。"我们的消极情绪，并非完全来自外界的变化，而是取决于我们的思维方式。事实上，那些令人焦虑、不安、担忧的事情并没有我们想象中那么糟糕，我们之所以感觉很严重，是因为我们让消极想法占了上风。只有懂得换一种思维方式，从正面进行认知，我们才能对自己的情绪加以控制。

 **第八章** 事情的好坏在于认知的不同,情绪逃不出思维的牢笼

非此即彼——钻进了"绝对性思维"的套子里

微情绪关键点:许多人习惯以概括化、绝对化的认知方式来看待所发生的事情,然而,这种极端化的思维模式会带来诸如焦虑、消沉、愤怒等负面情绪。当你进入这种思维模式时,应当试着让自己多角度地思考问题,你会发现,事情并没有你想象得那么坏。

简从小到大都是一个非常乖巧的孩子,上学以后更是一门心思在学业上。上课认真听讲,下课后也不参加任何课余活动,一回家就做功课,几乎不进行任何其他活动。当然,她每门功课的成绩都在90分以上,可是在班级里她却没有一个朋友。

在简的心目中,功课是最重要的事情,不然就会沦为一个庸俗、乏味、不求上进的人,如果是那样,她简直不敢想象该如何活下去。

期末考试前几天,因为通宵复习功课,简抵抗力下降,终于病倒了。父母无论如何不让她再看书了,她躺在床上焦虑不堪,因为无法复习功课而躲在被子里痛哭。那次期末考试,简第一次有科目没有拿到90分,她羞愧万分,感到同学们都在嘲笑她。

简的异样引起了老师的注意,课后她留下了简,语气温和地问她:"简,好孩子,你这是怎么了?是因为没有考好心里不开心吗?"

简难过地点点头。

老师说:"简,你把自己逼得太紧了,读书是一件快乐的事情,而不应该强

迫自己去念书，也不一定每门功课都拿到90分以上才算是一个有价值的人。同学们其实都很喜欢你，你可以多参加他们的活动，也可以多帮帮其他同学。"

简惊讶地抬起头，问老师："他们不会笑话我吗？"

老师笑着说："噢，简，你为什么会这么想，试着去融入他们吧，你会体验到更多的快乐。"

这次谈话后，简决定停止她那非理性的强迫性念书，课间也开始与同学们一起聊天、玩游戏。大家对她的转变感到非常惊喜，几周过去，她已经开始享受这种书本外的快乐时光了。

简的这种认为"不好好读书，就会成为没有用的人"的想法，就是心理分析师凯伦·荷尼所说的"绝对性思维"的结果。这种思维方式总是带有绝对性的"应该"、"必须"或者"一定"的想法，常常使带有这种想法的人感到困扰，因为他们的观念里"不是这样就一定是那样"，导致他们产生焦虑、紧张的情绪。

艾佛德·克罗比斯吉在《科学和健全》（Science and Sanity）一书中，认为过度概括化和绝对性的思维，容易导致人们面对发生的事件会产生认同障碍，即用行为的好坏认定自己的好坏。当人们有概括化和绝对性想法时，便是要求自己无论何时何地都带着"非此即彼"、"非黑即白"的观念来看待事情。比如当你只是单纯被拒绝，就会因此觉得自己是个失败者，从而陷入失落、忧郁的情绪中。其实任何拒绝和失败，都和你这个人的真实价值无关，你之所以产生这些负面情绪，说明你已经产生了错误的思维，从而让自己对这件事情的感受变得极为强烈。

周末的早晨，安娜睁开眼睛，老公卡尔还在熟睡中，偶尔喃喃自语。昨天他又应酬到很晚才回来，给他掖了掖被角，悄悄起身。

安娜一边洗漱一边陷入沉思：结婚这么多年，老公为了她和孩子，一直忙于工作，没有太多的时间陪她和孩子。明天是他们的结婚20周年纪念日，他会记得这个日子吗？能够有时间陪她吗？不过想想卡尔从来不是一个很浪

 **第八章　事情的好坏在于认知的不同，情绪逃不出思维的牢笼**

漫的人，当初自己不也是看重他踏实沉稳才嫁给他的嘛。但即便这样想，她的内心还是有着隐隐的期待和不安。

吃早餐的时候，安娜试探性地问了卡尔一句：

"明天是我们的结婚周年纪念日，你有空吗？"

卡尔看了她一眼，给面包抹上黄油，说道："亲爱的，明天有个重要客户要接待，可能走不开。这样好不好，你不是一直很想去希腊吗，用我的航空里程给你兑换机票，你在那里旅行放松一下吧。"听完这话，安娜虽然感到失落，可是还是十分理解丈夫。都那么多年了，难道还因为这种事情发小女生脾气吗？

安娜很快收拾好心情，简单整理了一下行李就出发了。临走时，丈夫搂了搂她，笑着说："好好玩，亲爱的。"

希腊风景宜人，但心中仍然无法摆脱对卡尔和孩子的牵挂。虽然身处她向往已久的地方，心里还是开心不起来。看来时间真是无情，自己辛辛苦苦了那么多年，换来的只是老公的冷淡和忽视……

再也没有心情游山玩水，她打算回酒店好好休息一下，第二天就回家。谁知，她竟然在酒店门口看到了两个熟悉的身影！

卡尔和她的宝贝苏珊。

刹那间，安娜的内心五味杂陈，激动、惊喜、疑问充斥其间。宝贝冲过来，抱了她一个满怀，卡尔则在一边看着，满脸喜悦。

"你们都瞒着妈妈干了什么？"

"爸爸打算给你个惊喜，所以说没时间陪你，然后让我也飞到这里一起会合。"

"真是……飞机票不要钱呐！"安娜嗔怒地对卡尔说。

卡尔走过来，左手揽妻子，右手揽女儿，笑着道："走吧，我的大宝贝和小宝贝，咱们好好庆祝一下！"

设想一下，如果安娜没有及时调整好自己的心态，如果她因为丈夫的拒绝而认定丈夫不爱自己，从而没有前往希腊，那么后面的一切美好，安娜都无法体验到了。因此，理性的思维方式应该是这样：告诉自己，事情是不可能这么糟的，你不需要让自己如此沮丧。

心理学家迈克尔·麦豪尼发现，容易有"非黑即白，非对即错"想法的人，往往是那些在所有生活领域都追求完美的人，如果他们中有人决定进行一次减肥治疗，对他来说只存在两种结果：要么按计划成功地节食，要么就是失败，绝对没有一种妥协的方法。如果他没有达成自己的最终目标，只是完成了一部分，他也会产生强烈的负罪感和自我鄙视。这种"要么获得全部，要么一无所有的思维"使得完美主义者从不妥协，从不让步。

非此即彼的思维方式会给我们带来很多困扰，让我们给自己带来不必要的压力，以及诸如焦虑、消沉、愤怒等负面情绪。因此，请试着用多种可能性的眼光看待每件事情。你不可能是一个绝对的好人或坏人，当你习惯于概括化自己，也会用这种眼光看待别人。

当你用不同的看法，重建对于不幸事件的负面认知时，你的负面情绪会很快得以消除。你完全可以从不同的角度来看待你所认为的各种不公平，这样你的怒气就会减少很多。

否认积极面——事情太糟了，看不到一点希望

> **微情绪关键点**：悲观的人遇到挫折后，思维是很偏狭的，他们通常只关注事情消极的一面，却全盘否定积极的方面，并会因此产生害怕、愤怒、怀疑等负面情绪。试着用另外一种思维去看待每件事情，你会发现，生活中阳光和阴影是同时存在的。

莫妮卡曾经是一个家庭主妇，孩子上学后，她感觉内心空荡荡的，于是

第八章　事情的好坏在于认知的不同，情绪逃不出思维的牢笼

尝试着重新回到职场。原本以为马上能够融入职场，回到曾经意气风发的状态，可是莫妮卡恐惧地发现，一切都不一样了。

她对工作从原本的期待变为焦虑甚至恐惧，并感到无所适从。其实，周围的环境并没有她想象中那么糟糕，但她就是无法克制内心的紧张和不安。她的先生和朋友们都劝她去咨询一下心理医生。

心理医生：你的老板对你态度怎么样？

莫妮卡：其实，他对我还是挺满意的，最近他还表扬过我。

心理医生：那么，你的先生和孩子支持你重新回到职场中吗？

莫妮卡：是的，他们支持。

心理医生：你和他们的关系怎么样？

莫妮卡：我和丈夫一直关系很好，孩子也很黏我。

心理医生：那么，你感到的压力不是你的家庭和老板带给你的？

莫妮卡：应该……不是吧。

心理医生：你的回答并不肯定，没关系，再细细感受一下，是什么让你感到那么糟糕的。

莫妮卡：我能肯定不是我的家庭，但我就是觉得我不如别人能干。我总是拿自己去和别的女人比较，总觉得自己很差劲。

心理医生：能和我说说你具体在哪些地方感觉自己不如别人吗？

莫妮卡：我感觉我做得已经很尽力了，但总是达不到目标。我完全集中不了精神，什么都不记得。

心理医生：其实，还有成千上万的人也像你这样，达不到自己预定的目标，压抑、不自信、没有主意，等等。你也认为他们都是没有希望的人，一点用处都没有吗？

莫妮卡：当然不会。

心理医生：那么你也完全不必这么看待自己。我想，因为你离开职场一段时间，内心有着不确定感和不自信，这都是正常的。只是，你过于关注自己与他人的差距，反而忽视了自己的积极面，才会感觉自己是个失败的人。

其实，这完全不符合事实。就像你之前自己说的那样，如果在生活中真的凡事都做错的话，那你根本不可能成家，也不可能重新找到工作。

心理医生的一番话如同醍醐灌顶，让莫妮卡内心的阴霾渐渐散去。虽然她还需要时间调适情绪，但令人高兴的是，她不再纠结于和他人的比较中了，自信、开朗的莫妮卡又回来了。

对于同一件事情，绝不会只有一种看法，每个人可以自由决定认同哪一种，拒绝哪一种。很多人因为只选择关注消极面，导致他们产生害怕、愤怒、怀疑等负面情绪。

当你的情绪没有你所希望的那么好时，你一定要问自己："我心里现在所想的确实和事实相符合吗？还是仅仅是我自己的所看到的那一方面，有什么是我所忽略的吗？"只要你觉得自己的情绪和感受在妨碍和阻止你按照自己的愿望去生活，那么你的观念就一定和事实有出入。

拿上面的例子来说，莫妮卡就应该问自己："我的老板真的讨厌我吗？我真的在家人眼里是一个无用的人吗？我用来比较的那些人真的是完美无缺的吗？"当她给出一个诚实的回答时，就发现是自己看待事情的方式出了偏差。正因为她的观念过度渲染、夸大了消极面，才会有与情境并不吻合的、消极的、负面的情绪。

曾经有个前辈这样对王颖说："如果你想活得潇洒，那就去做同声传译；如果想英年早逝，也去做同声传译！"当时的她根本无法理解其中的含义，但现在，她已经懂了。

同声传译一向是以高强度、高回报著称，王颖的一个同事已经拿到了联合国三级同传资格认证。可是有一次会前准备时，他因为不堪压力，导致后来在同传过程中频频出错，从此一蹶不振，最后改了行。其实，这样的情况并非个例，很多人因为这个行当的超常压力而选择了远离。

然而，在王颖眼里，同声传译不仅意味着压力和痛苦，更意味着挑战，

 第八章 事情的好坏在于认知的不同,情绪逃不出思维的牢笼

她视自己为"戴着镣铐的舞者",沉重和愉悦同在。

王颖是一个喜欢挑战自己的人,尽管身边有太多人来来去去,她始终坚信:只要自己肯付出,就不会没有收获。她曾经应邀参加一场国际慈善家会议,为此她做了一周的准备工作。当来自澳大利亚的一位夫人上台发言时,她顿时懵了,因为这位夫人带有浓厚的口音,这就如同北方人听不懂粤语一样,她完全不知道这位夫人在讲什么。同声传译不到一分钟,王颖就已经汗流浃背,主办方也发现了问题,便示意让她暂停,重新更换人手。

这次刻骨铭心的教训没有让王颖就此消沉,她花了大半年时间去钻研英语不同区域的方言。同时,在每次同传前,她都会打电话事先了解翻译对象是哪里人,然后有针对性地找到有关的音频做听力练习,这些训练使她在圈内成为小有名气的方言同声传译员。

现在,王颖依旧是那个忙得连上厕所的时间都没有的同声传译员,她也会沮丧、抱怨,但她始终能够凭着坚定的决心、勇气和信念,一次次出色地完成任务,感受成功后带来的巨大喜悦。

在同声传译这个高强度、高压力行当中工作的人,很容易产生自我否定的想法,认为自己"什么事都做得不对,是个失败的人"。就像王颖的那些转行的同事那样,因为看不到希望,所以消沉、绝望,最后选择离开。

王颖的成功之处就在于,她没有让自己局限于那些消极的观念,而是认清自己确实存在的不足,然后将弱势变为强势。当事情变得糟糕时,不是要单纯地让自己感觉好起来,而是学会做你需要做的事情。我们不能仅仅依靠感觉来推动我们的行为,否则负面情绪会让你感到情况确实是无望的了。

面对棘手的情况,换一种思维方式,就可以让你看到原先被你忽略的方面,就可以让你知道,其实情况并没有你想象的那么糟糕。你有自己的长处,希望也永远存在。

过分要求——"为什么总做不到我期待的?"

> **微情绪关键点**:大多数时候,我们的麻烦其实是自找的。当我们的内在的要求和期待变得绝对化,并且采取非理性的手段强加于自己或他人身上时,焦虑、失落、恐惧等负面情绪自然会一个接一个地向我们出招,让我们的思维陷入无尽的混乱中。

曾经有个国家做过这样一个调查研究,题目是"谁是世界上最幸福的人"。研究机构在报纸上发出了征集答案的征文,成千上万的信函就飞到了报社。报社组织了一个评选委员会,想看看民众中对于幸福、对于谁是最幸福的人有怎样的答案。最后,按照得票的多少,第一名是给自己的孩子洗完澡后怀抱婴儿的妈妈;第二名是给病人治好了病后目送那个病人远去的医生;第三名是,孩子在海滩上自己筑起一个沙堡,夕阳西下的时候,这个孩子看着自己筑起的沙堡时露出自得其乐的微笑;第四名是给自己的作品划上句号的作家。

其实,在某种程度上,这四种幸福在我们每个人身上都全部或者部分地经历过。许多人都给孩子洗过澡,也都怀抱过他柔软的小身子;做医生的人都曾治好过病人,并且目送病人出院;我们可能没有在海滩上筑起过沙垒,但相信大部分人都玩过沙子;我们不一定是作家,但也都有过完成自己作品的时候,可能只是一篇报道,一幅画作。当我们集这些幸福于一身的时候,我们可曾细细体会过幸福?如果没有,那究竟是世界错了,还是我们自己错

 # 第八章 事情的好坏在于认知的不同,情绪逃不出思维的牢笼

了呢?是什么让我们孜孜以求的幸福感离我们如此遥远,以至于总感觉自己期待的东西总是无法得到满足?

根据心理学行为疗法理论,几乎所有惊慌、沮丧和愤怒的情绪,都来自人们把原本理性的希望、期盼和目标,转为绝对不能改变的内在要求和命令。这种要求和命令会让我们希望事情完全按照我们的意愿发生,并且无论是对他人还是对自己,都有这样的过分要求,一旦无法满足,失望和烦恼就产生了。

为了达成某种要求和期待,我们通常会费尽心思地控制自己或者他人。比如说,妈妈期待孩子专心做作业,可那个调皮的小男孩一会儿也安静不下来,不是要看电视就是满屋子乱跑,做作业也是敷衍了事。妈妈因此非常生气,觉得这孩子"怎么这么不让人省心呢",于是开始采用威胁、恐吓、诱惑等手段,最后还可能发展成武力控制。

这种由于绝对的内在要求和期待没有得到满足而采取的控制手段,在大人看来是有道理作为支撑和依据的。他们认为:"难道让孩子好好学习有错吗?"可让他们无法理解的是,为什么孩子就那么固执不肯听话呢?其实,真正的原因就在于,孩子感到这些道理他们都懂,但是他们不喜欢家长这种让他们"就范"的手段和作风,因为它唤起的是孩子的羞耻感和自卑感,他们总感觉自己是被置于错误或者不够好的一方。

非理性的内在要求和期待不仅仅施加于他人,同样也会强加于自己身上。比如因为期待自己的演讲获得巨大成功,期待得到听众们的好评,结果我们就容易变得十分紧张,以至于上台时无法表达,忘记了要讲的内容。常常有作家因为过分期待自己的作品读者会喜欢,结果因为焦虑导致灵感缺失,无从下笔,总觉得自己写得不好,总是担心写出来的东西不符合读者的口味。

一旦人们执着于要求和期待,希望事事都能力争完美,就会成为情绪的奴隶,就会让冲动、愤怒、失落、绝望等等负面情绪占据我们的内心,我们的呼吸变得短浅而急促,我们连自己都找不到了,还能做什么,还能收获什

么呢？

美国的一份日报《今日美国》曾经做过一个统计，对于真正完美的人，一天24个小时远远不够：30分钟进行健身训练；45分钟用于清洁身体；2—4个小时留给家人；一般人用45分钟读报；2—4个小时看电视；1—2小时花在小轿车里或公共交通上；7—10小时用于工作；另外1—2小时用于做家务或打扫院子；50分钟用于性爱和与伴侣交流；2—3个小时用餐；大约8个小时睡眠。此外，我们还得找时间用于阅读最新的小说、进修充电、听音乐、和朋友聚会……总的说来，根据美国的记者们计算，一天42个小时最为理想。

由此可见，对自己要求过高的人往往给自己施加了不必要的压力。由于自我期待，他们总是督促自己向最好的成绩努力，然后陷入了一种恶性怪圈：因为没有人可以永远不经历失败，一旦他们自己设定的既定目标无法实现，就会感觉沮丧。研究结果表明，这类人更容易出现意志消沉、头痛、胃痛、背痛以及抑郁症。

你可能会说，我并不是一个追求完美的人，我只是对自己要求高一点而已。那么，我们不妨来做一个心理测试，看你是否对自己的要求是在正常范围内。

如果你对一种观点"完全赞同"，得（+2）分；如果"很大程度上"表示赞同，得（+1）分；如果"不置可否"，不得分（0）；假如你"不太赞同"一种说法，则减去一分（-1）；假如一个例子根本不适用于你，减两分（-2）。

1. 如果我不对自己提出高要求，就有可能堕落到不求上进的人群中。
2. 如果我出了差错，别人可能会降低对我的评价。
3. 如果我不能尽善尽美地完成一件事，那么着手去做根本没有任何意义。
4. 如果我犯了一个错误，我就会感到十分不安。
5. 如果我全力以赴，我所设想的计划应该都能成功地完成。
6. 如果我表现出弱点，就会感到羞耻。

 **第八章　事情的好坏在于认知的不同，情绪逃不出思维的牢笼**

7. 我不能第二次犯同样的错误。

8. 无论是对自己还是他人，我都不能容忍一般的成绩。

9. 如果我没有做成某件事情，或者不能完成一项计划，我就会感到内心过意不去。

10. 倘若我因为没能实现自己的愿望而自责，这种自我批评有助于我将来取得更好的成绩。

评论：统计一下，正负分相抵后得出最后分数。分数越高，说明你的完美主义倾向越明显。如果你得到的是 10 个 +2 分，那么你就应该反思一下自己设定的目标，尝试一下从你目前所处的高压环境中解脱出来。

放下期待，接纳自己，在心理学上称为"无条件自我接纳"。这里所说的"无条件"，并不意味着对自己没有任何要求和标准，而是把这些标准当作参考而已，毕竟它们不能作为评价自己存在的意义和价值的绝对性准则。这种"无条件接纳自我"会让你收获越来越多的积极情绪，因为无论是做得好或者不好，你都能够接纳自己，并且清楚地知道你和所有人一样，都是经常犯错、充满缺陷的个体。当我们有这样的观念时，就不会产生紧张、沮丧和怨恨，也不会感觉自己一无是处。

德国的哲学家费尔巴哈说过：人活着的第一要务就是要使自己幸福。我们有很多目标，是被这个社会的大的舆论所引导，被一些潮流所裹挟。成功并不一定等同于幸福，幸福其实是一种内心的稳定，我们需要回到自己的内在，为自己的幸福负责。

乱贴标签——心理暗示带来的思维僵化

> **微情绪关键点**：心理暗示对我们的影响是非常大的，当我们用单一的、僵化的思维方式去评价人和事，并且用心理暗示的方式加以强化，就很有可能导致偏见的产生，进而影响我们的情绪。

想象一下，你面前摆着一个颜色嫩黄、外形饱满的柠檬。你用手拿起这个柠檬，用鼻子去闻它的味道。透过柠檬的表皮可以清楚地闻到那种酸酸的味道。然后你拿起一把刀，将这个柠檬切成两半，柠檬汁顿时流淌出来，你的口中似乎已经充溢了柠檬特有的酸酸的味道。此时，你一定能在自己身上发现了两件事情：

1. 你的口腔分泌出了更多的唾液；
2. 你的五官不自觉地紧缩了。

从这个想象实验我们可以了解到，从柠檬——心理暗示——柠檬是酸的——分泌唾液——五官紧缩，这一系列的变化都是由你的想象和观念所造成的。你给柠檬贴上的就是"酸"这个标签，然后就对这个标签产生了一系列生理、心理的反映。如果我们展开进一步的分析，喜欢柠檬的人会对这种想象产生愉悦的感觉，但不喜欢柠檬的人就会产生厌恶的情绪，并且中断这种想象。

当然，对柠檬的标签化想象不会对我们和他人造成不良的后果，但如果我们对他人的行为随意贴上"标签"，不仅会给我们带来一系列的负面情绪，

 **第八章　事情的好坏在于认知的不同，情绪逃不出思维的牢笼**

还会严重影响人与人之间的关系。

　　张燕回到家，发现婆婆和女儿都不在家，她慌了，立即打电话给婆婆："妈，你和梅梅在哪里啊？啊！你怎么能带她去菜市场啊，那儿多脏啊……你就不能等我回家再去买菜吗！"

　　这样的对话，每天都要上演。孩子拉肚子了，她就觉得是婆婆瞎给孩子吃东西；婆婆从卫生间出来没有洗过手，抱孩子时张燕说什么也不给她抱；婆婆不在家时，张燕就会一遍遍冲洗婆婆洗过的碗、筷、盘子，甚至毛巾、衣服都要做消毒处理。即使这样，她心里仍然充满焦虑，害怕细菌传播给孩子。

　　这样的小吵小闹小情绪在某一天爆发了。那天，婆婆在卫生间给他们洗衣服，她发现婆婆把内衣、外衣混在一起洗，便开始大声地数落婆婆没有生活常识，不讲卫生。丈夫实在看不下去了，劝她对母亲的态度好一些，她愤怒地说："我有什么错误啊，老人不讲卫生，还不让我说，我为了谁呀？不也是为了这个家吗！"

　　婆婆很伤心，当天晚上边抹眼泪边收拾行李，准备回老家去。张燕事后想想也有点后悔，婆婆毕竟年纪大了，又帮自己操持家务，但她心里仍然十分别扭。原来，一开始张燕的孩子都是自己母亲帮着带的，后来母亲生病了，婆婆就从乡下来到城里。张燕看到婆婆的卫生习惯与母亲不一样时，就认为婆婆不讲卫生。之后，就无论看婆婆干什么事都不顺眼，她自己也感到过分了，可就是控制不住。

　　从心理学的角度来看，张燕的行为就属于一种偏见性的认识，她钻牛角尖的心理已经非常严重了。她的脑中已经形成了思维定势，总认为婆婆不如自己母亲讲卫生，其实如果同样的问题发生在她自己母亲身上，张燕可能就会认为是正常的事情了。

　　无论是给自己还是他人身上贴上标签，都会让我们的生活和工作造成很大的困扰。标签化的思维方式会妨碍我们按照自己所希望的方式行动，它甚至会导致人们在实际生活中想说"不"时却说"是"；不敢提问题，也不敢提出请求，因为害怕被拒绝或者成为别人的笑柄；不去做自己很有兴趣做的事，因为害怕会受到别人的批评，所以也就实现不了自己的目标，僵化的观念让我们不敢去尝试新生事物或者与他人和平相处。

摆在学生面前的是一叠全新的乐谱，封面又被指导自己的教授贴上了"超高难度"的标签。

他翻着乐谱，感觉弹奏这支曲子去参加钢琴比赛对自己来说是不可能完成的任务，他的信心跌到了谷底。自从跟了这位新的指导教授之后，不知道为什么，教授要以这种方式来整他。

这位教授是个极其有名的音乐大师，授课的第一天，他给这个新学生一份乐谱，说道："试试看吧！"乐谱的难度颇高，学生弹得生涩僵滞、错误百出。

"你的指法太不成熟了，回去好好练习！"

学生练习了一个星期，第二周上课时正准备让教授验收，没想到教授又给他一份难度更高的乐谱，仍然是那句话："试试看吧！"至于上星期的课，教授提也没提，学生只能再次向更高难度的技巧挑战。

到了第三周，更难的乐谱又出现了。同样的情形持续着，可他总觉得自己赶不上老师的进度，学生感到越来越不安、沮丧和气馁。

后来的第四周、第五周……教授都用这种"魔鬼训练法"来折磨自己的学生。直到第十二周，当教授走进练习室，学生再也忍不住了，他正准备向钢琴大师提出这三个月来何以不断折磨自己的质疑。可没等他开口，只见教授抽出最早的那份乐谱，交给了学生。"弹奏吧！"他以坚定的目光望着学生。不可思议的事情发生了，连学生自己都不敢相信，他居然可以将这首曲子弹奏得如此美妙和精湛！教授又让学生试了第二堂课的乐谱，学生依然呈现出超高水准的表现……

 第八章　事情的好坏在于认知的不同，情绪逃不出思维的牢笼

"其实，我给你的所有乐谱难度都是相近的，你只是被封面我写的'超高难度'几个字给吓住了。你能弹好第一首，也就能弹好最后一首。来，试试看吧。"教授将最后一本谱子上"超高难度"的标签撕去，示意学生现场弹奏。

卸下了心理包袱的学生看着乐谱，曾经艰涩的曲谱在他眼里变得鲜活、流畅起来。他怔怔地望着教授，一句话也说不出来。

当学生看到"超高难度"这四个字时，他已经对这份曲谱产生了恐惧感，因此，他不自觉地产生了"我无法弹奏出超高难度的曲子"的想法，这个想法会萦绕在他心头，挥之不去，进而他变得焦虑、恐惧、自卑。最后，钢琴大师道破了其中的奥秘，打破了学生给自己设定的心理暗示，也撕去了学生给自己贴上的"我不行"的心理标签。

这种给自己或他人随意贴上"标签"的行为在我们生活中十分常见，所谓的"标签"其实就是一种心理暗示。每个人都可以拥有自己的看法，但是一旦以单一的角度、僵化的思维去评价，让你的想法代替事实，那么就会造成某种偏见，从而影响我们的情绪和行为方式。

我们想要改善自己的负面情绪，就必须改变自己的想法。尝试着问自己："这个想法能帮助我按照自己的心愿去感受和行动吗？"如果回答是"不能"，那就把这个想法从头脑中清除出去，取而代之以一个更积极或者更现实一些的想法。

我们要学会放弃死守某个观点的习惯，不断在内心提醒自己从相反的角度来看待问题。当然，有时候观念很顽固，即使我们清楚地知道这是不对的，还是会时不时地出现在我们的脑海中。我们能做到的是不放任它们成为自己坚信的东西，习惯于在脑子里进行多轮"辩论"，多听听别人的意见，让有益的观念去取代那些旧的观念。

妄下结论——主观臆断，并扭曲事实的真相

> **微情绪关键点**：看到什么就真的是什么吗？这可不一定！当我们因为受到个人认知的局限、外界评论的影响等，对一个人或者一个事件采用非理性的、不根据事实依据的方式妄加揣测，就会带来错误的、带有负面情绪的评价。

一列火车的包厢里，一个老妇人带着妙龄孙女，一个警察押着一个小偷。经过穿山隧道时，只听到一个亲吻声和一个巴掌声。过了山洞只见警察脸上印着红红的手掌印。老妇人想："哼，这警察不正经，幸亏孙女够厉害，给了他一巴掌！"孙女也不高兴了，心想："这人真是，放着年轻美貌的我不去亲，偏去亲祖母，活该被打！"警察想："这该死的小偷，贼心不死，竟然去亲人家小姑娘，却让我来背黑锅，可是我还不能说，不然越描越黑。"这些人中只有小偷在窃喜："哈哈，我只不过亲了一下自己的手背，再狠狠给警察一巴掌，看他的样子，估计是有口难辩吧。"

在黑暗的车厢里，一个亲吻声和一个巴掌声，让看不清真实情况的三个人按照自己的想象推断出了三个结论，由此带来了各种不同的情绪反应。由于他们都是出自自己的主观臆断，所以白白便宜了暗中使坏的小偷。

如果上面这个例子，你只是当一个简单的笑话来看，那么看到下面这个例子，你可能会有所体会。

 第八章　事情的好坏在于认知的不同，情绪逃不出思维的牢笼

"哎，你们听说了吗？余雅和她男朋友竟然分手了，他们前不久不还说要结婚的嘛。"

"啊，不会吧，余雅年纪可不小了啊，她男朋友那么一表人才的，怎么会分手。"

"谁知道，不过余雅相貌也不够好，身材也一般般，我当时就奇怪她男朋友怎么会看上她，现在果然……"

公司里，余雅半途而废的婚约成了人们茶余饭后的焦点，有的人同情余雅，劝她千万别想不开，有的则表示这样的情况很正常，本来就不看好他们。

咖啡馆里，余雅和闺蜜小慧一起消磨午后时光。小慧安慰余雅说："小雅，大家肯定都想不到其实是你提出的分手吧？你别理他们，过段时间他们就关心别的事情去了。"余雅笑着点了点头。

就这样，大龄女青年余雅重新过上了单身生活，每天按时上下班，空闲时间看看书，和朋友们聚一聚，一有假期就到处转转。她始终相信缘分没到，就绝对不能将就，可她淡然的态度却激发了周围人无穷的好奇心，甚至有人揣测："哼，她心里肯定想结婚想疯了，还在我们面前一副无所谓的样子。"余雅听到这样的传言，一笑了之，仍然从容、安稳地过自己的小日子。

一个圣诞节的早上，大家发现桌上多了一盒喜糖，喜糖上赫然是余雅和她老公甜蜜的合影。众人非常吃惊，有些按捺不住不甘和妒忌之心的人开始私底下造谣："啊，她的照片好丑啊，可据说她老公是个有钱人，难不成是她勾引的人家？"

"就是，就是，说不定是奉子成婚呢，现在不是很流行的么……"

"真看不出，她其貌不扬，居然是情场老手。"

……

在我们的日常生活中，这样的情况并不少见，我们常常会习惯性地"以己度人"，也就是把自己的情感、意志、特征强加于他人身上，结果往往对他

人做出错误的评价，歪曲了他人。这在心理学上被称为"自我投射效应"，许多矛盾、误会以及由此带来的负面情绪，都是由于这种主观臆断导致的事实扭曲引起的。

有心理咨询师曾经碰到过这样的案例，客人在治疗中向咨询师诉说自己的烦恼和痛苦，她总是认为没有人喜欢她："当我在大街上望向一个人的时候，那个人总是避开我而看向别处。"因为她觉得自己长得难看，身材也不好，所以就认为其他人对她的印象也一定很坏。而如果其他人对她亲切友善，她又认为他们都是伪君子。其实，这个人可能没有想过，周围这些人之所以这么做可能完全是因为别的原因，人们会因为害羞或者害怕而不敢直视别人的眼睛。但她的主观臆断使她坚信，这些人这么做只有一个意思：他们不喜欢她。

除了对自己的妄下结论会带来困扰，使自己产生不必要的负面情绪外，对他人的主观臆断同样会扭曲事实的真相，破坏正常的人际关系。

朱莉和好友安是一家网球俱乐部的会员，网球教练雷德是他们的辅导教师。朱莉性格向来争强好胜，而安则十分温柔。上课时，雷德对安总是关爱有加，常常花比较多的时间教她，还让他的那些网球高手朋友们来陪练。朱莉为此十分不满，她开始怀疑安与雷德有不清不白的关系，所以他才会如此偏袒安。

朱莉对自己的男友杰克说了她的怀疑和苦恼，杰克十分惊讶，随即说道："我觉得你是想多了，朱莉，说实在的，安是一个好姑娘，除非你有任何实质性的证据。"

朱莉不甘地说道："证据？他们上课的情况就是证据啊。"

杰克抚了抚额头，苦笑着说："我也去你们那儿上过课，雷德上课的方式一视同仁，安只是技术比较差所以他才特别关照一下；你本来就学得比安快，而且对雷德态度一向挑剔，所以他才'躲'得你远远的。"

之后的几次课，朱莉改变了对雷德的态度，她还暗暗观察安和雷德之间

# 第八章　事情的好坏在于认知的不同，情绪逃不出思维的牢笼

的互动，她发现，自己之前真是太不理智了，安和雷德之间其实根本没有什么，纯粹是正常的教练和学员关系。当意识到这点后，她的怒气都平息了，而且雷德后来对朱莉的网球技术也表现出了欣赏和赞美。

当我们把主观意向强加于他人身上时，就会出现对他人认知的偏差，这样做常常带来很多麻烦，也容易造成不必要的疑神疑鬼。如朱莉对雷德的态度有看法，就妄下结论地认为安和雷德有暧昧关系，还冲动地希望能够搜罗一些似是而非的证据来表明确实如此，如果不是杰克的及时阻止，可以想象，朱莉的非理性行为将使她与安的友谊不复存在。

在判断某件事情时，我们通常只会看到某一个面，而自动忽略其他有可能的情况。并且大多数情况下，人们都趋向于相信不好的一面，从而让自己陷入消极情绪中。狄巴克·乔布拉博士曾经出版过《通向快乐的十把钥匙》一书，其中十把钥匙有三把是与避免妄加臆断有关的，它们是：

1. 当发现自己对任何人、任何处境或者情况觉得愤懑不平时，请记住这样只是在和自己过不去，不好过于苛责自己；

2. 认清那些你为之感受强烈的人或事物，都是你自己的写照，不管这种感受是爱还是恨。你需要通过人际关系的镜子指引你自己精神上的升华；

3. 放下是非对错的包袱，你会感到轻松许多。

只有那些豁达开明的人才能够跳出是非黑白的束缚，感知到理解和爱带来的激荡心灵的正面情绪。一旦你毫不怀疑地相信周围的人们都在尽其所能，你的灵魂将变得更加仁慈，同时也会吸引更多对你的支持，你的生活也将会变得更加快乐。

心理过滤——不知道的,就是不存在的

微情绪关键点:心理过滤是指由于狭隘的思维方式,导致用片面的、短视的,甚至错误的眼光去评价事物,从而产生狂妄、愤懑、妒忌等负面情绪。

古希腊人有这样一句名言:"命运的看法比我们更准确。"美国作家艾萨克·辛格的哥哥曾教导弟弟:"看法总是要陈旧过时,而事实永远不会陈旧过时。"这两句话跨越了千年的历史岁月,却表达了同一个观点,那就是"事实"和"命运"都要比"看法"宽广得多。人们总是喜欢不断地发表自己的看法,这几乎成了狂妄自大的根源。

1943年,IBM公司的董事长托马斯·沃森胸有成竹地告诉人们:"我想,五台计算机足以满足整个世界市场。"另一位无声电影时代造就的富翁哈里·华纳,在1927年坚信:"哪一个家伙愿意听到演员发出声音?"法国高级军事学院院长,第一次世界大战协约国军总司令,对当时刚刚出现的飞机十分喜爱,他说:"飞机是一种有趣的玩具,但毫无军事价值。"

上面所提到的这些人,都是他们所属领域的权威,他们说的话也并不是信口开河,并非不负责任地说一些自己不太了解的事物。恰恰相反,他们所说的正是他们最熟悉的。过度的自信导致的是自负与忘形,就像1899年那位美国专利局的委员下令拆除他的办公室一样,理由是"天底下发明得出来的东西都已经发明完了"。

在米兰·昆德拉的《笑忘书》里,一位哲学教授说出这样一句话:"自詹

 第八章 事情的好坏在于认知的不同，情绪逃不出思维的牢笼

姆斯·乔伊斯以来，我们已经知道我们生活的最伟大的冒险在于冒险的不存在……"这些怀疑主义者们相信，任何一个命题的对面，都存在着另外一个命题。他们不会对未来指手画脚，反而更加注重对当下生活的体验和对待周遭事物的审慎态度。

设想一下，每次你去超市，无论是买水果还是买零食，总会有你钟爱的品种或者品牌，但这是不是就意味着，其他品种的水果或者品牌的零食就是没有价值的呢？就一定不如你买的那一种好呢？相信你的答案是否定的吧。那么，我们对待事情也是如此，我们的选择只能说明我们内心喜欢那种口味，拒绝购买其他品种的行为只表示它们的味道不适合你，但它们的价值不会仅仅因为你没有选择它们而减少，因为还有人正喜欢你所不知道的或者不喜欢的那些种类。

然而，当我们的眼光仅仅局限于自己身上，看不到广袤的外在世界时，思维方式就容易变得狭隘。比如你可能会觉得自己已经这么努力了，却始终没有得到应有的回报，觉得别人好像很轻易地就能够得到自己想要的东西，这种想法让你的内心变得愤懑不平，你认为上天并不公平。其实，你不知道别人付出的汗水，也不知道别人忍受的痛苦，你只是以为别人就是你所看到的："他天生就无比聪明"、"他家世比我好多了"、"有那么多人帮助他"……然后你会更加不满："如果我有了这些优势，我会比他更成功。"

王魏高考时因几分之差，没有考上理想的法律专业，最后调剂进了现在这个他并不是很满意的社会学专业。而和他一起报考这个专业的高中同学李铭，幸运地考上了法律专业，为此，他内心充满了抱怨、愤懑，感觉老天对他太不公平了，因为李铭高中时成绩一直和他差不多，甚至还没有王魏成绩好。

大三下半学期，同学们除了忙论文，就是早出晚归地寻找实习单位。只有王魏还在浑浑噩噩地过日子，他总是把目光盯着李铭，心里暗暗希望他最好不要那么快找到工作。虽然他知道李铭在大学这几年，功课很好，而且还

代表学校参加各种国家级、市级竞赛,还积极参加志愿者工作,但他心里就是不愿意承认,因此选择性忽视了李铭的努力和辛苦。

最后,王魏同寝室的同学告诉他,李铭是仅有的几个已经与律师事务所签约的学生之一,过几天就开始实习了,王魏的内心充满了不甘、嫉妒、愤怒、怨恨、后悔。

哈佛大学有这样一条校训:"即使现在,对手也不停地翻动书页。"这句校训就是让哈佛学子们始终牢记:潜在的危机始终存在,当你还在为暂时的成功沾沾自喜时,别人已经在为新的目标努力了;当你在为失败黯然神伤时,别人已经在总结教训,重新开始了。所以,掩耳盗铃式的自欺欺人换来的只有失败。

当然,要做到真正正视现实,敢于面对对自己不利的情况,而不是屈服于片面的观念所带来的负面情绪,并不是一件容易的事情。但我们要始终牢记:负面情绪都是以往旧观念的讯号,只有按照新的思维方式去做事情,才会产生积极的、良好的情绪和感觉,而那些暂时的消极情绪最后都会得到改变。

我们要做的,就是改变思维方式。

如果你曾经去过英国或者马来西亚这些国家的话,就一定会对当地人的驾车习惯记忆犹新:他们都是靠左行驶的。当你沿着与平时行驶相反的一侧行驶时,一开始肯定还是会有那么一种不舒服的感觉。你一定会想:怎么会有这样奇怪的事情,怎么能向左行驶呢?因为你早已习惯了靠右行驶,因此,一旦要做完全相反的事,就会觉得特别的不自然,甚至会产生打破这种习惯,或者由心理上的逆反感而采取的视而不见。这时候,你的理智告诉你,那是错的。

在这种情况下你该如何行动呢?你坚持了自己的理智,而没有一味顺从自己那不舒服的感觉。理智告诉你:汽车在英国就是靠左行驶,这没什么好奇怪的,很多事情并不是因为我不知道,它就是不存在的。看,你的观念已

 第八章 事情的好坏在于认知的不同,情绪逃不出思维的牢笼

经开始发生转变了。当然,为了能够适应英国的驾车习惯,你仍然还会有残留的一些消极、抵触情绪,你会感到害怕、沮丧或者生气,这些也都是正常的。

当你试着改掉自己已经根深蒂固的消极思维方式的时候,你的注意力就会发生转移,你的视角不再被限制,你的思维会更开阔,头脑会更灵活,胸怀也会宽广得多。当你开始学会接纳世界上你曾经认为"不可能"的事物,也就会拥有非凡的气度。

以偏概全——偶尔失败,就等于整个人生的失败

微情绪关键点:消极的人即使偶尔遇到一次错误或失败,就会将自己的能力、价值全盘否定,把自己看做是一个毫无用处的人,进而产生绝望、抑郁的情绪。

一个年轻人失恋后十分消沉,觉得自己太失败了,感到十分绝望,甚至想自杀一了百了。自杀前,他给自己最好的朋友打了个电话,向朋友道别。

朋友所在的这座城市正在发生水灾,听了这通电话十分着急,连忙劝他千万想开点,别干傻事,可年轻人已经铁了心了。朋友不再劝他,反而问他:"那你打算怎么个死法呢?"年轻人说:"我打算吃安眠药。"朋友说:"这是懦夫才会选择的死法!你既然要死,行啊,我也拦不住你,但是我有个建议,你与其服安眠药自杀,不如到这里来抗洪救灾,你可以累死、渴死、饿死在

抗洪大堤上,这样不是比服安眠药去死更有价值吗?"

年轻人听从了朋友的建议,来到了朋友所在的城市。面对汹涌的洪水,两人一起加入了与洪水斗争的行列。年轻人只求早点累死,扛麻包扛得最重,跑得也最快;连着干了五六个小时,期间不吃也不喝。他累得浑身散了架似的,可他还是不管不顾地坚持着……终于,眼前一黑,他晕倒在了大堤上。

等年轻人再次睁开眼睛,发现自己躺在医院的病床上,床边摆放着鲜花。"原来我还活着啊……"年轻人喃喃自语道。朋友和医生一起进来看他,都说他是抗洪的英雄。他羞愧地说:"我不是什么英雄,我是懦夫,失恋了想自杀,是朋友建议……"他把经过说完了,却没有人相信他的话,护士还笑着说:"你可真幽默。"大家都笑了,朋友也笑了。之后,年轻人当然没有再想去自杀,他由懦夫变成了英雄。

每个人都会犯错,每个人也都会经历失败,但这些在我们的人生中都只不过是一个瞬间的记录,就像一张照片,这张照片展示的只是你生命中的一个瞬间,过去和未来都不被包括在内。但如果你因此就把自己看成一个毫无用处的人,或者觉得自己是个失败者,毫无疑问,你会觉得沮丧。而当你头脑中全是这样的消极想法时,就会有更多负面情绪随之而来,将你压得喘不过气来。

美国心理学家艾里斯指出:人们对某种情境的解释、思考、方法决定他们的情绪和行为反应。虽然消沉心理的产生是认知结构歪曲造成的,但一般人意识不到,因为认知结构背后有一种内在思想,它存在于潜意识里不被人察觉,却受当前事件的触发,产生消极情绪和行为。就像上面的年轻人一样,显然他错误地认为恋爱便是人生的一切,由于对恋爱失去信心,因此产生了消极情绪,甚至产生轻生的念头。

如果人们只是单纯地对自己的行为作出评价,也就是把自己的行为划分为好的或者不好的,那人们几乎不会有任何情绪上的困扰。之所以很多人会

 ## 第八章　事情的好坏在于认知的不同，情绪逃不出思维的牢笼

受到负面情绪的影响，就是因为他们将对自己行为的不良评价延伸到对自己个人价值的评判上。当他们认为一个犯了一次错误的人是一个彻头彻尾的失败者的话，那么就会引起情绪上的问题了，如绝望、抑郁、悲观等情绪就会随之而来，所以我们一定要停止这样思考问题。

设想你家有一片田地，你在地里种各色蔬菜，有茄子、黄瓜、丝瓜、辣椒、豇豆、扁豆。不同的蔬菜有不同的种植要求，你也并不是样样精通，有的种了一回再不用管它，割了一茬没几天就可以长出来；有的却要仔细伺候，不然不容易养活。到了秋天收获的时候，菜园子满满当当地结了各种果实，你发现有的菜长得很好，结得也多，有的菜却长蔫了，没啥收成。可是，不管怎样，看到那些果实结得热闹的蔬菜，你的心里还是很开心的。至于那些没长好的、腐烂了的，你会因为它们而将整片田地都毁了吗？想来是不会的吧。你会做的，应该就是重新评估这一年来菜园子种植的情况，哪些容易种，哪些不易种，第二年你就会有针对性地注意这些问题，从而提高产量。

我们对待事情的思维方式也应该是这样，不能因为偶尔的失败就对自己的人生全盘否定，这一点无论是对他人还是自己都应该注意。

当你的孩子不听话时，只能说他们这种在有些时候不听话的行为是一种不好的行为，所以永远都不要对孩子说出这样的话来："你这么做就是个坏孩子。"这种方式会让孩子学会把自己整个人当成一个坏人来看待，还会让孩子学会在做了一件错事或者坏事的时候就觉得低人一等，甚至产生轻视自己的想法。在这种情况下你可以这么说："我不喜欢你这么做，你这种行为是错误的。"

有太多的人因为觉得自己某些地方不如别人就缺乏自信，始终不敢让自己去尝试新的事物；有些情绪消沉的人，因为伴侣离他而去就觉得自己什么也不是了，对爱情也失去了信心；破产的人选择结束自己的生命，因为他们无法面对自己一无所有的耻辱；还有曾经犯过小失误的职员们，之后每当老板打来电话时，总是满心惶恐，感到筋疲力尽，等等。这些偶尔遭到失误或

者失败的人们总是在想:"有谁还会认可我呢?我怎么能够重新站起来呢?"他们的生活由此充满了忧郁和恐惧。

要想在失败之后重新振作起来,我们的关注点不能仅仅局限于情绪本身,我们必须找出引起负面情绪的消极想法,然后改变错误的认知,用积极和建设性的观念来代替,这样才能摆脱消极情绪,重新开始。

心理学家建议,消极想法往往包括那些缺乏根据的推理,对问题的过度夸大或缩小,以及对自己进行的消极联系。比如"如果这样……肯定就会那样","这事情根本就解决不了","我的前途没有希望了","他不喜欢我,别人也不会喜欢我","事情全是我的错","我到哪里都一样","我处处不如别人","没有人同情理解我",等等。

这些想法,每个人都或多或少会产生,面对脑中的这些不自觉出现的观念,我们要做的,就是进行自觉地质疑和辩论,因为负面情绪的产生本身就是一种警报,它们提醒我们:想法是否合理,观念是否扭曲。

一旦出现了负面想法,我们就应采取心理暗示的方法,用相反的想法重新组织语言,比如"命运掌握在我自己手里","我只要努力肯定会行","世界上没有解决不了的问题","我还没挖掘出我的潜力","人无完人,各有所长","还有不如我的呢","他不爱我,说明我还没找到对人",等等。

通过正面想法的鼓舞,可以让自己接受现实,同时觉察出自己的偏激之处。反复的自我批评和辩论,就能动摇原本错误的思想,最后铲除它,走出消极情绪的怪圈。

 第八章 事情的好坏在于认知的不同,情绪逃不出思维的牢笼

灾难化——"天哪,这简直是最糟糕的事情!"

> **微情绪关键点:**每个人都会遇到一些不顺的小事,通常情况下,它们并不足以对我们的人生造成决定性影响。但是,如果你习惯把一件小事情夸大成为极度糟糕的状况,就会而造成许多负面情绪的产生,如焦虑、消沉、忧郁、绝望等,这样一来,本来一件破坏力不大的小事,也会瞬间变为能够影响你生活的"恐怖性事件"。

格蕾丝7岁那年,曾经跟着妈妈去逛夜市。她记得很清楚,那天天气很闷,她一只小手拿着甜甜圈吃得满嘴都是巧克力,另一只手被妈妈牵在手里。夜市里闹哄哄的,人很多,她专注地吃着,而妈妈在跟摊主说话。格蕾丝被身后来往的人们推搡了几下,踉跄几步,就被裹挟出了妈妈身边。格蕾丝晕头转向地随着人流转了几个圈,抬头慌乱地发现:妈妈所在得那个摊位找不到了!

格蕾丝的心怦怦地跳起来,她小声叫着妈妈,走几步往身后看看,以为只要下一个回头便能看到她。但是她走了好久,却连妈妈的影子都没见到,绝望开始加深,脸上的汗与泪直往嘴里钻。最后,格蕾丝走出了夜市,来到了停车场,手里、脸上都是黏糊糊的甜甜圈。

她蜷起小小的身子,靠在一辆轿车旁边,她能听到自己心脏的"咚咚"声。她觉得再也见不到妈妈了,脑子里开始胡思乱想,认为自己从此只能当个流浪的小孩子,一辈子流浪直到最后死去。

格蕾丝儿时的这段经历是她挥之不去的噩梦，虽然后来妈妈在停车场找到了她，可她再也不敢去人多的地方、不敢去商场、不喜欢吃甜甜圈，她变得十分胆小，一点点的小事情在她眼里都十分恐怖。

心理学家亚伯·艾里斯博士所创的"泛灾难化"，指的就是格蕾丝的这种心理状态，她因为儿时经历过可怕的走失事件，所以后来就习惯于将不幸的事情夸大，但其实事情并没有那么严重。她独自一人在停车场里对自己的现在和未来进行了泛灾难化和糟糕化，这种想法深深印入了她的大脑中，对她后来的生活造成了很大的困扰。

"泛灾难化"和"糟糕化"往往夸张个人不喜欢的一些状况发生的频率和危险性，这种思维模式常常是这样的："如果不好的事情发生会如何？""我如果做得不好，结果会如何？""如果人们对我不公平，而我无计可施怎么办？"这种想法在某种程度来说很好，但却很容易会想过头，从而转变为担心一些发生几率很低的事情。比如你可能只是划破了手指，却担心自己会因此受到致命的感染；头顶上传来飞机噪音，你却认为飞机可能坠毁在你家上方；一个负面的经济消息传来，你就觉得明天是世界末日。有时候，甚至还会幻想一些不可能发生的事情，例如在公司考核中，某一科目不及格，自己就会被开除；没有考出注册会计师，这辈子就只能领最低工资，做自己不喜欢的工作。

无论是把一件小事情夸大成为灾难，还是视为极度糟糕的状况，都会造成许多负面情绪的产生，如焦虑、消沉、忧郁、绝望等。这些情绪不仅不会对事情的改观有帮助，还会在影响我们工作与生活的同时，危害到我们的健康。

一段恋情的结束，一位亲人的过世，失去了工作，受到病痛的折磨，孩子在学校不听话，自己的丈夫有外遇……每一个人都希望可以不受各种烦心问题的困扰，不遭遇坎坷命运的打击，然而大多数时候，这种希望是不现实的。生活总是不断地给我们带来挑战，使我们认为自己永远无法战胜它们。

 第八章 事情的好坏在于认知的不同，情绪逃不出思维的牢笼

随之而来的恐惧感会在我们内心不断攀升，而我们对自己能力的信心却在不断下降。

既然生活充满了生存压力和危机，我们该如何改变紧张、焦虑的情绪，不再让自己的身体每天都超负荷运作呢？让我们先来了解一下健康思维的标准：

1. 以事实为依据。

我们要明白，让我们不安的并不是事情本身，而是我们对事情的看法。如果我们能把事情当作事件本身来看待和处理的话，就不会有任何问题了。

举个简单的例子：你是不是会因为早上下雨而觉得今天一天都可能不顺利？如果是艳阳高照的话，你是不是又会觉得这是个好征兆呢？当我们说起天气时，会给它加上"好"、"糟糕"这样的字眼，这些词语表达的正是我们对天气所持有的个人观点，而不是天气本身的客观存在。

所以，对待发生的事情，有这么一条基本原则：尽量减少在观念中加入"总是、从不、所有、太、最"这样的词语，因为一般来说这样的说法都是与事实不符的。

2. 按照自己的希望去感受和行动。

为什么有人能够在面对生活中的危机时不绝望，也没有因为这种看似毫无希望的情形而长期消沉下去呢？答案就是：适应挑战，适应不断变化的外部环境。他们可能会尽情宣泄自己的情绪，然后以从容、镇定的心态去面对。所以，"按照自己的希望"指的就是顺应内心的真实感受，同时使其与外部环境取得一种平衡。有的人因为无法坦然面对，所以就将自己尘封起来，拒绝面对真实的危机，尽力控制自己的情绪，但这是一种危险的决定。被压制的情感也可能膨胀起来，最终导致过度酗酒、忧郁症、自杀等行为的产生。

一开始我们可能会抱怨："为什么这事偏偏会发生在我身上！""这种事怎么可能发生呢？简直太可怕了，我大概挺不过去！"但是情绪宣泄过后，我们要停止这种怨天尤人，努力寻找解决问题的可能性。告诉自己："现在既然发

生了，那我应该怎样做才能战胜它呢？"我们虽然无法改变已经发生的情况，但是我们可以自己决定以何种态度去对待。

马克·吐温说："我这一生充满许多不幸。但大部分的不幸从来没有发生过！"活在当下，对未来保持适度的兴趣，但不要太关心未来。未雨绸缪很好，但不要寄望于未来。你要努力享受现在，不要对未来产生泛灾难化和糟糕化的心理。

罪责归己——"都是我不好"

> **微情绪关键点：**许多人一旦遭遇失误或者失败，无论是由内因还是外因导致，都会将所有事情的责任都归结到自己身上，内心充满了内疚、自责、后悔等情绪。事实上，这并非有责任感的表现，这是心理过度消极化的结果。

一位心理学家的手记中有这样一个案例。

有一对异地恋情侣，男人为了女人放弃了工作3年的岗位，来到女人所在的城市重新寻找工作，女人又感动又内疚，总觉得是自己拖累了男人，所以对男人无比体贴，百依百顺。后来，男人因有了新的恋爱对象，故移情别恋，向女人提出分手。两人分手后，女人并不怨恨男人，相反，她总觉得是自己不够好，所以导致恋情以悲剧收场。女人曾经借给过男人3万元钱，虽然女人自己也遇到了难事，生活困窘，但她一直不敢向男人开口要回那笔钱。她认为错在自己，她根本没有理由去拿回欠款。

 **第八章 事情的好坏在于认知的不同，情绪逃不出思维的牢笼**

在这段恋爱关系中，女人虽然受到了很大的情感伤害，但她的心里始终有一个想法：如果他没有因为自己离开原来的城市，后来的一切都不会发生。他们不会因遇到日常生活中琐碎的矛盾而争吵，他也不会遇见另一个女人，他们自然就不会分手。因为男人曾经为她付出过，所以，她觉得男人才是受害者，而自己就是罪魁祸首，她实在不能找男人要回属于她的财产。最后，在万般无奈之下，她询问自己母亲的看法。母亲说："他为你做了那么多，你这就当作是给他的回报吧。既然你以前已经做了好人，你现在去要钱反而显得你很小气。"就这样，本来欠债还钱天经地义的事情在女人愧疚感的操纵下不了了之了，女人只能独自承受物质和精神的双重伤害。

案例中，女人这种事事都认为自己不对的想法所引起的情绪，在心理学上被称为"负罪感"，这种情绪伴随的观念往往是："都是因为我的错，所以……"这种观念会导致人们心里产生一种很不好的感受。

当负罪感产生时，通常都是因为我们为自己所做的某件事情或者说过的某些话感到负有责任，觉得不该这么做或者不该这么说。我们所批判的不仅是我们的行为，同时还批判了我们整个人。

"如果……那么……"的思维方式是造成罪责归己误区的重要原因，比如"如果我再仔细一点，这道题目就不会错了。""如果我再瘦一点，那么男朋友就不会离开我了。""如果我比别人多工作几个小时，那么我一定会得到提拔。"这种思维误区的危害在于它和现实无关，只存在于主观的推理之中，从而严重影响到了自尊和自信。如果你发现自己也陷入了这种思维误区，你就应该明白：世界上根本不存在真正的完美，不存在没有任何瑕疵、没有任何需要改进的东西。就像没有一个人会同时成为完美的职场强人、完美的伴侣和完美的家长一样。即使是那些我们公认的天才们，也不可能将自己创作的音乐作品、拍摄的电影、创作的小说或者技术发明视为完美。因为除了自身的局限性以外，还有很多不能被我们所掌控的外部因素。

当我们继续挖掘人们之所以会产生"都是我不好"这样想法的原因时，

不妨先来了解一个针对美国大学生的调查。研究人员要求学生们记录下一件"给他人带来巨大喜悦的事情"，结果十分有意思：学生们对自我的不同看法明显地影响到事件的叙述。那些具有高度自信的学生描述的情形多是基于自己本人的能力给他人带来快乐；而那些缺乏自信的学生记得更多的是分析他人的需求，在意他人的感受，他们强调的是利他主义，而充满自信的学生则强调的是自己的能力。

由此可见，缺乏自信的人总是会把他人的需求放在首位，从而忽略了自己的能力和正常需求，并进而转变为一种心态：一旦事情出了纰漏，就把责任往自己身上揽，因为觉得自己没有满足他人的需求而自责。尽管这种"老好人"的做法比起那些具有自我意识的人可以说并没有攻击性，但他们却为此付出了高昂的精神代价，他们更容易出现自我怀疑和抑郁情绪。

你是不是发现自己回到家中也不敢让自己松懈下来，不能放松地躺在沙发上休息，而是一点一点地拾掇着，总感觉有做不完的事。你开始责备自己，对自己不满——"你总是不能把生活安排得井井有条！"别人似乎没有这些问题：她们可以轻松地减肥，定期健身，人际关系处理得很好，房子和孩子都收拾得干干净净，与恋人恩爱有加，这使得你感到很内疚。

是时候改变这一切了，否则你将永远无法真正感觉到安全和自信。你从来没有想到过，这些谴责究竟有什么意义。在现实生活中，自责并不利于我们自信心的确立，相反会给我们的心灵增加负荷，让我们饱受内疚感和羞耻感的折磨。我们要做的，就是增强自我意识，告别"我后悔"、"我应该"、"我不喜欢自己"的思维方式。

1. 做一件自己真正想做的事情：把注意力从那些让你自责的事情上移开，做一些别的事情，尤其是隐藏在你内心深处、你非常想实现的想法，比如听一场音乐会，组织一场聚餐，去某个地方旅游，甚至仅仅是关掉手机，全神贯注地阅读一部小说。重要的是，能够让你全力以赴、忘我投入的事情。不在乎结果，无所谓成绩，因为认真、热情地做一件事情的过程本身就是非常有意义的。大量的心理学研究证明：能够全身心投入到一项工作中去的人不

 第八章 事情的好坏在于认知的不同,情绪逃不出思维的牢笼

论在精神上,还是在体能上,都比不能做到这一点的人更为健康,并且可以消除人们对自己的不满情绪。心理学将这种状态称为"意识流",即人们在这种状态下忘记了周围的一切,甚至忘记了自己。

2. 用自己的能力去帮助别人:我们所说的"帮助别人",并不仅仅是只关注到别人的需求,无条件地付出,而是以自己的热情和能力给予他人适当的援助。这样做可以让你找到自我满足感。美国的心理学家发现,乐于助人的行为会长期增强免疫力,保护助人者免受疾病困扰,保持自我价值。在美国的一项调查中,来自不同社会救援组织的几千名会员以及专职工作人员参与了调查,当他们被问及"在为他人服务时自己能从中得到什么"时,被询问者一致回答是:"精神快感、充实能量以及增强自信。"这些社会工作者中的绝大部分感觉和以前的生活相比,心态显得更满足、更平衡、更幸福。

总之,实事求是地评价自己在各种事情中应负的责任,切勿盲目夸大自身的"破坏力"。除了认识到自身的问题之外,还要认识到其他因素,这样,我们的自信心才能受到保护,也能更好地处理生活中的挫折,摆脱负面情绪的侵扰。

第九章

过度的情绪失控，会产生不可思议的疯狂举动

　　"抑郁症"、"恐惧症"、"强迫症"、"恋物癖"……这些看起来很"变态"的举动，其实离我们并不遥远！一旦我们情绪失控达到某种程度，我们就有可能出现这些疯狂的症状。我们只有对这些心理失衡的状态有所了解，客观面对，才能够及时判断自己是否有这些趋势，并尽快对自己失控的情绪加以控制。

 第九章　过度的情绪失控，会产生不可思议的疯狂举动

工作狂：只有保持忙碌，才能找到自我

> **微情绪关键点**：工作狂并非只是追求一种人生价值，它更多体现的是一种情绪上的失控。这样的人只有从疯狂的工作中才能找到肯定自我价值，从而往往会忽视个人健康、家庭幸福与人际关系的培养与巩固。

以前，在中国、日本等许多国家的词典里，"工作狂"并不是一个贬义词。不少企业老板、单位领导还认为"工作狂"是忘我的表现，是值得大家学习的榜样。而现在的心理学研究表示，"工作狂"实际是一种心理变态，是情绪的失衡。

工作狂与对工作充满热情的人有着本质的区别——前者往往并不热爱自己的工作，也很难从工作中得到快乐，他只是拼命工作以求得某种心理上的解脱、情绪上的平衡，这类人往往还会强迫自己做到"完美"。一旦工作上有差错，他们就会变得焦虑万分，却又不愿意接受他人的帮助。相反，一个对工作充满热情的人是热爱自己的工作的，并且能够从工作中获得巨大的快乐，即使工作出现失误也不会沉浸于懊恼与怨愤中不能自拔，反而会积极吸取教训；同时，这类人还很注意搞好与周围同事以及上级领导的关系，而不会只是自己一个人埋头苦干。

我们来看看一个工作狂的例子。

在同事们眼里，刘明是个典型的工作狂，他工作起来总是精力十足，一

副永远不知道疲倦的样子。在公司里,他就像一台高质量的机器,永不休止地转动着。公司老板当然十分赏识刘明,也给了他相应的待遇和薪酬。

然而,虽然有丰厚的物质待遇,但刘明却并没有感到有多么幸福,相反,他的健康和婚姻都出现了问题。长期的熬夜和应酬让他的身体健康状况每况愈下。他的妻子为了经营好夫妻感情,总是找时间与他谈心,可是每次沟通的结果都不理想。只要妻子一提起让他"注意身体"、"多休息"这样的话题,他就情绪低落,默不作声。在心情平静的时候,他曾告诉妻子,他现在实在没有时间和精力来照顾这个家,如果她愿意,可以选择离婚。

刘明这样的态度让妻子很伤心,她感觉不到任何温暖,她只希望刘明将对工作的热情挪一点给家里,她就很满足了,但这也成了奢望。她感到很愤怒,但为了孩子,他的妻子想想便不打算和刘明计较了。刘明每天回到家,就完全没有了在公司里那种神采飞扬的模样,通常就是把包往椅子上一扔,然后赖在沙发上,一句话都不想说,没有任何与人沟通的欲望,更别谈什么兴趣爱好了。似乎他所有的热情都被工作吸引走了。

后来,在刘明父母的干预下,他终于请了5天的假。妻子认为这是一个让刘明放松的好机会,她赶紧制订了旅游计划,将孩子托付给了父母,与他一起踏上了游山玩水的旅程。在妻子的强烈抗议下,刘明放弃了带着笔记本电脑上路的打算,但还是随身携带了手机和商务通,不然他无法安心启程。

一路上,妻子说说笑笑地拉着他到处溜达,可是刘明还是满脑子工作。在一家古董店里,有人手机响了,刘明立刻紧张起来,忙不迭地摸向怀里自己的手机,整个人进入"战斗"状态。之后的几天,让妻子无可奈何的是,无论她如何活跃气氛,刘明还是三句话不离工作。等到妻子忍无可忍打断他的话时,他就眼光茫然,似乎陷入了一种真空状态,外面再美的景色也都与他无关。

对于工作狂来说,他工作的目的早已远远超过维持生计,他其实是在寻求每天生活的意义,否则他的生活就没有了平衡点,他的情绪也就没有了依

第九章　过度的情绪失控，会产生不可思议的疯狂举动

托。从心理学的角度来看，工作狂就是一种情绪的极端化表现。

有人说，法国人工作是为了生活，德国人活着是为了工作。此话虽然有些偏颇，却道出了德国人对待工作的认真态度。有关"欧洲之最"的说法也能够说明这一点。在欧洲人眼里，最好的事情是：住在英国，吃在意大利，工作在法国，再娶一位德国老婆；而最糟糕的事情则是：吃在英国，住在意大利，娶一位法国老婆，在德国工作。事实上，这只是一句玩笑话，因为德国人并非完全的工作狂，他们在繁忙的工作之余也懂得休闲。无论是外出旅游，还在家中修整自己精致的小花园，都是为了使疲惫的身心得到放松，因此，德国人大都是努力工作又会享受生活的人。

德国人有一个很值得借鉴的理念，那就是工作只是为了给娱乐提供经济基础，如果只有工作，生活也就失去了乐趣。在德国人的眼里，娱乐享受、休假不仅是工作之余的休息形式，也是工作的目标。

在德国，许多家庭都拥有自己的小花园或小草坪。曾经有个留学生这样描述自己的德国房东家的花园：

德国人的私家小花园都设计得精致而美丽，花园里散落着郁金香、玫瑰等花卉植物，甚至花园的围墙也是由各种美丽的灌木构成。一到秋天，灌木上挂着各种或红或黄的小浆果，小松鼠在其间来回取食，景致动人极了。凡心境不顺者或身心疲惫者，只要在这些精致美丽的小花园里待上一段时间，定会将各种烦恼和劳累置于脑后，精神为之一振，心情变得愉悦起来。

此外，德国人每年有6个星期的假期，还不包括9—12天的单独的假日。如此多的休假天数，在欧洲是最长的。由此看来，德国人是非常注重紧张工作之余的情绪松弛与缓冲的。

孔子曾经说过："一张一弛，文武之道也。"人们在紧张的劳作之余，需要松弛休息，使人体机能状态得以恢复，避免精力过耗，身心交瘁。而"天人合一"的理念更是认为万物的发生、生长都是一个不可分割的整体。春夏

之时，阳气上升，而秋冬时分，阳气收敛，故而有"春生，夏长，秋收，冬藏"之说。其实，这一理念如果运用到我们对工作的态度上也是十分有意义的。娱乐并不是对工作的懈怠，而是一种对待生活的积极态度，我们绝不应该将工作带入到生活休闲之中去。生命之弦如果一直绷得紧紧的，张而不弛，就容易产生各种负面情绪的压抑和堆积，当迈向成功的车轮愈转愈快时，他们却会陷入不曾预想到的心理漩涡中。

如果你也是一名工作狂，不妨试着逐渐从工作状态中抽离出来。该工作时，尽情投入其中；该休闲时，抛开一切杂念和紧张感，感受生活中点点滴滴的美好。要知道，工作只是生活的一个方面，它并不能满足我们所有的情感需求。自我价值感不应该从外界去寻找，也不完全来自于外在的成功，我们自我的根源在内心，来自于对自己的接纳与肯定。

恋物癖：喜爱，并且狂热地迷恋

> **微情绪关键点**：狂热地喜爱某些事物，看起来似乎很正常，而事实上，这大都是因为内心空虚、不安、焦虑而引起的。当我们在其他方面得不到寄托，就会对一些物品产生别样的"迷恋"。

心理学意义上的"恋物癖"一词，指的是由情绪失控而引发的变态行为。恋物癖者通常为男性，他们对活生生的人没有情感上的寄托，反而是喜欢通过抚摸、欣赏自己钟爱的物件，从而获得性激励，引发性欲。这跟我们平时通过把玩自己喜欢的小物件、小摆设所带来的心情愉悦是两种截然不同的心

 第九章　过度的情绪失控，会产生不可思议的疯狂举动

理感受。

《上海法治报》曾经报道过一则新闻：

在某家著名的购物网站上，有人公开叫卖穿过的内衣等物品。报道称，叫卖者来自上海、四川等地，均称所售物品为在校女生"加工"而成，价格从20元至40元不等，最贵的一条二手内裤叫价150元。

报道解释说，所谓"原味内衣"就是二手内衣，最早出现在日本，是一些女孩为满足恋物癖者需求而出售的。

上述报道中所提到的"原味内衣"，正是恋物癖者所迷恋的对象中的一种。他们通过接触异性穿戴和使用的服装、饰品，比如女性的内衣、内裤、乳罩、头巾、衣服等来唤起性的兴奋情绪，获得性的满足。如果从更为广泛的意义上来认识恋物癖患者的所恋之"物"，则还要包括异性身体的某一部分，如头发、手、足、臀部等部位。作为可以控制自己情绪的正常人，是无法理解这种通过"物"来调动性情绪的心理现象的，但是这种现象确实历史悠久。

中国古代男性对女子小脚的畸恋就是恋物癖的典型例子。南唐后主李煜的爱妾窈娘为了迎合皇帝开创了古代女子裹足的风尚，其后，女子的三寸金莲逐渐产生了越来越强的性的意味。《了不起的盖茨比》的作者斯科特·菲茨杰拉德、作家托马斯·哈代以及意大利冒险家卡萨诺瓦都是有此癖好的人。卡萨诺瓦的名字甚至已经成为了文学术语了，暗指"风流浪子，好色之徒"。恋脚癖者以女性的脚为迷恋对象，他们通过观看、怀抱、抚摸、狂吻、狂嗅，以获得性心理的满足。恋脚癖研究者霭理士认为："它不过是我们的祖先曾有过的一种心理和情感的再现而已。"原来，这种令人费解的现象古已有之，并持续了上千年之久。

这种历史悠久却又臭名昭著的癖好吸引了许多心理学家、人类学家对其成因进行探索：恋物癖患者为什么不能去爱一个实际存在的、完整的人，而

只对其穿着或佩带的物品感兴趣？

俄国著名心理学家巴甫洛夫通过实验指出，大多数病人的恋物癖是性兴奋的情绪与周围环境中偶然出现的某种事物相结合形成的条件反射。尤其是这种兴奋情绪不能得到周围环境的认可与满足，恋物癖者就只能将感情投射到某一物体上，这也就是为什么有些青少年会偷母亲或其他女性的内衣。其实他们体格和智力完全正常，正处于刚发育的青春期，他们想接近女性但又害怕，而嗅闻女性的内衣可以带给他们愉悦和兴奋感。恋物癖是性心理幼稚的表现，是对自我情绪表达的错位，也是一种性心理障碍。

虽然我们已经知道，恋物癖在心理学上并不是一种值得认可的现象，但是现实生活中，我们可能都有这种倾向。在当下快节奏的城市生活中，人们越来越多地痴迷于对物质的追求和占有，消费欲望也越来越大。尤其是女性，对购物已经产生了一种精神上的依赖。而疯狂的购物欲，也可以看作是恋物的一种表现形式。我们发现，在电子商务无比兴盛的今天，每到过节，商家都会费尽心思勾起消费者的购物。许多人也会在商家的各种"诱惑"下"囤积"各种商品，并从中收获一种满足感。而事实上，这些商品他们不一定真正需要。

经过媒体和商家的重新发掘和包装后，"恋物"成为了人们自我情绪化的外在表现形式，人们通过购物来获得内心精神世界的满足。当然，它并没有发展成传统意义上的恋物癖，因此，我们称之为"恋物情结"。然而，当这种恋物情结超出了一定的度，就会成为一种心理问题，需要引起关注和重视。

开学伊始，大二女生小李又无法控制得把今年的学费变成了一堆物品。每次看到自己采购回来的衣物、鞋袜塞满衣柜，小李都很后悔，可每每遇到打折又称心如意的商品，她便克制不住取钱买回来，购物的欲望一次比一次强烈，如染上毒瘾，无法戒掉。

学费全部被她用于购物，她不敢向父母要钱，转而向同学、朋友借。几次之后同学拒绝借钱给她，还说她有病。辗转反侧，几经犹豫后小李终于走

 第九章 过度的情绪失控,会产生不可思议的疯狂举动

进了心理咨询室,寻求解脱。

她痛苦地告诉心理咨询师,她学的是工程设计方面的专业,周一至周五都很忙,有时为了绘制一张工程图要通宵达旦地做,情绪总是处于高度紧张的状态。她有收集的习惯,惟一的乐趣就是买各种各样的东西,杯子、笔记本、高跟鞋等的。她经常买一些其实根本用不上的东西,并且直到堆满整个桌子和床铺都不舍得扔掉。对于这些东西,不管合适与否,她都"慷慨解囊",通通买下。如果缺一样没买成,就会睡不好,如生病一样,浑身没有精神。

心理咨询师告诉小李,她之所以会这样是因为情绪波动大、压力过重、生活方式又太单调引起的,她的购物变得完全凭情绪好坏,至于适用性、季节性、支付能力等外在条件就不在她的考虑范围之内了。她建议小李学会调节好自己的情绪,到大自然中去放松自己,同时注意培养自己的兴趣和爱好,如唱歌、打球等。

英国赫特福德大学的卡尔伦教授调查发现,有些女性把购物当成是一种调剂情绪的方法,用来发泄自己的消极情况或者对生活的不满。矛盾的是,许多人虽然钱挣得少了,可花得却更多了。在调查的700名妇女中,有四成女性患有抑郁症,六成女性感觉情绪低落,而妇女通常以为购物可以让她们感觉更好。卡尔伦的研究发现,情绪高涨或者低落,都可以是妇女逛商场的理由,这种消费模式,也被称为补偿性消费,是作为一种调剂紧张情绪而存在。

大部分具有恋物情结的人都是缺乏安全感的,他们对生活总是充满一种茫然和无力的情绪,对他们来说,只有物品是自己可以控制的。当看着自己收集的"物"时,他们就能暂时摆脱现实带给他们的无力感而将自己的幻想投射其中,他们沉溺在满屋子小物件带来的虚幻安全感中。对于现代社会的人来说,这种恋物情结是很寻常的一种现象,每个人或多或少都会有,它还够不上"恋物癖"的程度,但它的确是我们情绪失控的一种体现。尤其是当

我们陷入寂寞、孤独、无措的情绪状态中时，就容易流连在堆满琳琅满目商品的店里，用一个个实质性的"物"来填补内心的空虚。

当我们发现自己有了"恋物"的癖好，不能无节制地放任自流，但也不需要太过紧张。我们需要做的应该是调整自己的心态，培养自己对他人及世界的信任感。在这个浮躁的社会，我们要做的不是一味地从众，而是放慢脚步，找到自己准确的自我定位，以免迷失在物质的横流中。

上瘾症：停不下来的眷恋

> **微情绪关键点**：对一些物体或行为产生轻微的依赖，是很正常的现象；但当我们出现了强迫性的行为模式，例如抽烟、暴食、喝酒、看电视、上网成瘾或任何其他的行为，那么就很有可能患上了上瘾症。

虽然阿黎平时性格很内向，不太爱说话，但他一向是个优等生，还曾多次获得过各种学科竞赛的奖项。但是高三新学期开始不久，班主任发现阿黎近来总是没精打采，神情涣散，上课也不认真，有时候甚至直接趴在课桌上睡着。为此，班主任对阿黎进行了家访。

通过与阿黎父母的攀谈，班主任了解到，暑假期间，家里为了阿黎查资料方便，特地添置了一台电脑。谁知，他从此迷上了网络游戏。整整一个暑假，父母上班去后，他就开始玩游戏，一玩就是一整天，对作业也是敷衍了事。家长即使严格控制他使用电脑的时间，他也总能找到机会溜进去玩游戏。父母没有办法，就把电脑搬进了自己的卧室，他又想方设法到网吧去玩。父

 ## 第九章　过度的情绪失控，会产生不可思议的疯狂举动

母满以为开学后他就会收敛一些，没想到这种情况反而愈演愈烈，他只要打开电脑，就会进入一种兴奋状态。父母绞尽脑汁阻止他玩游戏，但"道高一尺，魔高一丈"，他总是能够找机会接触到电脑。有时，他甚至不吃早饭就出门，还欺骗父母说是早点去学校，其实就是去网吧玩游戏了。

父母简直不敢相信这还是之前那个听话懂事的孩子。尤其高考近在眼前，父母也是束手无策。班主任听了王明的情况，意识到他是玩游戏上瘾了。

根据一项大型民意调查的结果发现，美国约6%的互联网用户均有不同程度和类型的"网络瘾"。因此，发起这项调查的研究员戴·格林菲尔德说："婚姻被破坏，孩子惹来不少麻烦，有人在网上犯罪，也有人在网上消费过度。这都是网络成瘾带来的悲剧后果。"案例中的阿黎对网络游戏的迷恋，就是上瘾症的一种表现。

上瘾者会沉溺于某种具体的物质或行为，这种沉溺会给他们带来愉悦的情绪，这种情绪改变可以被描述成中毒性的、极度兴奋的、恍惚的状态，使个人至少在短时间内感到自我满足和平静。

一般来说，导致上瘾的"元凶"可以分为物质的和精神的，如我们所熟知酒瘾、烟瘾、毒瘾、药物瘾、贪食症、异食症等都是物质上瘾的表现形式。上瘾者不可控制地反复渴求从酒、烟、毒品、药物、食物等物质中获取刺激和愉悦感，这种病理性的喜爱和依赖会逐渐失去控制。

鲁迅在其著名的演讲《魏晋风度及文章与药及酒之关系》中，就多次提到了被当时人追捧的一种叫"五石散"的药物。服食五石散的风气自从被何晏倡导以后，从魏晋到唐代，名士们对它可说是趋之若鹜。

何晏曾经说过："服五石散，非唯治病，亦觉神明开朗"。可见，五石散作为一种治疗伤寒的药，确实有一定的药用功效。但是到了魏晋时期，何晏在张仲景的药方上加以改进，完成了从药品到瘾品的最终转换。名士们纷纷迷恋上了这种可以让自己宽袖长袍，飘飘欲仙的"灵丹"。尽管五石散的药效

会让人身体燥热，精神恍惚，但在魏晋那个朝不保夕的年代里，人人自危，内心充满了消沉、苦闷的情绪。因此，名士们渴望通过五石散达到麻醉自我的效果，他们甘愿沉浸在五石散所带来的虚幻世界里面。

精神上瘾也是一个突出的社会问题，上瘾症不只是与吃喝有关，当面对令人不满的生活遭遇，或者内心出现难以忍受的情绪冲突时，赌博、网络、游戏也起了一种麻醉作用。精神上瘾很大程度上与人的心境、情绪、意识形态有关。

其实，现实生活中并非所有的人都会上瘾，心理学家认为：性格是成瘾的基础。那些缺乏独立性、情绪容易波动、意志薄弱的人就很容易对致瘾源产生依赖，如果他们再面对较大的社会压力，或者他们的生活环境和规律发生了改变，那么这样的人就很可能为了逃避生活中的难题，排遣情绪中的烦恼，而对某样东西上瘾。有时候，这种瘾不仅仅是为了某种愉悦的体验，更多的是为了追求负面情绪的回避和解脱。

艾伯特·哈伯德曾经说过："如果欢乐是你最期盼的，别忘记它也确实是一种烦扰。"追求更多、更好的情绪体验和生理上的快感本来是无可厚非的，按照精神分析大师弗洛伊德的观点，追求快乐、回避痛苦本就是人的基本动机，也是人性的弱点。大多数人都会体验到生命的快乐和心灵的安宁，但人的一生不可能永远快乐，各种烦恼会在不经意间影响我们的情绪。快乐与痛苦，轻松与沉重，是我们无法控制的自然循环，也是生命的自然状态。我们只有学会积极地应对现实，才是理性的人生态度。

虽然上瘾症多种多样，但它们的形成都与人们的心理和情绪息息相关，因此要防止、克服这种情绪失控的症状，我们就需要对自己的心态、情绪保持一定的关注，否则就容易上瘾而不自知。

对上瘾症有足够的认识

有烟瘾的人常常错误地认为香烟是"人际交往润滑剂"，还可以调节情绪，改善思维，提高效率，但吸烟对身体的损害也是众所周知的，在这里就

 **第九章　过度的情绪失控，会产生不可思议的疯狂举动**

不做赘述了。而酗酒的人则认为饮酒能够释放不良的情绪，让自己暂时忘记痛苦。殊不知酗酒不仅会破坏人体神经机能，使大脑兴奋抑制过程发生紊乱、意识模糊，而且在酒醒之后情绪只会更加苦闷、低落，对各种外界刺激失去正常反应，变得冲动、易怒、粗暴。

现代高科技的发达使我们不自觉地沉溺于一种新的致瘾源：手机。网络流传这样一个段子："世界上最遥远的距离，不是生与死，而是我在你身边，你却在玩手机。"乍听觉得搞笑，细想则会令我们感觉到一阵凉意。如今，智能手机的多重功能让许多人每天都会重复着刷微博、微信，以至于夫妻、朋友、同事之间情感的交流不断缺失。有些人已经到了必须随时随地看手机的地步，一旦把手机关掉，他们就会失落、消沉、手足无措。因此，除了烟瘾、酒瘾这样为我们熟知的上瘾症以外，这些新型的致瘾源也要引起我们足够的重视。

学会自我转换内外环境

很多精神方面上瘾症的产生与负面情绪有着密切的关系，我们为了解除苦闷、紧张、焦虑和沉郁而沉溺于物质或者非物质的外在事物。这时候，学会内部、外部环境的自我转换就能对上瘾症有所帮助。

抽离：每天给自己设一个时限，而不是无休止地浏览网络上你可能并不需要的内容。关掉网络、游戏，将手机的上网功能关闭，然后离开它们。

放松：从沉闷、压抑的气氛中抽离出来后，选择一个空气清新、不受打扰的地方，做深呼吸，慢慢吸气然后慢慢呼出，每当呼出的时候在心中默念"放松"，慢慢地我们就会感到关节展开，肌肉也得到了松弛。

观察：如果脑海中还是萦绕着让我们上瘾的东西，那就再试着将注意力集中到一些日常物品上，这个物品可以是任何一件柔和美好的东西，细心观察它曾经被你忽略的美丽之处。

冥思：闭上眼睛，努力去回想刚刚观察的这件物品；也可以想象一些恬静美好的景物，如碧蓝的天空、葱郁的树林，等等。等你再张开眼睛，会发现自己的心态已经平和，头脑已经清明。

转换：这时可以再做一些自己比较喜爱的活动，如洗热水澡、听舒缓的音乐等。通过这些能够平复情绪、转换内外部环境的活动，可以阻断上瘾症的惯性，从而有效控制和克服上瘾症对我们的影响。

上瘾症的克服需要耐心和毅力，更需要我们对自我情绪进行调节，试着主动控制情绪，而不是沦为情绪的奴隶。

抑郁症：濒临死亡的痛苦

> **微情绪关键点**：随着社会压力的增大，越来越多的现代人饱受抑郁症的折磨。抑郁症的典型症状为情感低落、思维迟缓、言语动作减少，严重者甚至会有自杀倾向。抑郁症严重困扰着患者的生活和工作，给家庭和社会带来沉重的负担，我们一定要多加关注。

玛丽痛苦地感到，她什么都做不好——一切都变得那么吃力，家务活是那么永无休止，可是地板看上去还是那么脏，橱柜显得还是那么乱。

"为什么结婚后我要做这些呢？"她绝望地问自己。每天早上，玛丽总是在丈夫泡澡的时候去厨房准备早点，而楼上欢快的口哨声让她的心情异常烦躁：面包再一次烤焦，荷包蛋的形状还是那么奇怪……啊！香肠已经开始裂肚了，等她设法去拯救时，油溅到了她的手臂上。她瘫坐在椅子上，看着早餐毫无胃口，她再一次怀念婚前那个无忧无虑的自己，感到此时此刻无比的无助、绝望。她只想再次躲回自己的房中，将头埋在被窝里，就这样度过一天。

 第九章　过度的情绪失控，会产生不可思议的疯狂举动

抑郁症折磨着数以百万计的人，古希腊的医学之父希波克拉底称之为"忧郁症"，并认为是人体内黑胆汁过多造成的，因此，抑郁（melancholy）这个词的原意就是黑胆汁。

哲学家柏拉图认为忧郁是产生于内省和自我认知之中的，所以那些具有创造性的人往往会得抑郁症，因为他们总是会因为想得太多而情绪低落。其实，抑郁症已经不再是具有创造力之人的专属，现代社会，每个人都有可能陷入抑郁之中难以自拔。

抑郁症的发展有一个过程，根据程度不同可以分为抑郁情绪、抑郁状态和抑郁症。最初的抑郁情绪是因为心情郁闷、低落，从而导致沉闷不愉快的情绪。当这种情绪持续一段时间，没有引起足够的重视，任其发展后，情绪上就会发展为绝望、焦躁、悲哀等抑郁情感；或者是思想难以集中，思考处于被抑制的状态，偶尔伴有罪恶感等。等到抑郁状态进一步恶化，患者就会因为这种挥之不去的抑郁感觉，感到悲哀、绝望、不安、焦躁、苦闷感，从而导致身体状况欠佳，精神失常；严重者还会出现企图自杀的行为，社会适应力水平也会随之降低，这就是我们所说的抑郁症。抑郁状态和抑郁症的表现没有一个明确的划分，但是到了抑郁症的程度，则已经处于情绪失控的地步，更加强调的是一种病症色彩了。

2014年8月11日，曾经为全世界观众带来欢乐和温暖的大师级表演艺术家罗宾·威廉姆斯在加州的家中自杀，终年63岁。听到这样的消息，包括总统奥巴马在内的美国政要和名人纷纷在社交工具上发文悼念他，他们实在无法想象，是怎样的痛苦让这样一个一直给人们传递正能量、笑容满面的人以这种方式结束生命。

在警方的调查中，威廉姆斯的经纪人说，由于极度的抑郁状态，威廉姆斯已经与这种恐怖情绪斗争了很长一段时间，现在，他再也支撑不下去了。

美国总统奥巴马说："罗宾是独一无二的。他像个外星人一样来到我们中

间,却深入地影响了人们的精神生活。我们被他逗笑,又被他惹哭。他尽情地发挥了自己无与伦比的喜剧才能,无私地为最需要他的人服务,不管是远在国外的美国士兵,还是在国内被边缘化的群体,都从他身上得到了快乐和力量。"

我们不禁心生感叹:为什么在荧幕上那么快乐的一个人,在现实生活中却是郁郁寡欢呢?其实,罗宾并不是第一个受到抑郁症折磨的喜剧明星,喜剧大师卓别林、好莱坞喜剧天王金凯瑞、憨豆先生罗恩等喜剧演员都曾被抑郁症困扰。

威廉姆斯所患的是一种典型的抑郁症——"微笑型抑郁症"。他首先是情绪低落,然后会出现对什么事情都没有兴趣,感到前途悲观、无助绝望、精神疲惫、自我贬低等;这种情绪影响到生理上就会出现疲惫乏力、睡眠障碍、免疫力降低等。当抑郁症越来越严重时,这些人离死亡其实也就一步之遥了。与威廉姆斯一样,许多喜剧明星们都经体会过这种"微笑型抑郁症"的痛苦。往往最善于逗趣的人,都不能逗笑自己。与银幕上这种爆发力相对应的,往往是真实生命中的内敛和压抑。因为,一旦人们克制或者扭曲着自己真实的心理状态,使正常的负面情绪得不到释放,就有可能产生严重的心理失衡。

除了喜剧明星,一些服务型行业的从业人员也容易得这种"微笑型抑郁症",如酒店的服务员、超市导购员、各行各业的销售人员,等等。在工作时,无论他们情绪如何,都必须以笑脸待人,但是等他们回到家后,想笑也笑不出来了。长期情绪的压抑,没有适当的疏导,就很容易让抑郁症缠上身。

目前中国的抑郁症患者已经超过2600万,其中62.9%的患者在出现抑郁症状后未曾就医。在我国的自杀和自杀未遂的人群中抑郁症患者占了50%—70%。由此可见,抑郁症是一个隐蔽性相对较高的心理类疾病,如何自我觉察和防范就显得非常重要了。

轻度抑郁症

如果一个人感到心情忧伤并且相关症状已经持续长达两周的时间,那么

 **第九章 过度的情绪失控，会产生不可思议的疯狂举动**

就已经在情绪失控的边缘了。轻度抑郁症的症状主要包括：睡眠障碍，对以往热衷的事物变得兴味索然，过分的罪恶感，极度容易疲劳，注意力无法集中，食欲不振，产生厌世心理。

重度抑郁症

这种抑郁症的程度已经非常严重，被称为"心理障碍中的第一杀手"，患有这种抑郁症的人常常会有一种很强烈的绝望感。引起重度抑郁症的因素有很多：

1. 巨大的变故：如因死亡、离婚等原因失去至亲。

2. 社会角色发生变化：毕业、退休、搬家、成为父母亲，等等。比如女性产后抑郁症，就是因为社会角色发生变化导致情绪失控的典型症状。

3. 与他人发生严重冲突：与老板、同事发生矛盾，身心受到虐待。

严重的抑郁症患者常常伴有焦虑、臆想、失眠、身体无法动弹、便秘、记忆力减退、智力下降、精神错乱等。

一般来说，女性比男性罹患重度抑郁症的风险更高。尤其是那些平时就多愁善感、追求完美的女性，她们在遭遇一些变故，或者由于社会角色发生变化后，会产生许多情绪上的不良反应。这时，她们很容易情绪低落，觉得生活了无生趣，整天郁郁寡欢；睡眠质量也很差，无缘无故地会因为一点小事就哭泣，食欲不振，身体感觉极度疲乏；由于强烈的内疚感总会因为做错一点儿小事责备自己，感到恐惧、慌张、全身绷紧、背部疼痛；觉得人生毫无希望，常常想到死亡或自杀。

一位心理学家对于抑郁症的治疗这样写道："最好的治疗就是有预见性地工作。"人的一生中不可能存在永恒的幸福，情绪的波动是十分正常的，然而如果能够在了解抑郁症表征的基础上，有的放矢地解决人的内心与环境之间的冲突，那么我们抑郁症这种失控的情绪就完全可以避免。

坚持运动：散步、慢跑、游泳和骑车这类有氧锻炼，可以使人信心倍增，感到放松、平静，从而产生愉悦、快乐的情绪。

建立积极思维模式：多赞美及鼓励自己，不要遇到挫折就苛责自己。在遇到失败、不幸时，多寻找事情发生的根源，而不是一味地埋怨自己、抱怨命运。

每天冥想一次：每天清晨或者晚上睡觉前，闭上眼睛，舒缓吐纳的节奏，集中注意力感知我们的心跳，倾听那里的生命律动。通过与自身对话，发掘我们内部蕴藏着的能量与活力。

适当宣泄情绪：抑郁症不是一种突发性的情绪失控，而是由许多不被我们注意的小情绪日积月累所导致的。因此，我们不要隐藏自己的不良情绪，而应当通过适当的方法让它们及时释放出来。我们可以通过呐喊、倾诉甚至哭泣等方式及时宣泄情绪，给自己减压。

任何预防和治疗方法都不足以彻底消除某种负面情绪，但是只要我们能够在相应的生活环境下克服经常变化着的压力和情绪，以积极的态度对待自己，试着勇敢地去应对，那么，我们就一定能够走出抑郁的阴霾，重新面对自己和生活。

恐惧症：对特定事物感到莫名的害怕

> **微情绪关键点**：我们都会遇到各种恐惧的事物，这是很正常的。但如果我们对特定的对象或情境产生强烈的、不必要的害怕情绪，并且严重影响到了工作与生活，那就演变成了心理学意义上的恐惧症。

李凌站在美国一家麦当劳里，正准备点汉堡，柜台服务员像连珠炮似的一口气对她说了一堆话，她根本听不懂对方究竟在说些什么。李凌感到衣服

 第九章　过度的情绪失控，会产生不可思议的疯狂举动

穿得有点多了，额头开始冒汗，但她不相信自己竟然会一句也听不懂，她仍然在努力理解着对方的词语，越紧张，就越慌乱。她不知道自己应该选择什么类型的汉堡，犹豫不决，只能支支吾吾。服务员开始不耐烦了，又快速重复了一遍，李凌还是不知所云，她开始浑身微微发抖，最后，涨红了脸的她选择匆匆转身离去。她感到周围的人都在看着她，嘲笑她，她只想赶快离开这里，找个地方躲起来。从此，李凌只要经过这家麦当劳店就会快速绕过去，因为这里是她的噩梦。而她也不再敢去餐馆、咖啡馆等这类需要"点单"的场所，而宁愿选择在网上或者去超市等地方购物。

李凌之所以出现这种情况，并非她身体或者智力出了问题，她实际上是患上了恐惧症。只要遇到这种需要"点单"的情况，她就开始出现恐惧情绪。

当恐惧情绪不再是一种预警机制，而是一种持续的、过度的、不合理的情绪时，就要引起我们的注意了。这种负面情绪会极大地扰乱患者的日常生活、工作能力、社会活动和人际关系，甚至成为一种情绪失控的症状，我们称之为恐惧症。

恐惧症可以分为以下几种类型：

1. 广场恐惧症：这是恐惧症中最常见的一种，患者害怕在公共场所如广场、拥挤的场所久留，甚至直接回避。这类人害怕使用公共交通工具，不敢排队，不敢出远门；情况严重的，甚至不敢独自待在家里。

2. 社交恐惧症：最大的特点是对人的恐惧，不敢与人接触。这种恐惧症患者的童年和青少年常常是在受压抑和受侵犯的环境中度过的。患者不敢当众讲话，不敢在食堂用餐，甚至不敢去公共厕所，否则就会焦虑不安、惊慌失措，同时还会面红耳赤、心慌震颤、胸闷恶心等自己无法控制的症状出现。

3. 特殊恐惧症：这类患者恐惧的对象主要是某些特殊的物体或情境，如不敢接触尖锐物品、不敢过桥、不敢接触小动物等；或者是曾经亲眼见过某种可怕的情景，此后对与之相关的物体和情景感到恐惧，如一个女孩亲眼见到一个小男孩手拿剪刀跑跳中不慎跌倒扎伤了眼球，从此她再也不敢碰剪

刀了。

心理学家认为，导致恐惧症发生和发作的原因主要有三个方面：

一是一些人由于先天的体质特点或早年生活经历的影响而容易在某个点触发恐惧症。

心理学家在与许多患有黑暗恐惧症、幽闭恐惧症的成年人交流中发现，他们中的绝大部分在儿时都曾遭受过家庭的冷漠与忽视，这使他们表现出依赖他人，有不安全感，害怕独处，有时还不愿上学等情况。而那些早年经历过惊吓、虐待和创伤的儿童，在其长大后更有可能出现恐惧症。

"在我小的时候，我非常怕黑，因为我只要做错了事情，父母就把我关进储藏室里，因此我十分恐惧一个人待着。每当我的父母外出，我就想他们可能由于意外事件遇难或遭受袭击，我还会因此遭到绑架。这些想法令我十分不安。"

——伊万

二是由某些特定的事物或情况直接激发造成恐惧症的突然发作。

恐惧症有时候会因为某些特定的事物或情况而引起，最常见的恐惧对象包括蜘蛛、蛇、狗、猫、血、暴风雨、登高、飞行等。研究表明，特定的恐惧情绪可能源于大脑中非常古老的记忆，用于刺激人类的祖先识别和躲避危险。

"我感到胸部有些痉挛，呼吸困难，我相信我的胸部出现了毛病，仿佛有许多细小的针刺进我的心脏。我到医院去检查，可是医生说他们没有找出我哪里出了毛病，我很健康。可我知道，我的感觉是如此真切。医生让我回想我感到不舒服前曾经干了些什么，我想想，啊！天哪！我想起来了，我曾经去过阁楼，在那里看到了我最怕的东西：一只大蜘蛛！"

——保罗

三是某些因素使恐惧的过程持续发生，并造成一个恶性循环，使恐惧症

 第九章 过度的情绪失控,会产生不可思议的疯狂举动

由于不断地自我暗示而变得更严重或更频繁。

曾经有一个人,进入冷藏室后被无意间关在了里头,他极度恐惧,越想越怕,越怕越冷,最后被"冻"得缩成一团,竟然在惊恐中死去。可是,当时冷冻机压根儿就没有打开,冷藏室的温度也没有冷到冻死人的程度。

恐惧症与错误的自我暗示有很大的关系,例子中,这个人是怎么被"冻"死的呢?就是心理暗示作用的结果。他老想着"我快要冻死了",一遍一遍地进行"自我暗示",结果导致死亡。

不要小看恐惧症,如果不能加以疏导、克服,这种失去控制的负面情绪就会破坏人的某些精神功能正常运作;恐惧症还会使人的感知、记忆和思维等心理过程发生相应的障碍,丧失对当前情景综合分析、证明判断的能力,并可能会导致行为失常。如发生地震时,人们常常显得紧张、慌乱,争先恐后地从房屋内往外跑,跑不出去的还可能会跳楼,有时候即使是轻微的地震,也会因为这种毫无秩序的"逃跑"而酿成各种惨剧。过去刑讯犯人时,有的审讯官还会利用人们恐惧情绪作为刑逼手段,将犯人的眼睛蒙上,对他说已经割开了他的动脉,并让他亲耳听见血一滴一滴流入盆中的声音。就这样,有的犯人无法忍受这种声音带给自己的恐惧而被迫招供了,还有的甚至被活活吓死。

正如前面所说的,恐惧不会随着人年龄的增长而消失,相反,儿童时期的恐惧如果没有加以正确地引导,那么很有可能将成为他们一生的阴影。因此,大人要特别注意儿童的恐惧情绪,不要以孩子的恐惧对象来吓唬孩子。比如有的孩子怕狼,大人就在孩子哭的时候说:"你再哭就有狼来吃你!"有的孩子怕狗,成人便说:"再不听话让小狗来咬你!"孩子有病怕打针,成人便威胁说:"不打针中午不许吃饭!"这样的恫吓不但不会起到好的作用,反而会加剧不良的效果。孩子受过恐吓会对恐惧对象逐渐形成条件反射,加重对某事物的恐惧情绪,这样对孩子的身心发展是很不利的。

如果要对儿童的恐惧情绪进行有效的矫正,就要让儿童在心理上感到安

全的情况下，有针对性地逐渐增加儿童与恐惧对象的接触。比如，儿童大多对黑暗有恐惧情绪，那就由大人抱着他或者拉着他的手走到黑暗中，让他切身体会到黑暗并没有什么值得害怕的。

如果说我们尽早在儿童幼小的心灵里播种上积极的情感，这样，恐惧这颗黑色的种子就不可能在长满了喜悦、乐观和爱的心田里生根发芽。对成人来说，也需要用积极情绪来消除恐惧这种消极情绪对我们的负面影响。然而，积极情绪并不是凭空产生的，就像从蛇毒中提取血清一样，我们也可以将恐惧情绪转化为面对危险的勇气。通过积极的自我锻炼，将"自我暗示"运用到平复恐惧情绪之中，比如，可以采用使肌肉放松和系统的自我暗示法："我平安无事"，"不会有事的"，"并没有什么危险"，等等。在应激状态下，可以单独放松肩胛带肌肉，深吸口气，转而作平静、均匀的呼吸。这样，就可以有效预防、减轻或消除恐惧情绪。

没有什么事情可以让我们陷入永远的恐惧中无法自拔，除了"恐惧"本身。只要我们找出恐惧的根由，对症下药，就一定能走出恐惧的阴霾。

冷暴力：不用拳头，我也能够与你"战斗"

> **微情绪关键点**：冷暴力是指通过忽视、疏远、漠不关心等方式，使人受到精神与心理上的伤害，造成情绪上的"冻伤"，这种情绪伤害多发生于职场与婚姻关系中。

安娜卧倒在了布满砂土和煤炭的枕木上，一颗曾经那么动人的、真挚的、

 第九章 过度的情绪失控，会产生不可思议的疯狂举动

生气勃勃的生命之星划过天际，终极陨落在她爱恨开始的铁轨上。

安娜的丈夫卡列宁在生活中孜孜以求的只有勋章和官爵。在他看来，家庭、婚姻的存在并不是出于爱情的需要，而是因为这是他生活中必不可少的点缀品。卡列宁的冷漠、无情让安娜只要想起他就会哆嗦，而他却总是对安娜的痛苦和孤独视而不见。长期处于卡列宁心理折磨之下的安娜心力交瘁，才会在紧张不安、猜忌、焦虑和极度的抑郁状态之下，不顾当时社会舆论的谴责和压力，如飞蛾扑火式地产生了婚外恋，深深地爱上弗龙斯基。

托尔斯泰的名著《安娜·卡列尼娜》中这对貌合神离的夫妻在外人眼里是那样般配，丈夫有权有势，妻子美丽优雅。可是对于安娜来说，她却不啻生活于地狱之中。卡列宁对她的冷落和漠视，并不会对她的肉体产生明显伤害，但是这种以精神虐待为特征的隐形家庭暴力，一样可以让安娜的心灵千疮百孔，这种暴力，就被称为"冷暴力"。

与身体暴力、性暴力相比，冷暴力的发生率已位居三种暴力之首。冷暴力的表现形式多为冷淡、轻视、放任、疏远和漠不关心，并且都是对与自己有某种密切关系的人"施加"的，致使对方精神上和心理上受到侵犯和伤害。由于冷暴力所危及并损伤的只是精神和心理，甚至只是无形之中的情绪，因此常常被人忽略。

冷暴力主要有两种情况：一是家庭冷暴力，多指夫妻双方产生矛盾时，漠不关心对方，将语言交流降到最低限度，停止或敷衍性生活，懒于做家务等行为。可是很多人都觉得夫妻之间矛盾难免，根本不值得大惊小怪。据一项对4000名受访者进行的调查显示，有23%—31%的人认为：在经济上限制配偶，对配偶视若无睹，辱骂羞辱配偶，耻笑配偶的缺陷弱点等行为不属于家庭暴力。可是这些恰恰都是家庭冷暴力的表现形式，它们不仅会给被冷落者带来巨大的精神伤害，也会给冷落者自身的情绪带来许多负面的影响。我们开头所说的例子中，安娜所遭受到的就是家庭冷暴力。

职场冷暴力是冷暴力中的另一种情况，通常是指上司或同事用非暴力的

方式刺激对方,导致对方情绪受挫、心灵受伤的行为。

心理医生王老师这天接待了一个神情沮丧的年轻人,他一进门王老师就看出他心事重重。他叫李华,是一家外贸公司的销售员,一进单位就被分配到黄师傅手下做徒弟。一开始,黄师傅对李华还算客气,李华也谦虚好学,所以两人的相处还算融洽。

"可是现在就势如水火了。"李华叹了口气说。"现在我们在一个办公室里,完全不讲话,他也根本不看我一眼,搞得我现在每天情绪都紧绷着,感觉工作就是为了混口饭吃,早就没有了当初的热情。"他烦躁地喝了口水,停顿了一会儿,然后又说:"你一定奇怪是为什么吧。说穿了他就是排挤我这个新人。实习的时候,他就一直把我拉到的客户归到他的名下,等我转正了还是这样,还有一次干脆公然抢我的客户。我再也无法容忍,从此我俩的关系就紧张起来。"他懊恼地撸了撸头发,道:"碰到这样的同事,真是倒霉透顶。现在工作上的事情我们就发邮件。感觉办公室就像是一个地狱。"

刚入职的职场新人经常会抱怨主管给自己分配的工作技术含量低,公司里的前辈不把自己放在眼里,汇报工作时上司态度不冷不热、不置可否,然后将之简单归结为遇到了职场冷暴力。事实上,这还不算是真正的职场冷暴力,但如果不加以正确处理,也会酝酿成一股真正的职场冷暴力。

真正可怕的职场冷暴力,往往是针对强者的。因为你强,才会招致同事嫉妒,因此遭遇不动声色的联合抵制;因为你强,才会让上级心存忌惮,因此遭受有所图谋的挟制和冷遇。职场冷暴力非常普遍,而且对职场人的影响相当大,调查数据显示:67%的职场人表示自己曾经遭受过职场冷暴力。当遭遇到职场冷暴力,只有16.9%的人表示会积极寻找解决办法,而对于其他绝大部分受害者而言,都带来了较为严重的消极后果,其中最多的还是直接导致了消极的工作状态。38.1%的受害者表示自己会整日郁闷,严重影响工作积极性;20.9%的职场人则采取以冷制冷的方法,让对方陷入同样的职场

 第九章 过度的情绪失控，会产生不可思议的疯狂举动

冷暴力中；还有19.9%的人则选择了黯然离职。

有心理学家说过："爱的背面除了恨，还有冷漠。"无论是家庭冷暴力还是职场冷暴力，都是会冻伤我们情绪的寒流。我们可以尝试一下几种做法，来突破冷暴力的冰封状态：

1. 理解对方的心态：身处职场，显露才能是必要的，但对于老员工来说，一开始总是会对新人采取防备的心态，所以首先要理解他们的心理。有着高情商的人总是懂得恰到好处地显山露水而不惹人反感，照顾他人的情绪是很有必要的。

2. 勇敢说出你的期待：很多时候，我们对伴侣的期望总是深埋在心里，而不是直接明确地告诉对方。你可以明确告诉你的另一半，你希望当你做饭的时候他能陪你说说话，或者帮你搭把手，也许你一直抱怨的问题就迎刃而解了。

3. 主动沟通：这个做法无论是家庭还是职场都适用。职场新人往往因为过于怯懦而不敢与老员工沟通，而夫妻之间总以为彼此应该配合默契。其实任何时候，沟通都是十分有效的"破冰"方式。如果新人觉得不好意思，可以采取发邮件的方式；妻子也可以主动问问丈夫："你觉得我的新发型怎么样？"丈夫通常都会回应适当的赞美。尤其是在遇到争吵时，"冷战"是最无益于双方感情的方式，我们必须主动沟通，不妨鼓起勇气试探对方："我觉得我们之间出了点问题，要不我们好好谈谈？"

其实，我们对沟通的期待不应该是马上取得效果，而是在乎那个互动的过程。

与肉体摧残的暴力相比，冷暴力更容易被人们所忽视，但它给人们带来的伤害是无形而巨大的。所以，身处职场、家庭关系中的我们一定要坚决地对冷暴力说"不！"

强迫症：一套坚韧而顽固的行为框架

> **微情绪关键点**：强迫症并非一种正常的"时尚病"，而是由焦虑不安引发的一种典型病症，当我们的行为、思考不是必要的、自然的，而是强迫地、反复地、固执地发生时，我们就要警惕是否已经陷入强迫症的怪圈。

在尼古拉斯·凯奇主演的《火柴人》中，尼古拉斯扮演一个叫罗伊的强迫症患者。生活对于罗伊来说真是一团糟，他与妻子离婚十五年，陪伴他的只有一只填满了钞票的雕像狗。他总是做一些无法控制的动作，比如开门需要一边数着1、2、3连开三次；室外的光线会引发他呼吸急促，他必须强迫性地拉上所有的窗帘；情绪激动时他就死命地反复打扫卫生……这样的罗伊，只能依靠着医生所开的药物维持生活，缓解经常高度紧绷的神经。

医学上对强迫症的定义是：一种以强迫观念和强迫动作为主要特征的神经官能症，也就是说，自我的思考和行为是用一定的仪式机械地重复着，并且反复地、固执地、刻板地表现出来。即使是在当事人知道这些观念和行为是不合理的，但自己却根本无法控制，因此他们的内心会产生强烈的苦恼和痛苦。

常见的强迫行为包括强迫洗涤、强迫检查、强迫计数等，常见的强迫观念包括强迫联想、强迫回忆、强迫怀疑、强迫思维等。下面是几位强迫症患者的自我报告：

 第九章　过度的情绪失控，会产生不可思议的疯狂举动

某银行柜台的工作人员：一天工作结束后，某一串特定的数字会残留在脑中，想要清除掉它，怎么也驱赶不了，数字一直浮现在脑子中，仿佛固定在记忆中，几小时、几天、几星期、几个月。简直像幽灵一样，忽隐忽现，使人万分苦恼。

某医院的护士：工作以来，自己也不知道为什么，回到家后总是会长时间地不停洗手。心里总是觉得这世界上的污染、不洁、细菌是肉眼看不见的，对于皮肤具有黏着性，需要不断地洗手。一天之中，20次、30次、50次……一年来从不间断。曾经也想过要停止这种不理智的做法，但是心里又无法安定，感觉自己时时刻刻感受到污染的侵袭。

目前，对强迫症的发病原因研究还在不断深化中，但已经有专家指出，强迫症与人的负面情绪有很大的关系。

当人的情绪状态处于紧张时，人会本能地寻找方法来释放这种能量，但与合理的情绪宣泄不同的是，强迫症行为是一种非正常的宣泄方法。患者自己意识到宣泄方式的不正常，想竭力去克服和抵制这种行为，从而形成了新的心理冲突，并因此适得其反，产生了新的紧张情绪，给本人造成了很大的痛苦。

如果说紧张情绪是强迫症产生的诱因之一的话，那么当我们再进一步挖掘情绪与强迫症之间的关系就会发现，强迫症可以说是情绪失控的表现。就情绪本身而言，它应该是自然产生的，不受意志和理性所支配的。就好比我们不可能强迫自己高兴起来，同样也不能强迫自己悲伤。然而，当我们听了一段笑话，或者经历了亲人的离去，我们就会很自然地体验到了快乐和悲伤的情绪。

也就是说，强迫症恰恰既是情绪失控的结果，也是导致情绪进一步失控的原因。

一般来说在强迫行为发生之前，当事人已经有了某种程度的情绪混乱或

者情绪障碍的现象。如《火柴人》中罗伊对光的恐惧，这种个体在环境中遇到某种危险所开启的本能行为会因为恐惧的情绪而得到强化；不安的情绪也是造成强迫症的重要诱因之一。不安更多时候是隐性的、慢性的、长期的，当积蓄到一定程度时，就发展成了恐惧。

强迫症患者通过机械性的、重复的检查、清洗、回忆或者确认，来消除可能出现的危险或伤害，以此达到让心灵安宁、情绪稳定的目的。但是他们忘了，这种看似合理的行为是违背情绪发生、发展、消失的自然规律的，情绪不是人为能够强制改变的，更是消除不了的。比如那个有强迫清洗症的护士，她对脏东西的恐惧情绪比起其他正常人来说要强烈得多，这种恐惧感的来源事实上并非那些细菌或者病毒，而是她自身的情绪。她想要改变这一切，只需要接受它，让情绪自然地消失。

因此，要克服强迫症，不能单纯着眼于强迫症本身，而是要看清本质，既不需要太过于忧虑和害怕，也不能任其发展。培养新的习惯来替代旧的习惯，寻找内心缺失的安全感和稳定感，是强迫症患者首先要做的。

治疗强迫症关键词：释放、认可、重建

释放：在强迫症患者反复、重复的举动背后，有着被深深压抑的动机，比如，家庭原因就是不容忽视的。当他们小时候曾经经历过家庭冲突甚至暴力，作为家庭成员的基本需求被剥夺，他们就借着强迫性的病态行为来发泄心中的压抑、失落、忧郁情绪，借着机械的、无意义的行为来消除疏离感和孤独感，并获得一向缺乏的亲密感。如果能够找到被压抑的根源所在，设法将其释放出来，将会对强迫症的治疗有非常好的效果。

认可：强迫症患者的内心非常清楚自己的问题所在，他们只是无法控制自己的行为，因此，他们中的大多数会感到自卑和愧疚。其实，首先要认可这种情绪的存在，不要总想着去抵制它，不以消除症状作为治愈的标准，可以让患者最终放弃对症状的斗争，达到真正的治愈。即使以后再出现以前的症状和情绪，由于没有了怀疑、抵制，也不会出现反复的现象，症状也会自然地消失。同时，要学会接受自己的长处和短处，学会欣赏和喜欢自己。

 第九章 过度的情绪失控，会产生不可思议的疯狂举动

重建：强迫症患者的情绪失控很大原因来自于曾经遭遇过的不愉快的人或事，对他们来说，建立新的人生方向尤为重要，在这个过程中，他们可以建立对生活的信心，重新产生积极的人生态度。

当我们不再把目光局限于强迫症行为本身，而是挖掘出造成强迫症的各种负面情绪时，我们就能够从容面对这种让人十分苦恼的情绪疾病。

自恋症：爱上镜中的自己

微情绪关键点：自恋症患者并非简单的自我爱惜，而是对自身过度地痴迷和沉溺，以至于将自己完全封闭起来，不再与外界进行情感上的沟通与交流，或是将外界作为映照自身的镜子。

希腊神话故事中，美少年纳西索斯由于沉迷于自己在水中的影子，最后失去了生命，化成美丽的水仙花。这便是心理学中"自恋"一词的出处，水仙花（narcissus）也因此成为自恋（narcissism）的代名词。

心理学家认为，自恋其实是人类的一般本质，每个人本质上都是自恋的。一般个体的自恋是健康的，因为健康的自恋是一种自我价值的认同，是认为自己值得珍惜和保护的情感。这种情感能够让人们爱自己也爱他人。只有当个体过度自恋，并超出了社会对于自恋允可的范围，才是不健康的。

病态的自恋就是像纳西索斯那样，自己倾心于自己。如果我们将自恋与自爱做一个比较，就能发现两者在精神内涵上明显的差异，也有助于我们更好地理解自恋这样一种病态的心理表现。

"爱"意味着接纳、喜爱，既有一部分心理能量投向自我，但同时也能够将这种关注自我的能量转化到外界，心灵内外是有互动的。

"恋"则意味着痴迷、沉溺，是将几乎所有的心理能量都投向自我，缺乏与外界的互动。

因此，病态的自恋是封闭的、固化的、缺乏生命力的、不健康的。

心理医生H老师曾经接待过这样一个女孩，他对女孩愤愤不平却又伤心欲绝的样子记忆犹新。那天，双眼红肿的女孩走进心理咨询室，一坐下就哽咽地对何老师说："我离婚了！我没法再与他过下去了。"

原来，女孩与丈夫结婚才一年多。恋爱的时候，丈夫很绅士也很体贴，她觉得这就是自己的白马王子。两人闪婚后，女孩吃惊地发现，丈夫竟然还和公司的其他女孩子约会，她怎么也无法把花花公子与丈夫联系起来。好在丈夫并没有过分的越轨举动，女孩以为丈夫只是还没有收心，就不想太计较。

可是，随着两人在一起过日子的时间越长，她就越发现两人之间好像始终有一道无形的墙，难以逾越。

"他从不关心我的感受，每天早上在镜子前却要花上半个小时，把衣服、领带、裤子一件件翻出来进行搭配，还一个劲问我他的形象怎么样。可是等我真的给他买一条领带，他就会很不高兴，让我不要浪费钱，说他有自己的品位。"

说到这里，女孩停顿了一下，H老师给她递了杯水，示意她慢慢说。

女孩想了想，又说："对了，他还在家里摆满了自己的照片——墙上，柜子上，桌子上。有时候，只要我稍稍对他的这种做法提点意见，他就像炸了毛的猫一样，直接摔门走人。"

这样的事例女孩还说了很多，说到后来，她忍不住问H老师："老师你说，这还叫两口子过日子吗？如果他嫌弃我，何必和我结婚呢？"

H老师在案例记录中，将女孩的丈夫归入了"自恋症"这一类患者中，他认为女孩遇到的应该就是有着自恋症倾向的男孩子。这样的人只以自己的

 第九章 过度的情绪失控,会产生不可思议的疯狂举动

需要来对他人和外界进行认知,他把周围的人都当成"镜子",而并不关心与他交往的异性是怎样的。正因为在他眼中,人都没有差别的,所以他对谁都可以非常绅士和体贴,但他并没有情感的投入。

自恋症患者不能分清自己与他人之间的界限,而是把对方误以为是自身任意支配的一部分,他们不认为对方有独立的需要和愿望,因此,女孩的伤心,丈夫无法体会到。这样的人一方面十分依赖处于被"镜子"包围的感觉;但另一方面,他们在精神上始终感到很孤独。他们既无力感受他人,也无法感受自己的内心;既不爱他人,也没有能力爱自己。

自恋症的人往往会有两种极端的表现:

"厚脸皮型"——这类人常常自我吹嘘,使自己成为众人的焦点,不在意别人的感受。他们以炫耀与夸大来肯定原本脆弱的自我。这样的病态情绪往往与患者幼年的经历有关,他们在众人关注的焦点中成长,长大后依然寻求别人的注意、夸奖或赞美,会认为"别人都应该对我好"。小时候,别人溺爱他;长大了,自己溺爱自己。

"薄脸皮型"——这类人常常表现为害羞、退缩,常会逃避他人注意,对他人的反应很敏感,过度注意他人是否对自己有轻蔑或批评的迹象;情感上易倾向于感觉受辱,所采取的防卫方式与"厚脸皮型自恋症"相反。当其自尊心明显受挫时,则会陷于空虚、不安、极度焦虑、失落、忧郁的状态。他们比一般的人更能承受独处、安静、孤单。并且,他们非常善于安排自己的生活,不易受到外界的干扰,善于自我满足。内心体验十分丰富,喜欢"表演"给自己看,说话很少粗声粗气或高声喧哗。

电视连续剧《青衣》中女主角筱燕秋就是一个"薄脸皮型"自恋的人,筱燕秋一生都在扮演奔月的嫦娥,她的全部身心仿佛都与戏曲中的嫦娥角色合为一体。她为之痴狂,为之沉溺,甚至无法辨别现实与戏境,用她自己的话说:"我就是那嫦娥转世。"由于自恋型的人在潜意识中通常都有一个"角色脚本",他们会按照这个脚本来设计自己的生命,或者说,以自己的生命尽

可能完美地再现那个角色，实现那个角色。因此，他们往往是无自我的。

无论是哪种类型的自恋，其最主要的特征是自我中心，而极度自恋的本质在于自卑。自恋症这种病态情绪的治愈不是一蹴而就的事情，就像上文所说的，很大程度上与自恋者儿时的经历有关。所以，我们可以先尝试着将关注自己的眼光转移到他人身上，找找他人身上的闪光点，并让自己的内心接纳他人的优点。其次，试着走出去，融入人群中，从一点一滴的小事做起，比如对他人真诚的微笑、真心地赞美可爱的孩子、为需要帮助的人让个座。在这点点滴滴中，将对自己的"恋"转化为一种面向社会的力量，相信慢慢地，我们会感受到真正的爱与尊重带给我们的充实与满足。

自恋症作为一种情绪失控，内在的根由往往是极度自卑造成的，如果不加以重视，就会严重阻挠人格的健康发展。因此，自恋症患者必须走出小小的自我，敞开心扉融入社会中，才能够将自恋转变为自信。

歇斯底里症：悲和喜都是极端的

微情绪关键点：对歇斯底里的人来说，无论悲伤还是喜悦，他们都是以极度夸张、表演性的方式来表达、宣泄的。他们的情绪起伏通常非常大，因此，表现行为也总是很极端，这是因为他们想要通过这种方式来掩盖他们敏感、脆弱的内心。

1949年，伊丽莎白·泰勒在拍摄《阳光普照的地方》过程中，认识了尼基·希尔顿，两人很快相爱并结婚。恋爱时，尼基用他彬彬有礼和温文尔雅

# 第九章 过度的情绪失控，会产生不可思议的疯狂举动

的表现完全迷惑了泰勒。可是在蜜月时，尼基就对泰勒被影迷们包围的情形十分恼怒，他的性情变得乖戾起来，每天泡在赌场彻夜不归。泰勒对尼基莫名其妙的怒火十分奇怪，她感到被深深地伤害了。后来，泰勒在拍摄电影的过程中不幸流产，这对她又是一个非常大的打击，而尼基根本不在她的身边陪伴她，泰勒每天只能以泪洗面。

在之后的7个月里，泰勒和尼基的战争不断，尼基总是对她破口大骂，两人最终分手。

这段婚姻，让年轻的泰勒精神完全失去常态，尽管她还在参加《美满姻缘》的拍摄，但她每天都会在摄影棚里大声哭叫，她的歇斯底里反映了她所承受的巨大压力。最后不得已，她只能化名住进一家医院，以寻求情感上的平衡。此后，每当她不能承受情感上巨大的压力时，她就常常去住院。没有家人的安慰，医生的照顾和关怀也足以让她感激涕零。

歇斯底里症是一种非常极端的情绪表现，以至于过去人们因为无法解释这种让人感觉可怕的情绪，而认为是魔鬼附身。现代心理学认为，歇斯底里症往往是在精神受到刺激后以尽情发泄为特征的一种情绪失控。

歇斯底里的人与正常人的差别在于：

1. 他们对自己的装扮特别讲究，他们希望通过夸张的穿着和涂脂抹粉来吸引人们的注意，同时举止还会带有一定的表演性。他们非常渴求周围人对他们的赞赏和钦佩，以此达到情绪的宣泄。

2. 他们往往毫无拘束地用高扬的语调、夸张的肢体动作来表达情感，但这种表达只是肤浅的、类似于演戏的，因为他们无法体验到深沉的情感。

3. 他们有时会采取公开的诱惑性动作，但事实上这类人偏偏是缺乏性感的那些人。

4. 他们的内心对他人其实是有着明显的依赖性的，他们不只要求得到别人的赞赏、夸奖，一旦要求被拒绝或者得不到满足，他们就会生气、发怒、大发脾气。

5. 他们还常用各种方式，如恐吓、威胁、欺骗等来获得他们所要求的事物。通过发脾气、绝食、企图自杀等行为以威逼周围的人顺从他们的意愿。他们还能非常灵敏地觉察出他人的内疚感，利用他人的弱点以达到目的。

小叶一听到隔壁锅碗瓢盆摔到地上的声音，就知道那户人家又闹开了。隔壁那户人家总是三天一小吵，五天一大吵。丈夫老李唯唯诺诺，是公认的老好人，可就是不知道为什么，他的妻子老是担心丈夫有外遇。小叶曾经亲眼见过一次老李的妻子在楼道里号啕大哭，坐在地上摔鞋子蹬腿的样子，一问才知道不过是她丈夫出差时帮一位女同事带了点特产，她一口咬定丈夫与那女同事有奸情，无论周围人怎么劝说都无济于事，嘴里骂骂咧咧的让旁人都听不下去。老李想拉她起来，她就一巴掌甩在丈夫脸上，威胁他说再也不许他与那个女同事说话，不然就离婚。小叶看到他们的孩子就在半开着的门边，手指含在嘴里，眼泪汪汪地看着这一切。

过了两天，小叶出门的时候正好碰到老李的妻子，只见她哼着走调的歌儿、拎着布袋子也准备出门，她新烫了一个发型，涂了很厚的口红，画了深深的眼影，看上去心情还挺好。

"哟，小叶啊，上班去啊。今天我家老李过生日，你看我这样出门还可以吧，我不能让我家老李坍台啊哈哈哈。"

小叶尴尬地点点头，迅速从她身边走过。只听到身后的她还在高声和其他认识的人打招呼，仿佛前两天的吵闹根本不曾发生过一样。

这个老李的妻子所表现出来的，就是一种歇斯底里的情绪，她采用诸如号啕痛哭、捶胸顿足的夸张姿态来向人们诉说她所受的委屈和不快，这样的人在情绪发作时是没有理智可言的。

一般来说，歇斯底里症的人都非常敏感，情绪反应强烈而不稳定，容易从一种情感转移为另一种情感。前两天还哭闹得整幢楼都不安稳的老李妻子，过几天就像没事人一样"老李"长"老李"短，这正是他们的情绪易受外界

 第九章 过度的情绪失控，会产生不可思议的疯狂举动

环境和自身情感的影响而趋于极端的表现。他们在对人处事上往往感情用事，当他们对某人有好感时，觉得他十全十美，是世界上少有的好人，但当遇到一点小事时就立刻认为这人一无是处，是最大的恶棍。这就是歇斯里地症患者的"情感逻辑"。其判断推理完全从当时的情感出发，情感有了变化，其判断推理也随之改变。

《傲慢与偏见》中的那个班纳特太太也是一个歇斯底里的妇人，她最初十分厌恶追求二女儿伊丽莎白的达西先生，对他横挑鼻子竖挑眼的，甚至见人就说达西的坏话。但她却十分喜欢达西先生从小的玩伴韦翰先生，在她的想象中，韦翰是那么的温柔、体贴、富有教养，而对韦翰四处污蔑达西、拈花惹草的行径置若罔闻。结果，韦翰勾引了班纳特最疼爱的小女儿莉迪亚并与之私奔，班纳特太太立刻崩溃了，日夜躺在床上叫嚷不止，咒骂韦翰这个混蛋，还总是说自己快要死了，浑身上下都不对劲了。等到达西先生帮助班纳特一家摆平了此事，韦翰同意娶莉迪亚为妻时，班纳特太太立即从床上跳起来，跑到门口热烈欢迎她"亲爱的"女婿韦翰，还兴奋地夸奖他们的马车和仆人。

从班纳特太太身上，我们可以发现歇斯底里症人的一些其他特点：

他们的情感和行为极易受别人的言语和行为的暗示影响，尤其是当他对某人印象良好时，则该人的意见都会不加分析地盲目接受下来。他们的自我暗示也很强烈，以致各种身体不适感都可作为自我暗示的基础。当情感反应强烈时，想象和现实常易混淆一起，以致有时连他们自己也弄不清楚到底是想像还是事实。

歇斯底里的人发作起来虽然看上去很可怕，但他们内心其实是非常痛苦的，因为他们也遭受了强烈的情感刺激。所以，帮助他们时，我们可以尝试以下两种方法：

1. 通过自我暗示法加以调节：我们可以利用歇斯底里症的人喜欢自我暗

示的特点，让他们选择一个安静的环境，暗示自己："我的内心是平静的"、"我要冷静下来，试着理智一些"，等等。注意力要高度集中，每天一次或数日一次，直至痊愈。

2. 在他们发作时，不要惊慌失措，更不要指责他们，以免对他们造成更大的刺激。尽量先平息紧张的气氛，但不要显示出过分的关心，以平稳、公允的态度对待他们。同时，想办法转移他们的注意力，或者让他们暂时离开当时的环境。

歇斯底里的人虽然表现出情绪异常激动，甚至看起来举止失常，但他们的内心都是脆弱、敏感的。因此，我们不仅不能嘲讽、忽视他们，更要想办法让他们平静下来，让他们在温暖、平静的环境中得到恢复与治疗。

第十章

情绪能够产生惊人的力量,主宰情绪才能赢得未来

成功并非完全取决于外部环境,它更大程度取决于我们内心的情绪状态。一个成功的人,一定是出色的积极情绪驾驭者。当你长期处于消极的心理状态中时,即使生活顺风顺水,你也不会有什么收获;当你充满积极的情绪,并懂得将它转化为自己内心的力量源泉,那么它就会像一颗核弹一样,由内而外爆发出无穷的力量,让你从平庸走向非凡!

 第十章 情绪能够产生惊人的力量，主宰情绪才能赢得未来

生存还是毁灭，由你自己来决定

微情绪关键点：决定一个人命运的，不是外在世界，而是他的内心。个人的成败很大程度上是取决于情绪的积极与消极。

有一个男孩从小就调皮捣蛋，是出了名的坏脾气，周围小伙伴们都不愿意和他玩，他变得越来越孤独。可是，越是这样，他就越是生气，周而复始，恶性循环，小男孩很痛苦。有一天，他的父亲给了他一袋子钉子，然后告诉他：什么时候他感到生气想发脾气了，就钉一颗钉子在后院的门上。第一天，这个男孩子一共钉了30颗钉子，他自己也感到很惊讶。他第一次深切感受到，应该控制一下自己的情绪了。一天天过去，他发现，他每天钉的钉子逐渐减少了，他也能越来越自如地将自己的情绪往好的方面引导。终于有一天，第一个小伙伴来约他出去玩了，小男孩好开心。他的父亲牵着他的手来到钉钉子的门前，对他说："孩子，你做得很好。可是你看门上这些坑坑洼洼的小洞，就是你曾经生气发脾气的记录。虽然钉子没有了，可是你发脾气是对别人说的话、做的事，就像这些钉子留下的洞一样，是很难磨灭的疤痕。所以，你要永远记得情绪对你和对别人的影响。"这是小男孩一生中关于情绪体验的第一课。

小男孩的坏脾气使他失去了与小伙伴们一起玩乐的机会，但当他学会了控制自己的情绪，友谊之门就再次向他敞开。在小孩的世界里，情绪产生的影响或许还并不大，可是，只有在孩子小的时候，就对他的情绪体验进行有

效的疏导和管理，那么等他长大以后，面对更加纷繁复杂的社会环境和人际关系，他在处理这些问题时，就会自己对情绪进行调节和控制。

情绪虽然是一种暂时的现象，可是当我们不断地进行情绪积累，就会慢慢形成我们个人的情绪定势，这些情绪定势又会在不知不觉中影响我们的行为习惯、心态甚至健康。良好的情绪会促进我们养成良好的习惯和心态，可是如果经常或者长期处于负面情绪之中，就会带来不好的习惯和消极心态，进而影响到我们的身体健康。

古代一个学者曾做过一个非常有趣的实验。他把同一胎生下的两只羊羔安排在两个截然不同的环境中生活。一只羊羔的旁边拴着一只狼，这只羊羔终日只能跟这个威胁它生命的狼生活在一起，本能地处于极度惊恐的状态中。最后，因为无法正常进食，日渐消瘦，不久就死了。另一只则被安排在没有任何威胁的环境下生活，情绪没有受到任何影响，正常地成长着。无疑，两只羊不同的命运说明了情绪在里面起了关键的作用。

情绪体现在身体上的生理反应，主要有喜、怒、忧、思、悲、恐、惊七种，情绪不可能被完全消灭，也无好坏之分，一般只按照由情绪引发的行为所产生的后果，来划分为积极情绪和消极情绪。

20世纪末，心理学家在对关于心理疾病预防的研究中发现，对于抵御心理疾病起缓冲作用的关键词包括：勇气、乐观、人际技能、信仰、希望、忠诚、坚韧等。这一系列的研究引起了一个人的注意，他就是美国心理学家马汀·塞利格，他开始有了发起一场新的心理学运动的构思，这个运动旨在呼吁人们关注人的积极力量和积极潜力。他后来就任美国心理学会主席，在1998年的年度大会上，他明确提出积极心理学的概念。马汀指出，积极心理学研究包括三个方面：第一是积极情绪；第二是积极性个体的个性特质；第三是积极的社会制度。其中，积极情绪是积极心理学研究的核心内容。越来越多的学者开始把积极情绪看成是能激发个体产生愉悦感受的情绪，并对身

 **第十章　情绪能够产生惊人的力量，主宰情绪才能赢得未来**

体健康具有促进作用。反之，过度的消极情绪可能会给人带来致命的打击。

　　1759年，玛莎·卡斯蒂斯应好友张伯伦的邀请，来他家小住，张伯伦同时也邀请了一位年轻军官华盛顿上校。华盛顿对温柔美丽的玛莎一见倾心，玛莎也对面前这位气宇轩昂的青年军官充满了钦佩和爱慕之意。不久，张伯伦就高高兴兴地为两人张罗婚事了。

　　玛莎虽然不喜欢官场生活，但随着丈夫在政坛的步步高升，她也毫无怨言地操持家务，抚养孩子，还常常探望、照料部队中的士兵们。她让士兵们感到了家的温暖和积极的心态，增强了他们战胜敌人的信心，因此玛莎深受大家的爱戴。

　　独立战争结束，华盛顿当选为美国第一任总统，玛莎为了支持丈夫的工作，也梳起了复杂的发式，穿戴起繁复的服装。华盛顿连当两届总统后，准备从政坛隐退。欣喜万分的玛莎迫不及待地和丈夫再次回到农庄，对她来说，平静、安闲、和睦的家庭生活才是她向往的，能够让她感到喜悦和满足的。她虽然富有，但不奢华；她举止高贵，但不傲慢。

　　长年的劳累让华盛顿在隐退后不久就病倒了，1799年12月14日，华盛顿逝世。玛莎当时坐在丈夫的床边，茫然失措地问在场的医生："他去了吗？那么一切都结束了，我很快就会随他而去。我没有什么更多的考验要经受了。"在医生看来，这个始终有着积极心态面对生活的妇人已经完全垮了，她的灵魂已经追随华盛顿而去。

　　两年后，玛莎去世，她与丈夫合葬在一处。

　　对于玛莎来说，丈夫华盛顿就是支撑她生活的全部，即使面对她并不喜欢的都市生活和官场的种种，她都能够因为对丈夫的爱和支持而使自己始终保持乐观、积极的心态，而不是埋怨、逃避这种生活。可是，一旦华盛顿离开了她，她的精神支柱轰然倒塌，情绪也受到了严重的影响，变得消沉乃至绝望。这些负面情绪不仅让她没有了生活下去的意志，也损伤了她的身体，这才导致原本健康的她在两年后就撒手人寰。

《礼记》上说"心宽体胖",意思就是情绪畅快时,人会愈来愈胖,而且愈来愈健康。如果有人跟我们说"您最近怎么脸色不好",就意味着我们最近常常情绪低落,身体健康上出现了状况。这就是心理学上所说"心身症",也就是心理上生病,如过度焦虑、情绪不安或不快乐,会导致生理上的疾病。

心理学家曾经通过用一个时间紧迫的演讲准备任务来研究积极情绪对消极情绪的消除效应,这个实验也很好地说明了情绪对人体的影响。

被测试的人只有一分钟的时间去准备一个演讲,并且他的演讲要接受现场评估,从而引发被试者的焦虑体验,并伴随心率、外周血管收缩以及心脏收缩和舒张压的增加。之后,心理学家又把被试者随机分为四组观看不同的电影,其中两部电影可以让人感受到积极情绪,如快乐感和满足感,另外两部则会诱发悲伤情绪。实验证明,积极情绪体验下的被试者心血管表现出的恢复是最快的。

能够有效管理情绪的人才能够掌握未来,积极情绪所产生的蓬勃生命力可以让人充满希望、乐观、勇气,使人们的生活向着积极、向上的意义发展。

调整心情,重拾内心的宁静

微情绪关键点: 当我们将自己从烦躁、焦虑、忙碌的生活节奏和心态中解脱出来,回归从容、淡定的生活,才能拥有宁静的内心,真正体悟到生活的本真和意义所在。

一个男人被一只老虎追赶而掉下悬崖,值得庆幸的是,他在跌落过程中

 第十章　情绪能够产生惊人的力量，主宰情绪才能赢得未来

抓住了一棵生长在悬崖边的小灌木。还没等他缓过神来就发现，头顶上那只老虎正对着他虎视眈眈。而当他 H 低头一看，悬崖底下竟然还有一只老虎，更糟的是，两只老鼠正忙着啃咬悬着他生命的小灌木的根须。极度绝望过后，他忽然释然了：反正已经无路可走，再害怕也没用了。平静下来的他环顾四周，发现附近生长着一簇野草莓，伸手就可以采摘。于是，这人伸长了手摘下了野草莓，塞进嘴里咀嚼，长叹道："真甜啊！"

什么是内心的宁静？宁静并不是一种方法，一门技术，你无法学习它。它其实是一种发自内心的转变，一种成长。内心的宁静只有通过一种根本的转化和蜕变才能来到我们身上。

忙碌不一定代表内心的充实，精彩也不一定真正进入到了你的眼睛，这就如同一对相爱的人，他们真正能够体会到爱情的时候，是不需要过多的语言的，因为爱情本身就是那么势不可当、充满穿透力。生活的真谛也是这样，幸福的感觉更是如此，它也是不需要太多修饰的，我们要做的，就是将焦虑、烦躁、忙碌放在一边，聆听内心的宁静。

你有没有过这样的经历：电脑里放着自己喜欢的音乐，手边放着手机，面前摊着一本书，结果你会发现，书里的内容你几乎没法静心看下去，因为你需要经常调整曲目，或者看看手机里面是否有讯息。当我们习惯了同时展开几件事情时，即使我们真的有了空闲时间，也无法专心做好一件事情了。这究竟是为什么呢？

因为我们的内心始终处于纷乱的状态。

现代人，尤其是热爱工作的人，总是想方设法给自己找出各种各样的事情做，每个时段如果不排满各种活动心里就不踏实。然而，像这样需要精心计算活动间隔的工作就真的能让我们踏实了吗？未必。我们常常需要放弃午餐，节省睡眠；我们收获的往往是丢三落四，专注力的下降，以及烦躁的情绪。

戴维曾经也是这样一个人，直到他因为工作需要到学校脱产进修一年，情况才发生了改变。他发现自己的生活，一下子变得安静而清闲了起来。学业虽然忙碌，但因为没有了大量的活动。所以他的生活节奏变得慢而有规律：每天早上8点醒来，上午是学习时间，中午吃饭，下午自修到3点，然后是散步或者运动，晚上泡在图书馆里或者回宿舍写作业，然后睡觉。如此，周而复始。

在这样的生活节奏下，他发现自己的专注力迅速得到了提高。他那段时间看的书和论文比前两年加起来还要多好几倍。他还思索了许多问题，并写了一些现在看起来还是很有质量的文章。这让他摆脱了多年以来忧虑和不安的根源，那就是如果不把生活填得满满当当的话，就会觉得没有足够的收获。

进修结束后，戴维有意识地调整了生活节奏和心态，主动选择慢一些的生活方式，工作也选择平和而有节奏的，这样他不但保证自己每天都有足够时间睡觉和休息，还让自己的内心获得了无比的宁静。

有了足够的注意力来关注生活，于是他发现生活中的细节像潮水一样涌现在了自己的面前。很多事情以前都没有心思关心，但是现在他能意识到周围很大一片的世界在发生着什么，人们的情绪、眼神、情感，都像白纸黑字一样呈现在了他面前。他也有了足够的注意力来进行复杂的关联性思考，比如把人生中浩如烟海的小段子组织起来，每周写小文章。这是件很难的事，因为若是认知资源不够，那么人们一个字都写不出来。要进行这样的工作，着实需要很好的心理状态。

当我们的内心不够宁静的时候，就没有足够的专注力来解决复杂的重大问题，在这种情况下，情绪会极大程度上压倒理智。因为我们没有心力进行复杂决策，就只能靠直觉做出判断，而直觉又会极大地受到情绪的影响。于是一切决定都变成了情绪的决定，这将是个很危险的事情。

不论你是在又一次堵车时怒火中烧，还是在超市的长队中郁闷得想骂人，或者是任何你无法多容忍一秒的场合，在这些令人厌恶烦躁的情景中，其实

 第十章 情绪能够产生惊人的力量，主宰情绪才能赢得未来

你仍然可以保持心境的平和与宁静。

也许你已经在这条路上经过成百上千次了，而你也一定认为自己对路边的每一棵树、每一块空地、每一寸沥青都了如指掌。但事实并非如此！无论你多么细心，你也一定会习惯地忽略很多途中的美好事物。比如低垂的树枝、天空被晚霞映红的云朵、砖墙上投下的树影、灌木丛中偶尔窜过的一只猫咪。时间就在这些美好的观察中不知不觉地过去，你的身心已经得到了放松。看，交通已经顺畅了，继续你的旅程吧。

当你听到老板用那种不太愉快的声音呼唤你时，是不是有些恐慌？这时学会在短时间内调整心态非常重要：深呼吸是必须的，然后在前往的路上不断地告诉自己，即使我做到尽善尽美，在老板眼里也不可能完美；然后想象用手拍拍自己的肩膀，告诉自己，老板也是有血有肉的人，他们也有脆弱的时候，而你要做的，就是站在他们的角度来反观自己的工作。

据说有人喜欢在浴室里放个小闹钟，然后一边看着闹钟思考问题，一边以惊人的速度涂肥皂；还有人喜欢嘴里叼着面包，往公文包里急匆匆地塞文件，出门前再一口吞掉杯子里的咖啡。其实，他们肯定能够更慢地做这些事情而不会浪费时间，而匆忙地做事可能会让他们更着急，比如水溅得浴室里满地都是，比如弄洒了咖啡，结果还得花更多的时间去打理这一切。所以，试着慢一点，不紧不慢地做事情，你会发现原本僵硬、高耸的肩膀缓缓松弛了，你的脸部表情也不是那么绷紧了，你开始品味不慌不忙的感觉了。

给予自己全新的理念，解放自我心灵

> **微情绪关键点：** 不要将自己深埋于过去的失败和阴影中，尝试不一样的生活方式和看待世界的眼光，换个环境，换种心情，心灵的枷锁一旦卸去，内心充盈将会给生活带来巨大的能量。

弗朗西斯红着眼圈对女友说："你知道离婚最让人吃惊的是什么吗？离婚不会要人命。但当一个对你表示至死相爱的人说他从不爱你，那会立即要人命的。"

弗朗西斯是旧金山一位知名的女作家，事业顺风顺水，却始料未及地遭遇了婚变。房子归了前夫，她搬进单身公寓，心情和那里的环境一样晦暗。为帮助她走出低谷，好友帕蒂给她报了名参加去意大利托斯卡纳的旅游，弗朗西斯虽然不情愿，但还是同意了。

铺展在弗朗西斯面前的，是一幅长长的意大利风情画卷：绿意怡人的农田，欣欣向荣的向日葵，古老的街道和砖墙，依山面海层叠错落的缤纷小宅，壮丽海边曲线优美的公路，绚丽的骄阳，绵延至天边的花海，还有别样的圣诞节、抛旗节……当然，更少不了美酒美食、形形色色或古怪或热情的意大利人。

当弗朗西斯独自走在乡间小道上时，被一栋房屋吸引了，它有一个美丽的名字：巴玛苏罗。房子有着杏黄色的外墙，略有褪色的绿色百叶窗。露台面朝东南，顺着眼前的深谷望去，远处是绵延至托斯卡纳的亚平宁山脉。房子坐

 第十章　情绪能够产生惊人的力量，主宰情绪才能赢得未来

落在一处满是果树和橄榄树的山坡上，一条白色鹅卵石路蜿蜒而过。巴玛苏罗，意思是"渴望阳光"，弗朗西斯感觉自己被唤醒了，仿佛真的有阳光照进了她阴霾密布的内心。她决定买下这栋房屋，在这里定居，开始不一样的生活。

她按照自己的喜好重新装修了房子，并结识了新的伙伴，重新开始了一段新的感情。她曾经以为离婚比死亡还令人难受，但她惊奇地发现，她找回了自己，并且迫切地想在另一个文化中审视自我，从而超越自我。

就像贯穿阿尔卑斯山脉、连接维也纳和威尼斯的铁轨早在火车发明前就已经铺好了一样，我们总是习惯在做一件事情前就把一切都规划好，但有时候我们不妨解放心灵，用一种全新的理念和思想看待问题。换个环境，换种心境，生活就会艳阳当空。然而，我从不相信幸福在别处。幸福只存在于内心——心中有艳阳，走到哪里都明媚灿烂。

相信大家听说过这样的事情：客人在餐厅点了酒单上的某一款酒，侍酒师来为客人服务倒酒，客人喝的时候觉得这个酒不好喝，却因为不好意思，于是勉强自己喝下那不喜欢的酒。其实，餐厅老板或侍酒师不仅不会感激客人的隐忍懂事，反而还会在心里偷笑：每个客人对酒的感觉和喜爱程度，他们从客人喝第一口酒时脸上显露的表情就能准确知道了。客人被自己的想法所束缚，最后吃亏的还是自己。

小李曾经也是这样一个宁可自己吃亏也不敢说出内心真实想法的人。一天下午，她和朋友约在附近的一家咖啡馆小聚，服务员过来请她们点单。由于小李和朋友都已经吃过午餐，而且认为这家店下午茶中的 100 元的套餐价太贵了，不划算，就问服务员是否能够单点咖啡。服务员虽然说了句可以，但是脸色瞬间就变了，态度十分冷淡，并且动作非常粗鲁、迅速地抽走小李刚刚铺在腿上的餐巾。面对这样的情形，小李简直目瞪口呆，她小心翼翼地对朋友说："算了，还是点套餐吧，我请客好了。"朋友对小李笑笑，然后优雅地起身，对服务员说："那我们换一家店好了。"服务员怔怔地看着她俩离

开，一句话也说不出来。

两人在另一家咖啡馆坐下，面对差不多的菜单和朋友鼓励的眼神，小李面带微笑地对服务员说："你好！请给我们两杯咖啡，谢谢！"服务员停顿了的一下，然后也礼貌地说："好的，请稍等。"

"原来，这也没什么难的嘛……"小李腼腆地对着朋友笑道。

"是啊，恭喜你迈出了这一步，哈哈！"

这件事情对小李的触动很大，一直以来，她都是一个过分在意别人看法和感受的人，这么多年来，她在人际交往中常常活在讨好别人的疲惫与痛苦之中，为了让自己轻松和快乐一点，她封闭起自己，尽量减少与别人的交往和接触，因为一个人的时候她才能够做真实的自己。这次下午茶事件是她第一次懂得尊重自己，爱自己，做真实的自己，不被别人的目光所左右，不因他人的评价而为难自己。

要做到尊重自己，就必须学会做自己，正视自己内心真实和正常的需求，而不是压抑真实的情绪和想法。当我们的个人意志受到外在压力的阻碍时，认为外界或者社会对我们的看法比我们对自己的看法更为重要时，就会因为太过看重他人的评价和活在矛盾与痛苦的情绪之中。最后，甚至连读什么专业，做什么工作，找一个怎样的恋人都要考虑别人的目光，家里的沙发买什么颜色和样式都要考虑客人来了会怎么看。沉重的枷锁会使我们逐渐迷失，痛苦不堪，怨气冲天。

日本有一则古老的传说，一个好勇斗狠的武士向一个老禅师询问天堂与地狱的意义，老禅师轻蔑地说："你不过是个粗鄙的人，我没有时间跟你这种人论道。"武士恼羞成怒，拔剑大吼："老汉无礼，看我一剑杀死你。"禅师缓缓道："这就是地狱。"武士恍然大悟，心平气和纳剑入鞘，鞠躬感谢禅师的指点。禅师道："这就是天堂。"武士的顿悟正说明了看待事情的眼光不同，情绪也会带来变化，积极情绪可以让我们的内心得以解放，得以从"地狱"转向天堂。

弗雷德·里克森提出了"积极情绪扩建理论"，积极情绪扩大了个体在当

 第十章 情绪能够产生惊人的力量，主宰情绪才能赢得未来

时情境下的思想和行为，促使人冲破一定的限制而产生更多的思想，表现出更多的行为和行为倾向。积极情绪能扩建个体的行为和思想，而消极情绪会缩小个体的行为和思想。积极情绪还可以缓解甚至消除由消极情绪造成的紧张，从而在生理和心理上提供正面的影响。

对于那些能够懂得有效运用积极情绪的人们来说，他们的正能量已经到达了理性的范畴，处在这一层级的人们，通过对于自己心灵的有效解放，来更好地控制自己的情绪，为实现自身的发展奠定了必要的基础。

注重情商培养，积极情绪能够让你拥有更好的未来

微情绪关键点：当一个人的内心充盈着积极的情绪，他就会由内而外地获得一种无形的力量。他做什么事情都会变得很有劲头，考虑问题也会很乐观，他的人生自然会幸福无比。而这样的人，绝不会离成功太远。

伏尔泰曾把态度消极的人比作暖炉，一直发热却什么也不煮。很多人活得毫无滋味，他们只是在工作中挣扎，没有活力。积极情绪的作用就是能把一个人真正地点燃，进而开始烹煮的过程，你会发现，令人惊喜的事情就真的会发生。

有一个小男孩，从小就十分懂事，他知道家里条件不好，父母每天要辛辛苦苦工作养家，已经够艰难的了，所以他从不向父母提什么过分的要求。

但是，男孩上了中学以后，变得十分孤僻、消沉，细心的父亲就问儿子学校里发生了什么事情。他吞吞吐吐地说："同学们都笑话我没有自行车，说

我是个穷孩子。"

父亲抚了抚儿子得脑袋，叹了口气，却什么也没有说，因为家里实在拿不出多余的钱帮他买一辆自行车了。过了几天，儿子欣喜地跑回家对父亲说："爸爸，给我两元钱吧。商店里在搞幸运抽奖活动，奖品有自行车。"

看着儿子渴望的眼神，父亲掏出两元钱交给了儿子。

过了一会儿，只见男孩垂头丧气地回到了家里，他沮丧地说："我就知道，我不可能有那个运气的，我再也不要自行车了。"

父亲看着他，默默地走了出去。

第二天，父亲又拿出两元钱给男孩，他说："别不高兴，再去试试吧，爸爸等着你的好消息。"儿子迟疑地接过了钱，但看着父亲鼓励的眼神，在父亲的鼓励下，还是拿着两元钱走了。没过多久，儿子像一阵风一样冲回来，对着父亲叫道："爸爸，爸爸，我有自行车了！我真是幸运啊！"父亲也和他一起笑起来，并且拍拍他的肩膀说："看，你该打起精神来，这世上没有什么是不可能的！"男孩重重地点了点头。

从此以后，男孩的心里总是充满着无限的希望，他感到自己是被幸运女神眷顾的，就像当初他能够得到那辆自行车一样，他以后也能够拥有想要的一切。这个信念成了他事业的强大动力，让他成为了有名的学者。然而，无论他后来变得多么富有，那辆象征幸运的自行车他都始终珍藏着。

在他父亲即将离世的时候，他告诉男孩，那辆自行车其实是他买回来的，只是拜托商店老板以中奖的方式送给儿子，因为他不希望男孩一直生活在压抑、消沉的情绪中，他要让儿子知道，他也是非常幸运的人。

这个男孩就是日本著名的心理学家、教育家多湖辉，他的一个著名理论就是：让孩子觉得他是最幸运的人，那么他就一定能成为最成功的人！

积极情绪所创造的精神热量能够烧毁所有人格中冷漠的成分，并能够释放出未被人们使用过的，甚至没被发现的潜能。为什么有些人似乎总是别人眼中的幸运儿？他们的成功靠得真是"幸运"吗？

 ## 第十章　情绪能够产生惊人的力量，主宰情绪才能赢得未来

实际上，没有人会被幸运女神特别眷顾，差别只在于你的情绪是积极还是消极，你对待生活的态度是乐观的还是悲观的。成功人士都是时刻为自己做着各种准备，他们也是善于调整自己情绪和心态的高情商者。自信的人才会相信自己是世界上最幸运的人，而他们也终将会成为世界上最幸运的人。

《华尔街日报》曾这样写道："MBA 考试中，人际交往以及其他软技能是招聘公司最看重的，但也是最难琢磨透的。专业商业学校培养出来的毕业生都具备分析力和扎实的基础知识——金融、市场和营销策略，但是一些软技能，如交流能力、领导能力和团队合作精神，有时候却被忽略。"

MBA 考试评估一个是否具备情商的标准是：管理自己的情绪；与他人有效地交流；适应变化；迅速完美地解决问题；在紧张的气氛中用幽默建立和谐和理解；有开阔的思想；在逆境中保持乐观；做销售善于教导和说服，做客服善于应付顾客的抱怨；在压力和嘈杂的环境中保持清醒冷静的思维。

由此可见，情商标准的第一条就是：管理自己的情绪。

情商其实并不是一个新的概念，早在 20 世纪 40 年代末就有人提出过智力中的"非智力"因素。20 世纪 80 年代，心理学家霍华德·加德纳提到了"多重智力"，也就是说一个高智商的人完全可以与一个低智商但高情商的人很好地合作。

直到 20 世纪 90 年代中期，哈佛大学的心理学家丹尼尔·戈尔曼出版了《情商》一书，它迅速登上了畅销书排行榜。戈尔曼把情商定义为"能认识自己和他人的感受，自我激励，很好地控制自己，以及自己在人际交往中的情绪的能力。"

确切地说，情商是指人在情绪、情感、意志、抗压性等方面的品质，更多与后天的习得有关。在当今社会，情绪与情商的高下有着密切的联系。对于管理者而言，情商是领导力的重要组成部分。如果一个人能够正确认识自己的情绪，能够妥善管理自身的情绪，可以做到自我激励，面对挫折乐观处世；在观照自身情绪的同时，还能够认识他人的情绪，从而做好人际关系的管理，那么，我们就可以说，这个人已经走在了前往成功的道路上。

《情商管理者》的作者大卫·卡鲁索和皮特·沙洛维在书中提出了培养一个有情商的雇员需要有四个情绪技巧：

1. 读懂人（辨认情绪）：不仅了解自己的情绪，还能感知周围人的情绪。

2. 融入情绪（运用情绪）：运用积极情绪培养同情心、责任心和无私精神，从而带来更好的合作关系。

3. 预测情绪的未来（了解情绪）：通过反省和自知，觉察自己的情绪感受，能深入了解情绪产生背后的原因，并对未来遇到同样的事情所可能产生的情绪做个预测。

4. 带着情感工作（管理情绪）：控制情绪的能力，能够很好地处理忧郁、暴躁、愤怒等情绪，以及不胡乱发作或陷入绝望状态的能力。情商高的人能更好地从人生的挫折和低潮中恢复过来。

我们要看清楚一点的是，消极情绪构成了你的牢笼，而积极情绪正是那把打开牢笼的钥匙。积极的心态可以激发人自身内在的积极力量和优秀品质，从而最大限度地挖掘出人的潜力，并获得良好的生活与发展。

开朗的人魅力无限，积极情绪能够为你缔造优质人脉圈

> **微情绪关键点**：人们总是愿意与那些乐观、开朗、阳光、幽默的人相处、打交道，因为好的情绪有着极强的感染力，它会让你充满魅力，值得信赖。拥有乐观的心态，才能迅速拓展人脉圈，让你在人生的舞台上游刃有余，获得良好的人缘。

贾远从清华大学毕业后，赴美国读MBA。毕业后，他顺利地进入美国的

 ## 第十章　情绪能够产生惊人的力量，主宰情绪才能赢得未来

一家大银行工作。自认为天之骄子的他立志要用自己的知识和技能在公司里闯出一片天地。但是，随着时间的推移，他越来越感觉到因为人际关系的紧张，业务越来越难开展了。尽管他能够游刃有余地处理好业务上的所有事情，但却不能使他融入银行同事中间，更得不到领导的重视。一开始，他将之归结为美国人的排外心理，可是后来他发现有不少中国同事却没有遇到这样的问题，他们照样与同事和客户谈笑风生。那么，问题出在哪里呢？

原来，贾远总是自认为高人一等，与人沟通时总是让人感觉高高在上，态度也十分强硬。比如当有人拿着报表来和他商量事情时，他从来不会主动站起来，用笑容礼貌地对待同事，反而是坐在椅子上抖着脚，手里转着笔，皱着眉头，漫不经心地接过材料。并且，只要工作上遇到一点不顺，他就会变得很焦虑，还会对周围的人板着脸，甚至大发脾气。他这样的态度自然引起了同事们和客户的反感，时间一长，人们就不愿意找他。但贾远还没有意识到自己问题的所在，只是感到在银行里与人打交道时显得茫然不知所措。他开始变得更加消沉、孤僻，在银行里总是独来独往。汇报工作时，他显得尤为紧张和不安，往往是一句话没有说完，就已经汗流满面了。因此，领导和同事们对他非常不满意。煎熬了整整一年后，贾远选择黯然辞职。

当我们走出校门，踏进社会，最深刻的感受恐怕莫过于处理人际关系时给我们带来的困扰。作为职场新人的你，是否会羡慕身边的业务骨干们驾轻就熟的能力，处理事务的圆熟手段，以及与各类人打交道时那种游刃有余的技巧？

其实，你羡慕的那些人都曾经历过这种"成长的烦恼"。经历了社会磨砺的他们都有一个共同的特质：拥有良好的情绪管理能力，能够以积极、乐观的态度面对各种人和事，他们独特的人格魅力吸引着、感染着身边的人，从而使他们能够掌握丰厚的人脉资源。

美国钢铁大王、成功学大师卡耐基经过长期研究得出结论说："专业知识在一个人成功中的作用只占15%，而其余的85%则取决于人际关系。"很多

人确实知道人脉的重要性，也了解一些交际的知识和技巧，可是他们与人打交道的效果却并不理想，这是为什么呢？原因很简单，他们只注意到了很多技巧性的东西，却忽略了自己的情绪表达，许多负面情绪会直接反映在一些小细节上，如像贾远那样，在别人和他交谈时手里玩着笔，皱着眉头，眼睛不正视对方等。这些情绪细节容易给对方造成无聊、傲慢、冷漠的心理暗示，进而使双方的交往产生障碍。

任何人际关系都是人与人之间所发生的联系，心理学家研究表明，在第一印象形成过程中，主体的情绪状态具有十分重要的作用。因此，我们应该重视与人交往时所表露出来的情绪，将好的信息传递给对方。情绪好坏不仅影响自己的心情，同时也影响他人的心情，包括喜怒哀乐在内的所有情绪都可以在极短的时间内从一个人身上"感染"给另一个人，甚至有时候当事人也许并未察觉到这种情绪的蔓延。

20岁出头的丹尼尔来自美国西部一个偏僻的山村，他孤身一人来到纽约寻找工作机会。晚上，他与同样来自偏远地区的乔治一起合租在潮湿阴暗的公寓里。虽然工作没有着落，但是丹尼尔从来没有放弃过希望。

乔治已经找到了一份推销员的工作，每天早出晚归十分辛苦，有时候为了一份合同，还要应酬到深夜。最痛苦的事情，莫过于忙到最后，客户却不肯签约，完不成额度的乔治常常郁闷地用头撞墙，却无可奈何。

乔治的辛苦丹尼尔都看在眼里，但对于在贫穷线挣扎的他们，能赚到钱填饱肚子已经谢天谢地了。丹尼尔决定也去乔治的公司碰碰运气。可是，对产品性能一窍不通的他很快就被刷了下来。在转身退出主考官办公室的一刹那，丹尼尔停住了脚步，他转过身来，疑惑地问："请问阁下，你们到底需要什么样的人才"？

人事部经理嘲讽地告诉他："很简单，我们需要能把仓库里的商品销售出去的人。"

回到住处，丹尼尔回味着主考官的话，突然有了一个奇妙的想法：不管

 **第十章　情绪能够产生惊人的力量，主宰情绪才能赢得未来**

哪个地方招聘，其实都是在寻找能够帮自己解决实际问题的人。既然如此，我为什么不能成为主动提供帮助的人呢？他把自己的想法告诉乔治，希望能够与他一起合作。乔治一开始很犹豫，但很快，他就被丹尼尔炯炯有神的眼睛和浑身上下散发出的斗志所鼓舞，同意抽空帮他一起干。

不久，在当地一家报纸上，登出了这样一则颇为奇特的启事。文中这样写道："谨以我本人人生信用作担保，如果你或者贵公司遇到难处，如果你需要得到帮助，而且我也正好有这样能力给予帮助，我一定竭力提供最优质的服务。"这样一则并不起眼的启事登出后，丹尼尔接到了许多来自不同地区的求助电话和信件。

丹尼尔发现了一个有趣的现象：老约翰为自己的花猫咪生下小猫照顾不过来而发愁，而凯茜却为自己的宝贝女儿吵着要猫咪却找不到卖主而着急；北边的一所小学急需大量鲜奶，而东边的一处牧场却奶源过剩……诸如此类的事情一一呈现在他面前。

小小的公寓一下子忙碌起来，丹尼尔每天乐呵呵地收到各种请求，乔治帮他将这些情况整理分类，然后就由丹尼尔向那些需要帮助的人提供帮助。不久，一些得到他帮助的人给他寄来了汇款，以表谢意。这使他有了加倍的信心，每天都充满了干劲。

这天晚上，丹尼尔吃饭的时候，乔治走到他身边，对他说："丹尼尔，我辞职了，我们一起好好干吧！"丹尼尔给了他一个深深的拥抱。

有了乔治全身心地投入，丹尼尔的业务范围越来越大，后来他干脆注册了信息公司，那些曾经得到过他无私帮助的人都成为了稳定的客户和合作者，他们对丹尼尔的评价是：他不仅热心，而且永远保持着活力，让我们看到了无限希望，我们希望一生都与这样的人保持紧密的联系。在这种良好的合作氛围下，他们的营业额很快就突破了百万美元。

人脉圈的打造不是一朝一夕的事情，情绪的调节和控制也是需要我们在不断地摸索中寻找最适合自己的方式才能进行的。我们的积极情绪会产生一种向心力,将与我们志同道合的人凝聚在一起,并逐渐形成一个人脉圈。如果我们能够保持自身的积极情绪,那么在提升自身实力的同时,就会吸引到一些能给我们带来更多资源,能引领我们、提升我们的人,于是一个优质人脉圈就会浮出水面。

人际交往是人类特有的需要,一个人要想成就事业,就要善于沟通,建立和谐、良好的人际关系,需要同他人进行交往,这其中包括物质交往和精神交往。精神交往比物质更为稳定和深入,这需要你用真诚和智慧来营造,用积极的情绪去加固。不论对上对下、对内对外,良好的人际关系都是一笔巨大的投资,必然会在你需要的时候给你丰厚的回报。

培养良好的情绪,才能锻造一颗坚韧的心

微情绪关键点: 内心强大的人,往往都能够很好地掌握自己的情绪,及时消除负面情绪,保持乐观、开朗的态度来对抗生活中的各种困扰和伤痛,以坚强的姿态迎接这样或那样的挑战。

莉琪是个漂亮大方的姑娘,硕士毕业后她先后到多家企业就职,但总是没法在一家单位长期做下去。原来,能干的她锋芒毕露,受到了单位女领导和女同事的嫉妒和排挤。和同事关系的紧张使得她每天心情压抑,情绪低落。她只能不断更换工作,但同样的事情一再发生,她渐渐丧失了对工作和生活的热情,对前途感到悲观和失望。就这样,连续换了十几份工作后,她彻底绝望了。

 第十章 情绪能够产生惊人的力量，主宰情绪才能赢得未来

现在白领巨大的工作和生活压力，导致了这个群体经常出现精神疲劳，遇事容易紧张、烦躁、抑郁等状况。美国心理专家曾经针对一些上班族做过调查，结果显示有70%以上的人都承认，他们在办公室里曾经有过焦虑、愤怒、绝望的情况。但这种情况他们并不希望别人知道，总是深深压在心底。

我们都希望自己能幸福并实现既定的目标，但是焦虑、愤怒、压抑以及其他不愉快的情绪所引起的苦恼会影响我们的自信心、满足感、和谐的人际关系等，使我们变得脆弱、不堪一击。

破解工作与生活中这种种障碍的关键，就在于让能够拥有良好的情绪，健康的心境对工作、学习、生活乃至健康都具有很明显的促进作用，会使人精神振奋，开阔心胸。

一家公司经营不善，只能裁员来缓解经济压力。一个刚刚进单位不久的女孩被老板列入了首批炒鱿鱼的名单中，无奈的她只能在周围同事们窃喜与庆幸的目光中收拾自己的所有物品。中午，女孩呆呆地坐在公司大楼旁边的长椅上黯然神伤，她感到她的生活失去了颜色，未来也毫无希望了。突然，她听到身后传来小男孩"咯咯"的笑声，回过头看到他就站在自己身后不远处。

她按捺不住好奇，轻声问小男孩："你笑什么呢？"

"哈哈，这条长椅的椅背是早上刚刚油漆过的，我想看看你站起来时背上会是什么样子。"小男孩说话时一脸得意的神情。女孩一怔，刚刚想站起身来时，她猛地想到：那些不怎么友好的同事们不正和这小家伙一样，躲在我的身后想窥探我的失败和落魄吗？我绝不能就这样让他们看轻我，我绝不能丢掉我的志气和尊严！

女孩想了想，指着前面对那个小男孩说："你看那里，那里有很多人在放风筝呢。"小男孩朝她指的方向看去，天上什么都没有。等小男孩发觉到自己受骗而恼怒地转过脸时，女孩已经把外套脱了拿在手里，微笑着看着他，她

325

身上穿的鹅黄色毛线衣让她看起来青春靓丽。小男孩失望地嘟着嘴，摇头晃脑地走了。

生活中的不如意随处可见，有时候就如同那些油漆未干的椅背一样，在不经意间让你苦恼不已。但是真的已经碰到了，那就要以一种"卒然临之而不惊，无故加之而不怒"的坚强心态面对它们，及时脱掉负面情绪的外套。你会发现，新的生活才刚刚开始！

小施、凯丽和双双第一次认识是在入职的那天，那时的她们都怀揣着对广告行业的梦想和热情，怀着无比的憧憬成为了这家大公司的实习生。

第一个月，三个人都信心满满。但是很快，凯丽和双双都开始被繁重的工作任务和巨大的精神压力折腾得萎靡不振。她们发现，小施是她们见过的最有韧劲、最有活力的人。虽然三人都只拿着微薄的基础工资，但小施似乎完全不在意工作强度与收入的不对称，每天都认真负责地工作，对谁都面带微笑。

在一次连着加了一周夜班之后，凯丽和双双都累瘫在桌上，只有小施还步伐轻快地跑来跑去，嘴里还哼着歌庆祝任务的完成。

"我说，小施你难道就不累吗？何必为了这么点钱拼命呢？……"双双趴在桌上、闭着眼睛对小施"哼哼"道。

"我是累啊，可只要一想到我专业这么不对口还能找到自己喜欢的工作，就觉得浑身都是劲！"

一个月后小施的积极和热情使她即使再累再苦也能坚强地撑下来。她开始被公司高层赏识，她的待遇也得到了提高。双双和凯丽决定离开了，因为她们无法像小施那样始终保持着良好的情绪和状态，她们注定要在这个行业与小施分道扬镳。

小施对她们的决定非常不理解，也表达了她的坚决反对："为什么要走啊？你们怎么能这么快就放弃了？再坚持一下吧，再坚持一下一定会有不一

 **第十章 情绪能够产生惊人的力量,主宰情绪才能赢得未来**

样的待遇!"

双双和凯丽最终还是离开了,她们离开后不久小施就成为了正式员工,开始了她独当一面的奋斗生涯。双双感慨万分地对凯丽说:"你信不信?越是像小施那样单纯、热情的人,越容易走向成功。像咱们这样的人,最终可能只会过那种最平凡、最普通的生活。"凯丽笑了,她和双双暗暗下定决心,无论以后的工作如何,都要保持对生活的热情,找到属于自己真正的快乐,然后就像小施那样,坚定地奋斗下去。

心理学研究证明,情绪对人的大脑活动有着重要的影响。良好的情绪,能使大脑处于兴奋状态,促使人们去积极地思考和成功地解决问题。"人逢喜事精神爽"正证实了这个观点。而消极负面的情绪则使人脑处于抑制状态,阻碍大脑的积极活动,使意识作用减弱,认识范围变窄。"灰心丧气"、"无精打采"正是对不良情绪所产生影响的形象描述。

良好的情绪才能让我们对各种可能会破坏我们好心情的事情有足够的抵抗力,坚强的心灵并不是意味着对所发生的事情无动于衷,或是采取冷漠、逃避的态度,而是积极面对,冷静分析。

情绪的管理并不是一蹴而就的事情,我们不妨将可能正在经历的焦虑、痛苦、消沉、悲观等负面情绪当成磨练自己的机会,接受它、感知它、认同它,最后通过改变不合理的思维方式改变它。许多失败和不幸都是由我们的主观情绪化造成的,当我们能够认清自己情绪的弱点,正确释放、宣泄自己的消极情绪。当你能够经常这样做,你就会发现,你已经能够十分自如地调节情绪,也能够从容地面对各种突发事件和那些曾经困扰你的事情。

许多巨大的成功，都是由内部力量决定

微情绪关键点：成功的种子能否顺利发芽生长，除了外部环境和条件，人们内在的积极情绪也是催生种子茁壮成长的关键。

让我们来做个尝试：一间安静的房间，一张舒服的卧榻，你躺在上面，让手臂自然地在身体两侧垂下来，闭上眼睛，想象自己正躺在海边一个空旷的沙滩上。想象着潮水正一波一波地涌上来，浪花轻拍着你的脚。慢慢地，你的身体随着潮水移动到了浅水里。当海水继续上升时，你感觉自己漂浮起来，并被有节奏的海浪带入海里。你随着缓缓起伏的海浪而时起时伏。突然，一个大浪涌起，你被卷入深深的海中隧道之中，波涛汹涌中你的情绪也随着产生波动。现在你被海浪冲回岸边，躺在舒服温暖的沙滩上。先别急着动，享受一下在自由和兴奋交替之后的宁静。

当我们紧张时，身体和情绪通常会出现僵硬的感觉：嘴巴会觉得干，身体会觉得虚弱，而神经也会呈现出紧绷的状态。此时此刻，我们内在的能量也必定停止了流动。但是，当你尝试放松之后，身体就会重新处于平静与舒展的状态，你的行为和感觉就不会杂乱无章，而你内在的能量也会慢慢启动，呈现出一种和谐流动的状态，像水一般轻盈地流淌。

每个人都努力为自己寻找力量的来源，因为在强势的外部环境中，个人的力量显得是那么渺小。其实，无论外在环境如何变化，只有获得自身内在世界的力量，才是使我们变得真正强大的原动力。

# 第十章　情绪能够产生惊人的力量，主宰情绪才能赢得未来

吴清源老先生90岁时，在一次新年聚会上遇到了日本素有"快棋之神"美誉的大竹英雄，吴老看见他的第一句话是："大竹，100。"大竹先生当时笑着回答道："您一定能长命百岁！"当时，大竹先生心中想的是吴老师心中一定还有很多东西想传授给我们，还有很多志向没有实现，所以他想争取活到100岁。

3年后，大竹先生再次见到吴老，那时他已经行动不便，只能坐在轮椅上。吴老先生见到大竹的第一句话仍然是："大竹，100。"大竹先生一下子不知道该作何回答了。事后，大竹先生几次回想起来，觉得吴老师是想通过这句话鼓舞后辈：围棋世界的奥秘是永远探索不尽的，无论过多少年，一定要一直追寻围棋的真谛。而吴清源老人的一生，也就是在不断探索、体会围棋的无穷魅力中度过的。

吴清源先生的弟子江铸久撰写长文回忆他的师父，文中表达了他的疑惑："一名优秀的棋手总有低潮的时候，再厉害，也有弱点可寻。可是从十番棋开始，前后长达16年之多，吴老师下过十次重大十番棋，把七位日本高手全部打降级，这样的竞技状态能保持那么久，是怎么可以实现的，对我来说是个疑问。"后来，在翻阅了大量吴老师的对局以及他的传记资料后，他终于有所体悟。他不再从棋的层面去理解老师，而是寻找精神层面的原因。

吴清源老先生从小接受的是传统的中国国学教育，底子非常扎实，但他从未停止从传统文化中学习最精华的部分。正是因为这些文化养分的滋养，才使年仅20岁出头的吴清源就能够具备远远超出当时日本棋手的视野；也正因为有了这些，他才能在如此严酷的对局环境中，不骄不躁，始终保持良好的竞技状态。当他输了棋情绪低落时，吴清源就背诵文天祥的《正气歌》，遇到苦恼的事情时，他会背诵白居易的"蜗牛角上争何事？石火光中寄此身。随贫随富且欢乐，不开口笑是痴人"。

吴清源老先生保持的这种情绪，就是平常心，看似简单实则是最难调和的。对他来说，人生的状态就如同下棋一样，不是东风压倒西方，而是在和

谐中进行的。中庸思想经过他自身的融会贯通，不仅融入了棋中，也成功地运用于对自己情绪的管理之中。

吴清源在世界棋坛是一位举足轻重的人物，他之所以能够取得如此巨大的成功，正是因为他有着十分强大的能量场。他从传统文化中汲取养分，把每一场棋局看作是对自身修为的锻炼，他对自身情绪的觉察和控制已经到了炉火纯青的地步。他能及时将负面情绪消去，充分运用自己的积极情绪，为自己不断注入新的活力。

其实，世界上那些取得巨大成功的人，他们都能对自己保有高度的觉察，了解自己当下的情绪和感觉，能够和自己的情感进行亲密交融和互动。情绪的真正来源不是在外部，而是内心的价值观和信念的反应，或者说是我们过去生命的经验投射到现在的人和事物上所产生的表现。因此，每一种情绪和感觉，都是一份推动力，都会引领我们到达一个新的高度。

1952年7月4日清晨，浓雾笼罩着加利福尼亚的海岸。34岁的费罗伦丝·柯德威克女士，在海岸以西21英里的卡塔林纳岛处涉水进入太平洋，开始向加州海岸游去。这次若成功了，她就是第一个游过加利福尼亚海峡的女性。

海水寒彻肌骨，她一入水就浑身发麻，更糟糕的是，大雾笼罩之下，她连护送船都看不清。此时此刻，千千万万的人都通过媒体关注着她。时间一分一秒过去，对于经验丰富的她来说，她要面对的最大问题就是刺骨的水温。15个小时之后，她对着在另一条船上全程随行的母亲和教练叫道："把我拉上去吧！"可是他们告诉她，海岸很近了，千万不要放弃。然而，她朝加州海岸望去，除了浓雾，什么也看不到。几十分钟之后，人们还是把她拉上了船，而那个地点离加州海岸只有半英里！

从寒冷中慢慢恢复的她显得很沮丧，她告诉记者，真正令她半途而废的不是疲劳，也不是寒冷，而是因为在浓雾中看不到目标，她的情绪一直处于

 第十章　情绪能够产生惊人的力量，主宰情绪才能赢得未来

低落的状态，她一生中就只有这一次没有坚持到底。两个月后，她终于成为第一个成功游过加利福尼亚海峡的女性，而且比男子纪录还快了大约两个小时。

我们的情绪是一种心灵力量，是一种为人处世的涵养，是一种性格因素，更是一种包含了如何控制自己情绪、如何建立良好人际关系、如何培养自我激励的动力。能够保持积极情绪的人才是机遇与成功的驾驭者，他们必定会享有人生更多的精彩和殊荣。

情绪的"俄罗斯方块效应"：积极与消极的博弈

> **微情绪关键点**：情绪像俄罗斯方块一样，会不断产生积极情绪和消极情绪。只有及时消除消极情绪，让积极情绪为我们的生活加分，我们才能得到良好的发展和提高。

近年来，一项研究声称玩俄罗斯方块可以负面情绪，让人们重新振作起来。

从心理学的角度来说，俄罗斯方块能够修复创伤后紧张症，例如士兵战争后的创伤，看过恐怖电影后的恐惧感，发生过事故后的伤痛等。参与过战争的士兵脑子里往往会残留着可怕的记忆，而通过玩俄罗斯方块，随着方块一层一层消除，士兵们脑子里的战争记忆也会慢慢减少。

在牛津大学 Emily Holmes 研究人员的测试中，在给志愿者出示各种恶心

照片之后，再让他们玩俄罗斯方块，便能让他们很快忘记刚才的恶心。

Emily Holmes 认为玩游戏可以快速地干扰，甚至是侵入人们的记忆，这可能是解决问题的关键。游戏体验侵入我们的记忆，让那些例如战争、恐怖画面等可怕回忆无法抢占我们的大脑，于是达到了修复创伤后紧张症的效果。

让我们回到 20 世纪 80 年代，看看俄罗斯方块这个游戏是如何诞生的，以及这款游戏与情绪之间有趣的渊源与联系。

阿列克谢·帕基特诺夫是一家科学研究所的工程师，29 岁的他与许多同事一样，生活在一个弥漫着低效率、官僚作风和缺乏活力的大环境中。他每天都重复着同样的工作，在不可打破的边框中日复一日地生活。

一个周六的下午，他在完成了一个程序后离开研究所。周围永远是一片死气沉沉，他感觉无意义的工作正将他的人生毁掉，他渴望从压抑环境中得到解脱。无意中，他发现了一篇美国数学家撰写的有关拼图游戏的小文章，深受启发的他决定独立开发一款电脑游戏，这样他就可以不用那么无聊了。

阿列克谢设计的理念很简单，那就是若干不同形状的方块从屏幕上方落下，玩家的目标就是让那些方块堆砌而成的墙壁消失。游戏永远没有通关的时候，只有下一关和更高的难度。如果方块没有消除，就会堆积起来，当堆积到屏幕最上方时，玩家就输了，游戏结束。

根据心理学家的分析，俄罗斯方块之所以吸引人，并不在于需要锻炼出多么高超的技巧，而是那种对未来的不确定性。因为人们不知道接下来会出些什么状况，所以情绪总是高度紧张，当方块源源不断落下时，唯一能做的就是不停地旋转、排列、堆积、消除。当方块连续消失时，人们的焦躁就会出现一种暂时的解脱。但整个游戏又没有具体的目标，时间坚持得再长，带来的也只是纯粹的心理安慰，因为对手不是有形的敌人，而更像是一种无以名状的焦虑情绪。但如果我们结合它产生的背景就能理解，这其实正是设计者内心情绪的一种外在体现，他试图在混乱中创造秩序，试图挽救和逃避，

 **第十章　情绪能够产生惊人的力量，主宰情绪才能赢得未来**

但终究无法将生活中带来的各种困扰和枷锁完全消灭。

在 IGN 评选的"最伟大的一百个电视游戏"中，俄罗斯方块位居第二，如今，这款游戏早已风靡全球，在现代波普艺术中，艺术家们也没有放过这一题材，其中的俄语口号为"为了美好的明天而构筑方块！"

是的，在方块堆积、崩塌的历史循环中，也在反复重演着人们内心的满足和焦虑。我们的工作、生活，何尝不是像俄罗斯方块那样，在反复挪动"方块"？虽然有时枯燥乏味，但是却是维持社会良性运转所必需的，人们正是在不断地化解消极情绪中得到积极情绪所带给我们的各种喜悦与宁静，并且内心永远充满了希望。

你是否有过这样的感受？如果早上连着遇到几件不顺利的事情，你就会觉得今天真是倒霉的一天，心情开始变得烦躁、郁闷，而一系列的倒霉事也会接踵而至：

小吴从被窝里醒来，竖起耳朵听到外面的大雨声。

"真讨厌，又下雨了！"她郁闷地翻了个身，把自己埋在被子里。等她在被窝里闹了一会儿心，一看闹钟，慌得蹭一下跳起来。

好不容易挤上公交车，即使刚才打了伞，全身还是已经湿哒哒了。还好，今天抢到了座位。刚刚坐下，她立刻感觉情况不妙："啊！这车上怎么有水啊！"司机回头道："下雨天能没有水吗？"

憋了一肚子火的小吴刚刚走进办公室，就被主任叫住了："你的设计方案不行，回去改好了再交给我，多用点心。""我怎么没用心啊，这可是我熬夜加班的心血啊！"小吴委屈地想，但她可不敢这么说出口。

终于熬到下班，天仍然阴着，小吴慢吞吞地收拾着自己的东西。在公交车站，精神恍惚的她根本没发现口袋里的手机已经被人盯上，在她好不容易在车上坐下准备掏手机时，发现心爱的手机被偷了。她彻底懵掉了。

瞧，坏情绪就是这样堆积起来的。当我们遇到一件倒霉事，坏心情就上了身，如果没有及时地解决，又带着坏心情去处理其他的事情，自然会起连锁反应。

当俄罗斯方块不能及时消除，堆积起来的方块就会越叠越高，直至最后的失败。情绪也是一样，只有及时消除负面情绪，才能为你的人生加分。

我们的未来永远充满了未知数，每个环节都代表了各种神秘和矛盾，但只要将旧的沉积消去，新的希望与挑战又会不断出现。积极与消极的博弈贯穿了整个游戏，也主宰了每个人的一生，这就是情绪的"俄罗斯方块效应"。

情绪的"杠杆原理"：积极情绪带来无限潜能

> **微情绪关键点：** 我们的力量是有限的，但是当我们专注于某一点，然后让积极情绪作为撬动人生未来的杠杆，增大我们人生的"动力臂"，你会发现，人生充满了无限可能。

2300多年前，古希腊的一位智者振臂高呼："给我一根足够长的杠杆和一个支点，我就能撬动地球。"

"百货公司的香水，95%都是水，只有5%不同，那是各家秘方。人也是这样，作为95%的东西其实是很像的，比较起来差别就是其中很关键的5%。"台湾著名作家林清玄在接受《中国青年》书采访时如是说。

真正的天才其实是极少数的，大部分人出生的时候，无论是体能还是智力条件都没有太大的不同，那么为什么有的人能够在日后创造出那么丰富多彩的人生履历，而有的人却始终一无所获，虚度光阴？差别或许就在于你是

 **第十章　情绪能够产生惊人的力量，主宰情绪才能赢得未来**

否用好了手中的那根杠杆，撬动出那不一般的5%来。

　　杠杆定律告诉我们，阻力乘以阻力臂等于动力乘以动力臂。由此可见，当阻力一定时，如果缩短阻力臂就可以适当减少动力或者缩短动力臂；如果加长阻力臂就必须增加动力或者加长动力臂。当阻力和阻力臂都一定时，如果增加动力就可以缩短动力臂；如果减少动力就必须加长动力臂。

　　对于我们的情绪杠杆而言，积极情绪就像是动力臂，而消极情绪就是阻力臂，我们不可能消除消极情绪，也不可能永远保持着积极情绪，积极和消极是相伴而生的。我们要做的，就是认识情绪的"杠杆定律"，为情绪找到一个足以撬动地球的支点。

　　在阿甘的眼中，世界就像是那根轻盈洁白的羽毛一样，平淡而美丽。

　　他的智商只有75，在外人眼中，他注定不可能出类拔萃了。可是，幸运的是，他有一个坚强而充满智慧的母亲，母亲的爱成了阿甘人生中的第一个支点。母亲告诉阿甘："人生就像各种各样的巧克力，你永远也不知道下一个吃到的会是什么味道。"阿甘永远记得这句话，并且让他能够对生活中发生的各种事情有一颗好奇之心，他不排斥任何事情，什么都愿意尝试。

　　阿甘一直觉得青梅竹马长大的珍妮比自己聪明，他小时候被同学们欺负，是珍妮的一句"阿甘，快跑！"让他找到了生命中的第二个支点。自此，"跑"成了贯穿阿甘人生的关键词，其中既暗藏着阿甘和珍妮之间深厚的情感，又负载着阿甘与战友们之间结下的患难与共的情感。他视为兄弟的战友布巴在越南战场上死在了自己的怀里，战争结束后，阿甘干起了布巴曾经提起过的捕虾业，并由此成为了一名企业家；另一名因为阿甘得以从战场上幸存下来的丹则因为双腿截肢而性情大变，他甚至埋怨阿甘为什么要救他。可是还是阿甘积极进取的人生态度抚平了丹破碎的心灵，让他的内心重新站立起来。在捕虾船上，丹中尉说出了欠阿甘很久的一声"谢谢"。

　　珍妮的离去对阿甘的刺激很大，我们第一次看到阿甘流露出那样茫然、无神的表情。但是有一天，阿甘从门前的长椅上站了起来，开始奔跑。这一跑就横越了美国，他又一次成了名人。

从阿甘的故事，我们可以看出，每一次遇到挫折之后，阿甘总是能够调节自己的情绪，从自己的情绪杠杆支点中寻找减轻自己负面情绪的方式，从而不断地挖掘出自己内蕴的巨大潜能。因此，情绪杠杆的运用就是要将支点移动到能够实现能力与事业平衡点的位置上。调整杠杆的方式有很多，我们可以改变自己的目标，降低负面情绪产生的可能；如果不愿意调整自己的远大目标，那就尝试着将支点尽可能靠近阻力点，这意味着我们可能会面对更强烈的负面情绪，然而只要我们有足够的能力去克服，并且转化为积极情绪，同时保证自己全身心地投入这个目标中，那么阻力越大，收获也会越大。

情绪的支点就是让我们能够专注于某一件事情中，当我们将精力完全投入在某种活动上时，我们就会有高度的兴奋和充实感，从而激发最大的工作热情。这个时候，负面情绪就不容易侵蚀我们的心灵。

现在，越来越多的企业，尤其是服务型企业开始关注员工的情绪管理，他们认识到，员工的情绪对于企业效益具有不可替代的价值。如何操控好这把情绪杠杆，对于企业管理者来说至关重要。

众所周知，Google（谷歌）公司会为员工提供良好的工作环境，如果你有机会进入到Google办公地点参观，你肯定会留下深刻印象。在那里，你可以感受到一种宽松、自由的工作氛围，因为这些都是为了让员工能够在一个充分发挥个人潜能、不受约束的环境中工作。

如果工作累了，可以进入"太空舱"好好休息一会儿，这个设施不但可以隔音，而且能阻挡任何光线进入。办公大楼随处可见白色书写板，目的是方便员工随时记下各种新创意。一位Google产品经理对此表示："你坐在办公室时，灵感并不一定会来；或许就在你走动时，灵感就会如期而至。"在很多办公区域，很容易找到台球、视频游戏等娱乐设施。如果身心疲倦了怎么办？还有专业按摩师在等着你。

 **第十章 情绪能够产生惊人的力量,主宰情绪才能赢得未来**

在这样一个人性化打造的办公环境里工作的员工们,给公司的回报就是让谷歌成为世界上最为成功的公司之一。

我们要学会利用情绪作为杠杆,及时调节积极情绪与消极情绪之间的平衡,在管理好情绪的同时,集中精力完成自己的目标。情绪是动态的,生活也是动态的,动态中的平衡是技术,更是一门人生的艺术。